学前教育专业新形态系列教材

学前儿童
家庭与社区教育

慕课版

周素娜 ◎ 主编
史东芳 姜风华 刘静静 ◎ 副主编

人民邮电出版社
北京

图书在版编目（CIP）数据

学前儿童家庭与社区教育 ： 慕课版 / 周素娜主编
. -- 北京 ： 人民邮电出版社, 2023.8
学前教育专业新形态系列教材
ISBN 978-7-115-61905-1

Ⅰ. ①学… Ⅱ. ①周… Ⅲ. ①学前儿童－家庭教育－教材②学前儿童－社区教育－教材 Ⅳ. ①G781②G61

中国国家版本馆CIP数据核字(2023)第098840号

内容提要

本书从我国家庭教育的变革和幼儿园教育发展的实际出发，系统地阐述了学前儿童家庭教育的特点、影响因素，介绍了与家庭教育相关的理论和家庭教育代表性方法，论述了学前儿童家庭教育的目的与内容、学前儿童家庭教育原则，分析了学前儿童家庭教育常见现象和不同年龄段学前儿童的家庭教育问题，并以综合育人为导向，阐述了环境对学前儿童发展的价值，以及综合利用家庭、社区和幼儿园等各种资源全面育人的理念。本书力图较好地体现学前儿童家庭教育理论与实践的最新研究成果，力求做到理论性与操作性的有机结合。

本书既可供高等院校学前教育专业的学生使用，也可作为幼儿家长、幼儿园、早教机构的参考资料，还可作为幼儿园一线教师开展家长指导工作、家长学习成长的参考用书。

◆ 主　　编　周素娜
副 主 编　史东芳　姜风华　刘静静
责任编辑　连震月
责任印制　王　郁　彭志环

◆ 人民邮电出版社出版发行　　北京市丰台区成寿寺路 11 号
邮编　100164　　电子邮件　315@ptpress.com.cn
网址　https://www.ptpress.com.cn
山东百润本色印刷有限公司印刷

◆ 开本：787×1092　1/16
印张：13　　2023 年 8 月第 1 版
字数：323 千字　　2023 年 8 月山东第 1 次印刷

定价：46.00 元

读者服务热线：(010)81055256　印装质量热线：(010)81055316
反盗版热线：(010)81055315
广告经营许可证：京东市监广登字 20170147 号

前言

党的二十大报告指出："坚持以人民为中心发展教育，加快建设高质量教育体系，发展素质教育，促进教育公平。"这是对教育事业发展的基本要求。作为教育的三大形式，家庭教育、学校教育和社会教育在人的发展过程中共同发挥着重要作用。其中，家庭教育不仅在儿童成长过程中发挥着奠基性作用，还肩负着培养担当民族复兴大任的时代新人的重要使命。做有准备的、合格的家长不是一件容易的事，养育孩子需要付出无数的时间和持续的努力。令家长感到欣喜的是，他们付出的时间和努力是可以取得回报的，从孩子身上可以感受到成长和发展的奇迹与温暖，以及成功的自豪和爱。如何与孩子和睦相处、有效沟通，对于家长来说，是一门值得认真学习的科学与艺术。

《中华人民共和国家庭教育促进法》（2021 年）是我国首次就家庭教育进行专门立法。该法明确指出："家庭教育以立德树人为根本任务，培育和践行社会主义核心价值观，弘扬中华民族优秀传统文化、革命文化、社会主义先进文化，促进未成年人健康成长；父母或者其他监护人应当树立家庭是第一个课堂、家长是第一任老师的责任意识，承担对未成年人实施家庭教育的主体责任，用正确思想、方法和行为教育未成年人养成良好思想、品行和习惯。"该法律的施行必然影响家庭生活与教育，家庭教育研究也将面临新的挑战，《学前儿童家庭与社区教育》教材建设任重道远。

编写符合教育规律、反映时代特征的高质量教材是编者的初衷。遵循宏观与微观、理论与实践相结合的编写原则，编者在全面理解时代特征和《中华人民共和国家庭教育促进法》《全国家庭教育指导大纲》等文件精神的基础上，以"立德树人"为根本任务，坚持"五育并举"的教育方针，增加了正面管教、情感引导等家庭教育代表性方法及学前儿童劳动教育，梳理了当前学前儿童家庭教育典型问题，使本书具有时代性、创新性和实践性。章节编写明确"学习任务"，以"情景导入"激发学生主动学习的兴趣；内容组织以知识的逻辑结构为基础，由易到难，注重内容本身的系统性，灵活选取呈现方式；结合内容提供了丰富的"情景案例"和"知识拓展”，围绕章节内容合理设计“思考与实践”，重点发展学生学以致用、总结思考等方面的能力。

本书坚持理论与实践并重，突出科学性、融合性，增强可读性、可操作性，旨在帮助学前教育专业学生及家庭教育学习者充分认识家庭教育在人一生中的重要影响，树立科学的家庭教育观，主动提升自身的学前儿童家庭教育能力，做好家庭教育指导工作。为了方便教学，读者可以通过 www.ryjiaoyu.com 网站下载本书的相关教学资源。另外，本书还配套了慕课视频，读者用手机扫描封面二维码即可在线观看。

本书获周口师范学院教务处立项资助（教学〔2022〕46 号）。全书共七章：家庭与学前儿童家庭教育、家庭教育相关理论、家庭教育代表性方法、学前儿童家庭教育的目的与内容、学前儿童家庭教育的原则与常见现象分析、不同年龄段学前儿童的家庭教育、社区与学前儿童家庭教育。本书第一章、第六章由周素娜和史东芳共同编写，第二章由刘静静编写，第三章由周素娜编写，第四章由周素娜和刘静静共同编写，第五章由周素娜和姜风华共同编写，第七章由姜风华编写，毛春华和李紫阳也为本书的编写提供了部分案例，全书由周素娜统稿。

编者

2023 年 7 月

目录

01

第一章

家庭与学前儿童家庭教育

学习任务

1. 了解家庭的演化，理解家庭的内涵、结构类型、特征及功能。
2. 理解家庭教育的含义、性质、地位和作用。
3. 理解学前儿童家庭教育的含义、特点，分析影响学前儿童家庭教育的因素。

情景导入

家具有哪些特征才能称之为“家”

一个富翁醉倒在他的别墅外面。保安扶起他说：“先生，让我扶您回家吧。”富翁反问：“家？我的家在哪里？你能扶我回家吗？”保安大惑不解，指着不远处的别墅说：“那不是您的家吗？”富翁指了指自己的心口，又指了指不远处的别墅，断断续续地说：“那，那不是我的家，那只是我的房子。”

家庭是一种以婚姻关系、血缘关系或收养关系为基础的社会生活组织形式，是人类族群与社会中的最小生活单位。家庭承载着多种社会功能，其中，教育功能在家庭的诸多社会功能中占据十分重要的地位，并因不同的社会形态、家庭形态而表现出不同的特征。伴随一夫一妻制家庭的出现，家庭教育成为人类教育的重要形式，对人一生的发展具有巨大的影响。《中华人民共和国家庭教育促进法》（见附录 2，以下简称《家庭教育促进法》）的颁布在我国教育史上是一件具有划时代意义的大事。它不仅直白、简洁地将家庭教育作为“公事”的本质界定清楚，还在法理层面将家庭教育列为非但不容置疑、忽视，而且必须被规范、被明令推进的社会实践活动。

第一节 家庭

一、家庭的内涵

在不同历史时期的不同国家和民族中，人们对家庭的认识是不同的，所形成的家庭概念也是不同的。“人人都有一个家”，每个人都生活在家庭中，对家庭有切身的体会。关于“什么是家庭”，每个人的说法都不同。人类学家认为，可被称为家庭的社会群体需要具备三个特征。一是可以通过婚姻生活寻找它的起源；二是它主要由丈夫、妻子和婚生子女组成，其他亲属也可以在这个核心群体中找到他们应有的位置；三是家庭成员通过以下几种方式联合在一起：法律纽带；经济、宗教和其他多种权力及义务纽带；由大量诸如爱、情感、尊敬、敬畏等心理感觉因素组成的一种亲密网络。

一个真正的家庭必须同时具备四个条件。

第一，家庭是一个群体的概念。家庭应该由两个或两个以上的成员组成。

第二，婚姻是家庭的基础和根据。婚姻构成最初的家庭关系，这意味着由婚姻而结成的夫妻构成了家庭的核心；夫妻关系是组成家庭的第一种基本关系。

第三，由血缘关系或收养关系而构成的父母子女关系和兄弟姐妹关系同样是家庭的主要组成部分。

第四，家庭成员之间应当有共同的生活，有一定的经济联系和特殊的情感交往。

综上所述，家庭是由具有婚姻关系、血缘关系或收养关系的人们组成的长期共同生活的社会群体，是人类生活中的一种最基本、最重要的群体形式。

二、家庭的结构类型

家庭结构是家庭成员不同的层次和序列的结合。家庭成员之间的关系不同，家庭的结构类型也会不同。当前社会上比较有影响的家庭结构类型主要有以下几种。

（一）核心家庭

核心家庭是指由一对夫妇（包括其未婚子女）组成的家庭，即由已婚夫妇和未婚子女组成的家庭。

当前，核心家庭已成为我国主要的家庭结构类型。其特点是人数少、结构简单，家庭成员容易相处和沟通，教育者之间的思想观念容易达成一致，子女与父母关系密切，父母对子女的身心健康和学业发展非常关注，有教育的自觉性和责任感。

（二）主干家庭

主干家庭是扩大家庭向核心家庭的过渡，它不仅是我国传统社会普遍的家庭结构类型，在现代社会中也具有一定的生命力。主干家庭是指父母和一对已婚子女生活在一起的家庭结构类型，通常包括（外）祖父母、父母和未婚子女等直系亲属三代人。随着社会的发展，核心家庭数量不断增加，但三代同堂的主干家庭在我国家庭结构类型中还占有相当大的比例。现代社会，它是除核心家庭外的另一种主要家庭结构类型。

主干家庭的特点是三代人生活在一起，人口较多，规模较大，层次较复杂，家庭生活的内容较丰富；优点是可在一定程度上加强代际联系，增进异代感情，有很强的赡养抚育功能；缺点是家庭中有两对夫妻、两个中心，由谁执掌家庭权力问题难以解决，易引起矛盾和摩擦。

（三）单亲家庭

单亲家庭又称缺损家庭，是指夫妻双方因离婚、死亡而仅留一方同未婚子女生活在一起的家庭。失去某一直系亲属，曾经完整的家庭等边三角形就缺了一个角，这易给未婚子女（特别是未成年的子女）带来直接伤害。

（四）留守家庭

一些年轻父母为了改善家庭经济状况，选择外出打工。他们相当一部分没有能力和条件将年幼的子女安置在打工所在的城市，只能将他们留在家乡，由父母一方留下照顾，或将子女托付给老人或亲戚朋友照顾。

2022 年中国留守儿童数据统计分析显示，我国不满 16 周岁的农村留守儿童（父母双方外出务工或一方外出务工、另一方无监护能力，无法与父母正常共同生活的不满 16 周岁农村籍未成年人）有 902 万人。其中，805 万人由（外）祖父母监护，36 万人无人监护。 留守儿童的数量从 2020 年统计的 6 102 万下降到 902 万有以下原因：一是留守儿童的年龄截止期限有所改变，过去的报告是以不满 18 周岁为口径的统计，而这次的统计口径是不满 16 周岁；二是统计范围上有差异，旧的统计方式是以父母一方外出为准，而新的统计方式是以父母双方外出务工或一方外出务工、另一方无监护能力为准。没有父母的陪伴，留守儿童在孤寂中读书、写作业，眼里心里都是思念，他们渴望爱、渴望陪伴……近年来发生的一系列“留守儿童”事件，让人们对留守儿童问题的心理剖析更深入。留守儿童问题已经成为我国教育不得不正视的一个问题，也是我国全面提高国民素质、建设和谐社会不得不面临的一个实际问题。《国务院关于加强农村留守儿童关爱保护工作的意见》（2016 年）对做好农村留守儿童关爱保护工作提出了总体要求。

（五）联合家庭与扩大家庭

联合家庭是指有血缘关系的两个或多个性别相同的人及其配偶和子女，或者两个以上兄弟姐妹结婚后组成的家庭结构类型，或有父母长辈，或没有父母长辈。联合家庭的组成与扩大家庭的组成基本相同，但两者也有差别。一是联合家庭是血缘关系的横向联合，即同代家庭成员生活在一起，家庭中的人际生态比较复杂，存在姑嫂关系、妯娌关系、叔侄关系等；而扩大家庭是血缘关系的纵向延伸，即数个不同代际家庭成员生活在一起，如四世同堂。二是联合家庭的家庭成员一般同居共财，关系较紧密；而扩大家庭的家庭成员可能同居共财，也可能比邻而居。

（六）重组家庭

重组家庭也称再婚家庭，是基于再婚而产生的，即家庭成员之间的关系不是基于血缘关系而是基于姻亲关系形成的。再婚家庭中的人际生态复杂，对子女的影响主要取决于家长的态度。和谐亲子关系的建立有助于降低再婚家庭对学前儿童的负面影响。

（七）流动人口家庭

流动人口家庭包含精英式的人才流动和基于基本生存需要而进行的劳动力转移两种类型。随着城镇化进程的加快，以家庭形式进入城市的流动人口越来越多。2011 年我国义务教育阶段进城务工人员随迁子女超 1 260 万，义务教育阶段留守儿童超 2 200 万。2020 年，我国流动人口规模高达 3.76 亿人，其中，流动人口未成年（0～17 周岁）子女规模超过 1.3 亿人，流动儿童规模超过 7 000 万人，跨省流动儿童约 1 500 万人。人口流动引发了一系列问题，其中流动人口子女的教育问题尤为引人关注。在流动人口子女教育中，家庭教育无疑是很关键的，这不仅因为家庭教育是人生整个教育的开端，还因为家长对孩子成长的影响是其他教育方式所不能及的。流动人口家庭父母的文化程度、职业地位、经济收入，以及家庭居住环境等都会对学前儿童的发展产生影响。

知识拓展

家庭的演化

家庭的演化极为复杂，从家庭的起源和历史沿革来看，自人类社会产生到现在，大体经历了血缘家庭、普那路亚家庭、对偶制家庭、一夫一妻制家庭 4 种形式。

1. 血缘家庭

血缘家庭是人类的第一种家庭形式，也是群婚制家庭的初级形式。人们处于性交关系杂乱的原始状态时，没有父母、妻子、子女的概念。人们在长期共同劳动过程中，逐渐认识到不同年龄的生理差别，出现了按年龄划分的自然分工，随之产生了长幼有别的观念。与此同时，由于在生物进化过程中自然选择的作用，人们认识到杂乱性交所产生的后代体质不好，影响种群的繁衍。于是，在自然选择作用的推动下，人们开始禁止长辈与幼辈发生性关系。人们由原始群向民族公社过渡时，血缘家庭出现了。因为允许通婚的兄弟姐妹具有血缘关系，所以称为“血缘家庭”。

2. 普那路亚家庭

普那路亚家庭是人类的第二种家庭形式，产生于蒙昧时代的中级阶段，是群婚制家庭的高级形式。经过漫长的发展，人类逐渐认识到氏族内部通婚不利于人种的优化，便产生了禁止同胞兄弟姐妹之间通婚的观念。生产力的发展使人们的居住地变得相对稳定，随着人口的繁衍，一个血缘家庭分裂为几个族团。由于生存和生产的需要，族团之间必须保持一定的合作和联系，并且开始相互通婚，普那路亚家庭就是通过这样或类似的途径从血缘家庭中产生出来的。

3. 对偶制家庭

对偶制家庭是原始社会母系氏族公社晚期的一种家庭形式，由普那路亚家庭发展而来，属个体婚制，是群婚制向一夫一妻制过渡的形式。随着原始公社经济的发展，人口密度增大，氏族之间往来频繁，氏族不断禁止血亲通婚，婚姻禁忌越来越多，群婚便开始向对偶婚过渡。对偶制家庭的发展为后来的父系氏族和一夫一妻制家庭的产生准备了条件。

4. 一夫一妻制家庭

一夫一妻制家庭是随着人类社会由原始公有制社会向私有制、阶级社会过渡而出现的婚姻家庭形式。在原始社会后期，随着私有财产的出现和男子经济地位的提高，男子掌握了私有财产权，不再满足于传统的母系继承制，这最终导致了父权制的确立，与此同时发生的是氏族公社的解体和一夫一妻制家庭的出现。一夫一妻制家庭的出现是人类家庭发展史上的一次质变，是家庭自产生以来的最高形式。由于是建立在私有制基础之上的，一夫一妻制家庭在以农业自然经济占统治地位的奴隶制和封建制时期得到了充分发展。随着现代化大工业生产和现代商品经济的发展，妇女走出家庭，参加社会劳动，在经济上取得了独立自主的地位，才出现了真正的一夫一妻制家庭。

三、家庭的特征

家庭是一种特殊的社会群体，和其他社会群体不同，具有以下九个特征。

（一）最普遍的社会群体

从古至今，世界各国各地都存在着不同形式和性质的家庭。任何人都会和家庭产生一定的关系。

（二）最基本的社会群体

家庭之于社会，就像细胞之于人体，整个社会是由千千万万个家庭共同组成的。一方面，社会的变迁无不影响家庭的变迁，家庭受社会风俗、习惯、法律、道德的影响比其他社会群体要大得多。另一方面，家庭的发展变化也会影响社会的发展变化。

（三）个人在其中生活最长久的社会群体

人的一生中，绝大部分时间都是在家庭中度过的。人与其他社会组织的关系，通常没有与家庭的关系这样长久。

（四）对个人的影响最大、最深

家庭对一个人的影响最大、最深，在很大程度上影响一个人的性格、才能等方面。

（五）可以满足个人多方面的需要

相比其他社会组织对个人的影响，家庭能够满足个人多方面的需要。从生理到心理，从物质到精神，从生产到消费，个人的各种需要都可以在家庭中得到满足。

（六）一个关系最亲密的社会群体

家庭是建立在婚姻关系、血缘关系和收养关系基础之上的，家庭成员朝夕相处，具有共同的利益。家庭成员血肉相连，不可分离，这种亲密程度是任何其他社会关系都无法比拟的。

（七）家庭成员间的权利、义务持久而稳定

个人对家庭的责任心和忠心要比对其他社会组织的责任心和忠心更加强烈和自觉。

（八）家庭成员间的互动和对家庭义务的履行带有强烈的感情色彩

家庭成员间的互动和对家庭义务的履行往往带有强烈的感情色彩，受道德的制约胜于对法律的敬畏；一般表现为自觉的行为，不需要监督。

（九）家庭是一个世代更替的社会群体

从纵向看，家庭是长久的，绝大多数家庭成员都会结婚生子延续生命。从横向看，每一代人组建的家庭都是暂时的，最长不过几十年。

四、家庭的功能

家庭的功能是指家庭在人们的生活和发展方面所起的作用。家庭功能在不同的历史时期、不同的国家和民族是不同的。一般来说，家庭的基本功能有以下几个方面。

（一）生育功能

家庭承担着为社会发展生育人口的重要职能。人类生育不是两性本能的简单结合，而是通过一定的社会关系，即婚姻和家庭来实现的。通过婚姻组建家庭有利于确立亲子关系、对子女的教育和抚养、建立社会秩序，以及社会的进步和发展。

（二）经济功能

家庭在历史上承担过全部经济职能，曾是生产、分配、交换和消费的经济单位。工业社会实现了生产社会化，过去以家庭为单位的生产日渐被工厂、农场的社会化生产取代。随着科学技术的进步，生产的社会化是不可阻挡的历史趋势，家庭的生产职能终将消失。尽管家庭在生产、交换、分配方面的职能有所转移和变化，但家庭仍然是现代社会中最基本的消费单位。

（三）教育功能

对子女进行教育是家长的天职，是家庭自产生以来所具有的基本功能之一。古代，社会分工不明确，教育的专门化和普及化程度很低，家庭的教育职能突出。近代，随着专门教育机构的大量出现和国家教育的普及，家庭的教育功能经历了部分转移和弱化的过程，但由于家庭在社会生活中的特殊地位，在某些方面的教育作用是其他教育机构不能替代的，尤其是在儿童社会化方面。人从出生时的一无所知到慢慢地获得与社会文化一致的价值观念、行为模式，这一过程大部分是在家庭中完成的。儿童通过接受家长的教育或模仿家长的行为，获得待人接物、适应社会的各种观念、规范和技巧。童年期所习得的行为、观念，对人的一生都将产生深远影响。事实表明，丧失家庭教育和家庭教育不良的儿童在社会化过程中容易出现某些困难，导致某

些消极后果。在我国，家庭的教育职能是法定的。《中华人民共和国婚姻法》规定："父母对子女有抚养教育的义务。"《家庭教育促进法》规定："父母或者其他监护人应当树立家庭是第一个课堂、家长是第一任老师的责任意识，承担对未成年人实施家庭教育的主体责任，用正确思想、方法和行为教育未成年人养成良好思想、品行和习惯。"随着计划生育政策的调整，家庭教育功能呈强化趋势。

（四）精神生活功能

家庭是满足个人精神生活的重要场所。家庭成员之间的亲密交往和情感建立在亲缘关系的基石上，具有较为坚实的基础。在家庭中，家庭成员的思想和情感能得到充分交流，他们能充分享受家庭生活所带来的乐趣，获得在家庭之外无法得到的精神安慰与寄托。随着社会的发展，许多精神生活可以在家庭之外得到满足。尽管如此，家庭生活中的天伦之乐、特殊的情感交流也只有在家庭中才能实现。好的家庭精神生活能够促进家庭和谐，有利于孩子的成长，也能激发人们对生活的热爱和对工作的热情。现代社会，人们对获得家庭关爱有更强烈的要求。一个人在工作、生活等方面遇到困难、挫折和问题时，都希望从家庭中得到安慰、鼓励和帮助。

（五）抚养和赡养功能

该功能具体表现为家庭代际关系中的双向义务与责任，抚养是指上一代对下一代的抚育培养，赡养是指下一代对上一代的供养和照顾。这种功能是人类繁衍发展必不可少的保障。

个体的成长发育有较长的依赖期，在此期间生活不能独立，必须由双亲抚养。因此，抚养子女是家庭的一个重要功能。和家庭的教育功能一样，家庭的抚养功能在我国也是法定的。《家庭教育促进法》规定："未成年人的父母或者其他监护人实施家庭教育应当关注未成年人的生理、心理、智力发展状况，尊重其参与家庭事务和发表意见的权利。"

尊老、敬老、爱老是中华民族的传统美德。父母有抚育子女的责任，子女也有赡养父母的义务。完备的赡养应同时满足老年人的物质需要和精神需要。随着社会保障制度的完善，家庭的这类功能有一部分可以由社会承担，但作为社会福利机构的养老院能给老年人生活上的帮助和照顾，却无法代替子女提供反哺之恩和特有的精神安慰。

第二节　家庭教育

教育是人类特有的一种培养人的社会活动。广义上，凡是有意识地以影响人的身心发展为直接目标的社会活动都是教育，主要有家庭教育、学校教育和社会教育三种形式。家庭教育是教育的主要形式之一，与学校教育、社会教育共同构成了一个完整的教育体系，担负着为社会培养合格人才的使命。

一、家庭教育的含义

家庭教育，顾名思义是指发生在家庭中的教育。鉴于家长与孩子在生理、心理、生活经验、社会阅历等多方面存在巨大差异，在家庭教育实践的角色关系中，家长自然是教育者，孩子自然是被教育者。这是一个逻辑判断，更在家庭教育实践中得到了充分表达：为了教育好孩子，为了给孩子提供最好的教育，家长总是竭尽全力，如若不然，则不仅自己会愧疚到无以复加，还会感到在别人面前抬不起头来。不过，这一实践样态为我们提供了另一个界定家庭教育的视角：以孩子为教育对象的家庭教育看似只是聚焦孩子的成长与发展，实际上却在同步影响、改变家长本身，且被影响和被改变的范围很广、程度很深。家长的时间、精力、经济状况、认知、情绪情感、行为方式无不被卷入其中，甚至还会触及他们更深层次的人生观与价值观。所有指向解决“成长烦恼”、满足“成长需求”的理论与实践都应归属于家庭教育。依据这个判定，家庭教育的对象与范围、定位与功能等相关界定均将获得更新。家庭教育不是与生理年龄相匹配的学段教育，而是与个体在家庭中所担负的“社会角色龄”相呼应的终身教育。比如一对 36 岁的父母（孩子 2 岁）和一对 63 岁的祖父母（孙子 4 岁），他们的“父母龄”和“祖父母龄”分别只有 2 岁和 4 岁。在家庭教育实践中，他们不仅需要育儿知识与技能，更需要专门的、专业的、与他们成为父母或祖父母之后的身心灵需要相匹配的支持。学术界对家庭教育的界定有许多种，概括起来，主要有广义和狭义两种解释。

广义的家庭教育是指在家庭生活中家庭成员之间相互施与的一种教育和影响，既包括家长对孩子实施的教育，也包括孩子对家长的影响，甚至包括家长之间、孩子之间的相互影响。这种理解强调了家庭成员，尤其是家长与孩子之间的平等关系，重视孩子在接受家长教育中对家长的影响及对家长教育的反馈过程。家长和其他长者对孩子进行教育时，必然会从孩子的言语行为中获得影响。在互动过程中，双方同时获得发展。从这个角度看，家庭教育就是亲子互动中家长和孩子共同成长的过程。在科技飞速发展的今天，“后喻文化”“文化反哺”现象越发明显地体现出家庭教育的互动特征。

狭义的家庭教育是指在家庭生活中，父母或其他年长者自觉地、有意识地对子女和其他年幼者进行的教育或施加的影响。在家庭中，父母或其他年长者的身份地位及其在身心发展水平、社会经验等方面所具有的优势，加上子女和其他年幼者在生活上和心理上对父母或其他年长者的依赖性，决定了子女和其他年幼者在家庭环境中的成长主要接受的还是父母或其他年长者——主要是父母的教育和影响。在亲子互动过程中起主导作用的是父母。父母对子女的教育是家庭教育的主要形式，尤其在子女走上社会、独立生活之前的时期。

因此，一般意义上所说的家庭教育主要是指父母对子女，尤其是对未成年子女的教育。本书主要探讨学前儿童的家庭教育问题，使用的是狭义上的家庭教育概念。

知识拓展

家庭教育的发展

在古代社会教育体系中，家庭教育占有极为重要的地位，这一时期的家庭教育具有鲜明的阶级性，其重要职能是传递经验为生产服务。现代社会家庭教育的部分功能逐步向社会转移，其内容和手段逐步科学化、规范化、民主化，儿童在家庭教育中的主体地位逐渐确立。

二、家庭教育的性质

家庭教育的性质是指家庭教育区别于其他形式教育的根本属性。家庭教育具有区别于学校教育和社会教育的特定属性。

（一）私人性质的教育

从教育活动的实施形式看，教育分为私人性质的教育和社会性质的教育：前者通常是在家庭中通过家长实施的；后者是在社会中通过学校和其他教育机构实施的。

学校和其他教育机构是为社会提供教育服务的机构，教育者和受教育者之间仅仅是教育和受教育的关系。这种教育不是为了满足个人的切身利益，也不完全按照教育者个人的主观意志实施，不管是公办还是民办、免费还是收费，都必须接受国家的管理和社会的监督，尤其是来自受教育者及其家长的监督。

家庭教育是在家庭内由家长实施的个体行为，有很强的独立性、自主性，属于典型的“私人”领域。家长和孩子的关系首先是血缘和依附关系，其次才是教育和受教育的关系。在家庭中，对孩子实施什么样的教育、如何教育、把孩子培养成什么样的人，家长有很大的自主权。社会和他人只能采取多种方式进行科学养育的宣传、渗透和引导。家庭教育的私人性质并不是说家庭教育完全独立于社会之外。相反，家庭是社会的细胞，社会政治、经济和文化的变革必然会通过各种途径渗透到家庭生活中，影响家庭教育的实施。现代社会，家庭教育已成为国家教育事业的重要组成部分，国家和社会对家庭教育的干预不断增强。

（二）没有严密组织的非正规教育

从教育活动实施的组织形态看，教育分两大类：有严密组织的正规教育和没有严密组织的非正规教育。正规教育有专门的组织机构、受过训练的专业教育者，是一种有组织、有目的、有计划、有系统、有考核要求、有统一标准的教育，以学校教育最为典型。家庭教育则不同，家长一般未经过教育方面的专业训练，也不是专职教育者。相比有固定目的、内容、模式、时间和地点的学校教育，家庭教育一般是寓于日常生活之中，随时随地实施的。

学前儿童主要是通过观察、模仿进行学习的。家庭教育更多是通过家长在家庭生活中的言行和表率作用来实现的，即使家长自己没有意识到，影响也是客观存在的，而且这种影响是深刻、广泛、全方位的。

（三）终身教育

从教育过程实施的持续时间来看，教育可以分为阶段性教育和终身教育两类。一般来说，学校教育和社会教育都是阶段性的，甚至是临时性的。虽然系统的学校教育要连续实施相当长的时间，但也只是人生历程中的一个阶段。各个阶段的学校教育的实施时间更短，教育者也经常变换，如幼儿园、小学、初中、高中等。

家庭教育是一种稳定的持久性教育。一般情况下，家长是不变的，家庭相对于其他社会组织具有很强的稳定性、持久性。家庭伴随人的一生，从出生、入学、长大成人到走上社会，孩子都和家长生活在一起，接受家长的影响和教育。即使孩子已经成家立业，家长也会经常教导孩子。因此，家长对孩子的教育和影响具有连续性、终身性。

三、家庭教育的地位和作用

家庭教育作为人类个体生活不可或缺的存在，有其“特殊使命”，对个体一生的发展影响深远，而且在社会发展进程中起重要作用。

在机构教育产生前，家庭是人类社会教育实践活动的重要载体。其全部教育活动，大致可以分为支持个体作为人的成长、支持人类社会已有文明的传承和支持个体在其社会生活中建构新的文明三个基本类别。三类活动之间虽有交叉、渗透，但确有边界。随着机构教育的产生、发展与完善，第二类和第三类家庭教育活动几乎全部由机构教育“接手”，并将其从零散、无序、力度不一的状态发展至系统规范、不可或缺、无法被替代的程度。第一类家庭教育活动被留在家庭之中，属于专门教育工作者可以过问却不可以左右的内容。究其根源，可溯及家庭教育与机构教育的本质区别。前者存在于个体空间，散落在以饮食起居为主题的、与亲人之间进行的、带有鲜明情绪情感特征的日常生活互动之中；后者则发生在社会公共空间内，限定在具体时空中的、以规范的知识技能传授与习得为主题的、与专门教育者之间进行的事务性互动之中。基于这些区别，加之“支持个体作为人的成长”所涵盖的范围之广、细节之多，第一类家庭教育活动最为适宜的样态应该正如古人所言，从“黎明即起”“及昏便息”“洒扫庭除”“内外整洁”的家庭生活节奏与细小行为入手，在“寒来暑往”“秋收冬藏”的每一个日子中逐渐培养受教育者的行为习惯、态度品质，并使其日益稳定，使他们指向自己、指向他人、指向环境的社会性发展维度得到适宜成长。家庭教育应该定位在“人商”上面，立足于平常的家庭生活，在微小的生活事件中整体性地支持、引导孩子朝着作为一个人应有的样子成长。这一点正是家庭教育不可被忽视、不可被替代的独特的使命。如果这一使命不能被很好地担负起来，就不是简单的“养不教，父之过”的行为归因层面的问题，严重的会祸及家庭与社会，甚至国家与民族。这也是促使《家庭教育促进法》颁布的一个重要驱力。

（一）为儿童的社会化奠定重要基础

社会化是指个体通过学习知识技能和社会规范取得社会生活和正式社会成员的资格，形成、发展和逐步完善自己社会性的过程。简言之，社会化是指“自然人”（生物人）成为“社会人”的过程。个体刚出生时只是一个具有生物特性的生命个体，对所要面对的世界一无所知。这个“自然人”若要生存下去，并顺利融入社会、实现人的价值，就必须完成社会化。

家庭教育为儿童的社会化奠定了重要基础。在与其他家庭成员的共同生活中，儿童通过观察和模仿长者（尤其是家长）获得了最初的生活经验、生存技能，获得了对社会的最初认识，并逐步懂得了一些基本社会规范。社会化贯穿人的一生，家庭对人社会化的影响也是持续性的。童年期是人生发展的关键时期，因此，家庭教育对儿童早期社会化的作用十分重要，也是其他社会机构无法代替的。

（二）一切教育的基础

在我国现代化教育体系中，家庭教育、学校教育和社会教育是一个有机联系的整体，三种形式的教育各有特点和侧重。教育家苏霍姆林斯基说，没有家庭教育的学校教育和没有学校教育的家庭教育都不可能造就全面发展的人。三种形式的教育只有密切配合，才能发挥教育的整体功能，促进儿童的全面发展，培养出优秀人才。

家庭教育是一切教育的基础。不论哪种形式的教育，其教育对象都来自家庭，他们首先接受的是家庭教育，家庭教育有先入为主的定势作用。从这个意义上看，家庭教育是学校教育的基础，社会教育又是家庭教育的延续。作为基础的家庭教育一旦出现失误，在教育对象身上形成的问题就很难在学校教育和社会教育中得到纠正。只有作风正派的家庭，才能提供对待孩子的正确方法。家长应有意识地创设良好的家庭氛围，对孩子施加正面教育，以使其养成良好的行为习惯和高尚的道德情操，身心得到和谐发展。

良好的家庭教育不仅可以为幼儿园和学校提供优质的生源，为学校教育的顺利实施奠定基础，还可以在很大程度上弥补学校教育的不足。一些科学家的成长经历就是很好的证明，如爱迪生、达尔文。他们因被老师否定而难过，正是家庭的温暖、家长的鼓励和教诲使他们的才能得到了充分发展，最后成为伟大的科学家。

（三）推动社会文明进步及未来发展

德国教育家福禄贝尔说："国民的命运与其说是掌握在当权者的手中，倒不如说是掌握在母亲手中。"家庭是社会的细胞，家庭教育是最具广泛性和群众性的教育，其教育质量高低直接影响国民素质的高低与国家综合实力的强弱。中国自古以来都十分重视家庭和家庭教育对社会的作用。儒家经典《大学》提出"家齐而后国治，国治而后天下平"的思想，明确把齐家作为治国的前提条件。这种思想影响深远，并由此形成了中国重视家庭教育的悠久传统。

现代各国都十分重视家庭教育的社会作用。联合国在 1994 年推行了"国际家庭年"，强调家庭在现代文明社会中要发挥提供资源和承担责任的特殊功能，强调家庭对于养育、教育下一代的重要作用。这一指导思想和活动主题得到了各国的普遍认同。世界各国都认识到家庭与社会发展的联系，并把家庭文明建设作为社会文明建设的基础。因此，家长不能把孩子视为私有财产，要树立为国教子的思想，端正教育目的，把望子成龙、望女成凤的愿望与国家利益、社会要求统一起来。

第三节 学前儿童家庭教育

学前儿童家庭教育是指发生在家庭日常生活中，对从出生至入学前的儿童进行的一种早期教育，具有与幼儿园教育、社会教育不同的特点。这些特点使学前儿童家庭教育成为教育人的起点与基点，具有其他教育形式所没有的优势，同时也具有一定的局限性。充分了解学前儿童家庭教育的含义、特点，做到扬长避短，才能更好地发挥其积极作用。

一、学前儿童家庭教育的含义

学前教育是对学前儿童所实施的保育和教育活动的总称。"学前"即儿童入学之前，但何时才算入学？学前的起点在哪里？不同国家有不同的标准。在我国，儿童年满 6 周岁进入小学才算入学。学前教育有时又被称为"幼儿教育""早期教育"等，这些名称一般可以通用，但必须注意特定语境下各概念的特殊含义及区别。

学前儿童家庭教育是父母或其他家庭成员在家中对学前儿童实施的保育和教育活动的总称。家庭是学前教育实施的场所，父母和其他家庭成员是教育者，学前儿童是教育对象。

二、学前儿童家庭教育的特点

相比幼儿园教育、社会教育，学前儿童同父母及其他家庭成员之间具有血缘和依附关系。家庭教育是在特定的家庭范围和家庭关系中所进行的一种教育活动，因此，学前儿童家庭教育既有优势，也有局限性。

（一）优势

1. 早期性与奠基性

学前儿童家庭教育对一个人智力的发展、道德观念的形成、性格的培养具有至关重要的启蒙意义。学前阶段是儿童身心发展较迅速的时期，家庭教育往往会对儿童以后的成长产生深刻影响。陈鹤琴先生指出："幼稚期是人生最重要的一个时期，什么习惯，言语，技能，思想，态度，情绪都要在此时期打基础，若基础打得不稳固，那健全的人格就不容易形成了。"这一点可以从"狼孩"的事例中得到证实。狼孩的行为动作、生活习性和狼完全一样，正是由于他们错过了人生发展的重要时期——童年期。即便他们回归社会后接受了专门的教育和训练，也很难恢复人性。可见，儿童早期的生活经验对一生的发展是非常重要的。家庭是儿童成长的初始环境，家长对儿童所实施的教育具有早期性。正所谓"少成若天性，习惯成自然"，从小养成的良好习惯可以使人受益一生。

儿童对外部世界的认识和了解，以及性格、品德的形成及智力潜能的开发都是从家庭教育开始的。儿童出生以后的最初几年，绝大部分时间都是在家庭中度过的，其间，他们除了获得自身生理、生活需要的满足外，还会从家长的言语、表情中认识外部世界，从家长对社会、他人和自己的态度中形成对外部世界的最初印象。以后，他们就是凭借这种印象，对来自外部世界的一切人、事、物进行选择，包括接受与其意愿一致的，排斥与其意愿相悖的。因此，家庭教育不仅形成了儿童最初的早期经验，也培养了其最初的主观能动性。家庭教育不仅成了儿童个性发展的主观基础和出发点，也使儿童在接受外部世界的一切人、事、物时形成了一种"准备状态"。因此，学前儿童家庭教育奠定了儿童接受其他教育的重要基础。

2. 全面性与广泛性

学前儿童家庭教育是一种全方位的教育，内容极其广泛、丰富。凡是与人生有关的知识，从吃饭、走路、穿衣到学习伦理规范、社会知识、文明习惯、自然知识、生存技能等，人们都能从家庭教育、家庭生活中学来。家庭教育如此全面的作用是其他教育很难替代的，正因为具有这种特点，家庭教育对一个人的影响非常重大。

家庭教育还是一种全员参与的教育。在一个社会中，只要有家庭、有孩子，就必然有家庭教育。对孩子进行家庭教育是所有家长必须履行的义务。每个人的成长都离不开家庭教育的影响，即使家长不太重视对孩子的教育，其影响也是客观存在的。现代社会，随着家长素质的提高，家长对孩子的教育也越来越重视。

3. 自然性与随机性

家庭教育大量地渗透在家庭日常生活中，通过家庭成员的交往与活动、言谈举止、待人接物、日常家务等来实现，这就决定了家庭教育是伴随自然生活的教育，具有自然性。

家庭教育的自然性导致了它的随机性。由于家庭教育往往是在不经意的情况下进行的，一般没有明确的教育目标、计划和内容，没有具备专门知识和技能的专职教师，也没有对教育方法、方式的明确规定及对教育结果的检查与评定。家庭教育不受时间、地点、场合、条件的限制，可以根据孩子的实际表现与发展水平随时调整教育的内容与方法。"遇物则诲，相机而教"，家长通过生活实践或与孩子共同参与活动等机会教育孩子，方法灵活，容易让孩子接受，效果也更加明显。

4. 亲情性与权威性

家庭教育一般是建立在亲子关系基础上的，这种天然的情感联系是其他任何教育都不具备的。这种亲子关系，使家庭教育成了家长义不容辞的责任和义务，也使家庭教育成了人世间最无私的教育。家长对孩子的关切、眷恋和无私的爱也会使孩子受到强烈的感染，这种深厚感情在教育过程中往往能够成为一种神奇的催化剂，使教育的力量得到成倍增长，从而获得理想的教育效果。古有"孟母三迁""岳母刺字"等许多佳话。通常，家长都愿意把自己所掌握的知识和积累的经验毫无保留地传授给孩子，诚心诚意地对孩子的一生负责。

正因为有了这种亲子关系和情感的联系，孩子对家长的信赖和依恋才得以形成，家长的权威性才得以建立。家长是家庭生活的组织者，孩子在经济、生活和感情上都依赖家长，家庭教育就是在物质供养和深厚亲子感情的密切结合下进行的。在孩子心中，家长具有至高无上的地位，他们乐意获得家长的表扬，能自觉地服从家长的管教，使家长的教育具有强大的感染力和号召力。因而，家长具有一般教育者不可比拟的优势。

5. 持久性与连续性

相比学校教育，家庭教育具有持久性与连续性。孩子不论在托儿所、幼儿园，还是在小学、初中、高中，都会因升入新年级而更换新老师。不同老师的教育要求和风格不可避免地会出现不一致的现象，于是孩子要经常适应新老师、熟悉新环境。家庭教育则不同，它是持续的，不管孩子的年级、班级、老师和课程怎样变化，家长的教育方式与风格、家庭的生活环境总是相对稳定的，这种持续、稳定的教育对于孩子良好习惯与性格的养成是十分有利的。而且，家长与孩子相处时间较久，有利于家长全面、细致、系统、深入地了解孩子，根据孩子发展的实际情况循序渐进地进行教育。

持久性与连续性还表现在家庭早期教育的效果是长期起作用的。家庭早期教育给孩子带来的影响不会随着孩子入学或离开家庭独立生活而失效，会在孩子的一生中持续地发挥作用。因此，任何家庭中的教育都不是对其孩子的某一个阶段负责，而是对其一生负责，家长教育孩子的责任和义务不是短期的、一时的，而是长期的、终生的。

6. 差异性与继承性

每个家庭都是不同的，尤其在家长素质、家庭生活氛围、孩子的发展特点等方面。这就决定了每个家庭对孩子的教育也是有差异的。家庭教育是家长对孩子进行的个别化的教育活动，因而具有很强的针对性。家长由于与孩子长期生活在一起，对孩子的情况十分了解，更容易做到因材施教。

每个人都有自己的个性特征，家庭也有家庭的个性特征，即家传、家风。家传、家风是家庭教育的重要条件和内容。人们接受祖辈、父辈对自己的教育后也会用同样的教育内容和方式教育自己的后代。家传、家风往往与家庭成员从事的职业有关，自古至今，我国涌现了许多“梨园世家”“教育世家”等，说明家传、家风可以延续几代，甚至十几代、几十代。

（二）局限性

1. 条件的不平衡性

每个家庭都是不同的，家庭教育的条件也是多种多样、千差万别的，并不是所有家庭都具备教育孩子的良好条件。因此，很难保证每个孩子都能受到良好的家庭教育。家庭教育条件的不平衡性主要体现在家长素质、家庭生活条件和家庭精神生活状况等方面。

第一，不是所有的家长都能给孩子提供良好的家庭教育。有的家长品德好、修养高，重视孩子的教育，又有教育能力，能自觉地严格要求自己、努力创造良好的家庭条件。也有一些家长素质不高，对孩子不负责任，使其难以受到良好的家庭教育。

第二，不是所有的家庭都具有适宜孩子健康成长的良好环境。家庭教育的质量主要取决于家长自身素质及家庭环境、家庭生活对孩子的影响，不同孩子所处的家庭环境也不同。当前，我国家庭的物质生活和精神生活都有了很大的改善，但仍存在一些问题。比如，部分家长因为经济压力难以把很多精力放在孩子的教育上；有的家长虽然生活富足，但工作较忙，很难有较多的时间和精力与孩子相处；随着电视、计算机、智能手机等电子产品在家庭生活中的普及，很多孩子沉迷其中，影响了学习和健康。

第三，对孩子影响更大的家庭精神生活状况，尤其是家庭中的人际关系，也存在较大差异。夫妻之间、家长与孩子之间的关系是人世间最亲密的人际关系，家庭成员之间少有戒心，思想和行为常常表现得最真实、最充分，成年人尤其是家长身上的一些不良习惯和言行也会充分地展现在孩子面前；孩子在亲人面前也容易撒娇、任性、蛮横，不服管教。家庭成员之间的交往也是最频繁的，容易发生各种矛盾，处理不好就会造成紧张的家庭关系，如婆媳关系不和、夫妻争吵等。同时，因育儿理念不同，家长之间、祖辈与父辈之间对孩子的教育要求常常不一致。这些都给家庭教育带来了不利影响。

2. 教育的非理性

家庭教育一般缺乏科学理论的指导，家长容易感情用事。其非理性主要表现在教育内容和教育方法两个方面。

第一，教育内容具有片面性。一般来说，家长不可能教给孩子发展所需要的全部知识和技能，只是把自己仅有的智慧和才能教给孩子，这就使家庭教育在内容上不可避免地具有片面性。有的家长往往是会什么就教什么，干什么就教什么，使家庭教育处在自发的水平和盲目的阶段。有的家长受社会“热点”左右，功利意识强，盲目跟风，而不考虑孩子自身的特点。家长的儿童观、教育观偏差也会导致家庭教育出现片面性，比如一些家长过分重视对孩子的养育，而轻视对孩子的教育；重视孩子智力的开发，而轻视文明行为和良好习惯的养成；重视孩子艺术技能的培养，而忽视审美素养的熏陶等。

第二，教育方法缺乏理性。家庭教育以亲子关系为基础，如果家长能够正确对待和利用这种亲子关系，它就能成为教育孩子的有利因素。但是，亲子关系也常常导致家长缺乏应有的理智，因感情用事而做出种种非理性的行为，如对孩子时而娇宠溺爱，时而放任不管，时而蛮横无理，使孩子无所适从。

3. 教育的封闭性

“鸡犬之声相闻，民至老死，不相往来”形象地描绘了中国传统社会家庭生活方式的封闭状态。现在，家庭生活与社会的联系日益紧密，家庭教育也逐渐由封闭走向开放。由于家庭本来就是一个较为封闭的社会组织形式，所以目前的家庭教育仍具有一定的封闭性。

首先，学前儿童家庭教育是在家庭内部进行的，教育的内容、途径、方法和培养目标主要由家长决定。一般来说，家长都希望孩子听从自己的教育，接受自己的影响，按自己的意志行事，朝着自己期望的方向发展。但家长的知识、经验、智力等有限，家庭的生活内容、生活方式也是有限的，这必然会使家庭教育限制在某一范围内。

其次，随着城市化建设步伐的加快，越来越多的家庭趋势走向独门独户，这在某种程度上使家庭教育的天地越来越小。不少家长生怕孩子被复杂的社会生活和不可控制的社会环境“带坏”，就关起门来进行教育；有的家长担心孩子会在与同伴的交往中吃亏，害怕由于孩子矛盾引起邻里不和，便限制孩子与同伴交往：这些做法缩小了孩子的社交圈，必然会阻碍孩子社会化的进程。

家庭对学前儿童来说是一种不可选择的环境，尤其是家庭关系。这就需要全社会尤其是家长必须重视家庭教育，正确认识家庭教育的优势和局限性，努力创造良好的家庭环境，提供良好的家庭教育，促进学前儿童的健康成长。

三、学前儿童家庭教育的影响因素

家庭教育是一个发生在家庭成员之间的多维度的实践活动集群，而不只是家长指向孩子的单一性实践活动；在无数家庭教育活动中，即使不考虑教学相长的因素，家长也必然会成为一个积极主动、认真努力的受教育者，而不只是一个单纯的教育者；家庭教育在本质上是发生在家庭这个场域中，将全体家庭成员囊括其中，支持每个个体发展的实践活动。影响学前儿童家庭教育的因素是多方面、多层次的，既包括家长自身的素质、家长的教养态度与方式，也包括家庭生活环境、家庭生活方式，还包括家庭教育的社会历史背景。

（一）家长自身素质

家长自身素质主要包括以下几方面。

1. 家长的教育素养

（1）教育观念

家长的教育观念是决定家庭教育质量的核心因素。家长的教育观念通常是指家长在培养孩子的过程中，在孩子发展、教育等方面所持有的观点，包括人才观、教子动机、教育观等。正确的教子动机是为国家和社会育人的责任感和自豪感。家长要把自己对孩子的关怀、教育和爱护当作社会义务，视教育孩子为义不容辞的责任。

陈鹤琴先生提出，“做父母”是一桩不容易的事情，实在是要有一种专门的技能、专门的知识。苏霍姆林斯基指出，应当在中学时代就给未来的父亲和母亲以教育学的知识，没有研究过教育学基本知识的青年公民不应当有成立家庭的权利。因此，家长不仅要有科学的家庭教育观念和期望达到的教育目标，还要有丰富的教育知识和良好的教育能力，这样才能完成家庭教育的任务。比如孩子想买某个东西时，家长要分析他是真的需要还是一时想要，购买需求合不合理：不合理就坚决不买；如果合理，家长也不能轻而易举地买给孩子，必须让他明白没有白白得来的东西，需要完成一项任务或付出劳动才能得到想要的东西。

（2）教育能力

教育能力是指家长在一定的教育观念指导下，运用教育知识，在家庭教育的实践中处理亲子关系、分析解决家庭教育问题的能力。学前儿童家长的教育能力主要包括学习家庭教育知识的能力、了解和认识学前儿童的能力、分析和处理家庭教育问题的能力、指导和发展学前儿童的能力、把握教育分寸的能力、协调亲子关系的能力。双方情绪平和，关系和谐，沟通才能有效，事情才能得到有效解决。有效沟通能力（非暴力沟通）不同于批评、指责等暴力沟通方式，是指沟通者不再条件反射式的反应，而是去明了自己的观察、感受和愿望，有意识地使用语言；既能诚实、清晰地表达自己，也能尊重与倾听他人。这样，在每一次互动中，沟通者都能聆听到自己和他人心灵深处的呼声，还能发现正影响自己和他人的行为和事件，并提出明确的要求。通过强调倾听——倾听自己及他人，非暴力沟通培育彼此的尊重、关注与爱，使人乐于互助。亲子沟通一般应遵循四个步骤：客观陈述事实——表达孩子行为带来的感受——说出产生这种感受背后的想法——表达对孩子的希望。这四个步骤看似简单，但能带来根本性的变化。家长若能长期遵循这四个步骤，就能和孩子实现有效沟通，增进亲子感情。

情景案例

妈妈对家务活进行了分工，5 岁的诺诺负责倒垃圾。可是，诺诺不够主动。为了让诺诺按时倒垃圾，妈妈每天都会提醒他“这是你的任务”或“我们每个人都有自己的任务”。

一天晚上，妈妈静下心来听诺诺讲他为什么不愿意倒垃圾。谈话中，妈妈了解到诺诺的心声："如果我没照妈妈说的做，妈妈就会大声抱怨、责骂，这让我很不开心，更不想去倒垃圾了。如果我知道妈妈并不想使唤我，在妈妈叫我时，我很乐于回应你。"通过这次谈话，诺诺也得到了妈妈的理解与尊重，并开始主动倒垃圾。

了解孩子是家长必备的能力，因为不了解孩子，就无从关心孩子，更无从教育孩子。案例中妈妈的提醒已经成为对诺诺的要求，诺诺没有满足妈妈的要求时，就会被指责。妈妈高高在上的态度让诺诺觉得自己不被尊重，从而产生了对抗心理。孩子是非常需要肯定和表扬的。孩子做错事时，家长应该提醒和纠正他们；孩子改正错误后，家长应该及时给予足够的肯定，使他们对自己的正确行为有信心，并有足够的兴趣巩固自己的成果。家长要从学前儿童的年龄特点出发，了解他们的各种需要，如心理安全感、身体运动、同伴交往、成功体验等。教育能力不是靠家长通过阅读育儿图书、参加家长培训等就可以提升的，必须在实践中观察、体会、反复思考。

（3）教育知识

家长应该掌握基本的教育知识，包括优生、学前儿童心理学、学前儿童家庭教育学、学前儿童生理卫生及各种文化知识。另外，家长要不断地学习，更新自己的教育知识，通过学习适应社会的变化，与孩子一起成长。

2. 家长的文化素养

（1）含义

家长的文化素养是指家长拥有的知识、技术、气质及文化背景的总和。拥有较高文化素养的家长通常会更加重视孩子接受教育的状况，通过言传身教和营造家庭文化氛围使孩子养成较好的学习习惯等，进而使孩子能够接受更好的教育。

想教育孩子成才，家长也要接受良好的教育。大量事实证明，孩子是家长的镜子。《论语》有载："正人先正己""其身正，不令而行；其身不正，虽令不从"。苏联教育家巴甫连柯说，一个不读书的家庭，就是精神残缺的家庭。一个知识渊博的家长往往是爱学习的家长，他们会给孩子创设一个学习、阅读氛围较重的家庭环境，会给孩子树立一个爱学习、爱读书的榜样。观察学习是学前儿童重要、有效的学习方式之一。"染苍则苍，染黄则黄"，身教重于言教。

（2）在家庭教育中的作用

家长是孩子的启蒙教师。他们接受教育的类型、层次及所获得的科学文化知识与专业技术水平都会影响孩子的教育。学前儿童好奇心、求知欲极强，经常向家长提出各种各样的问题。家长如果没有丰富的科学文化知识与专业技术水平，就难以解答孩子提出的问题。这样不仅会降低家长的威信，还会使孩子形成可以心安理得地不会、不用学习的心理。

3. 家长的道德素养

（1）含义

家庭作为社会的一个细胞，家长的道德素质、家庭的德育水平是奠定孩子品德的基础。人的品德是在社会交往实践中形成和发展起来的，学前儿童的意识极为单纯，行为习惯不固定，加之在生活上对家长的依赖、心理上对家长的信任，使家长的行为举止、品德习惯很容易在他们幼小的心灵中留下深刻的烙印。家长应注重自身的道德素养，并自觉地对学前儿童施以正确的道德影响和道德教育，以加速其道德社会化进程。

家长作为与孩子接触最多的教育者，其道德人格对孩子的影响十分重要。老舍在缅怀母亲时深情地说："从私塾到小学，到中学，我经历过起码有廿位教师吧，其中有给我影响很大的，也有毫无影响的，但是我的真正的老师，把性格传给我的，是我的母亲。母亲并不识字，她给我的是生命的教育。”

（2）在学前儿童道德社会化进程中的作用

家长在学前儿童道德社会化过程中的作用体现在认同、示范和导向三个方面。

认同作用。学前儿童的思维方式在很大程度上属于经验型，抽象逻辑思维不占优势。在这种情况下，家长作为孩子在家庭中接触最多的成年人，其道德水平往往是孩子道德认知的标准。家长的道德人格和道德素养对孩子的影响是潜移默化的。

示范作用。模仿是学前儿童的一个重要特点。孩子在为人处世、言谈举止等方面常常把家长作为自己的模仿对象，所以说，家长的道德人格在很大程度上对孩子具有示范作用。人品的树立来自榜样的力量。孩子不遵从家长的意志，可能是因为家长自己没做到。例如，家长一边打麻将，一边呵斥孩子去学习，孩子当然不愿意去学习。

导向作用。学前儿童处于人生的基础阶段，具有很强的可塑性。其正确的道德认知、道德情感意识、道德观念和道德习惯等都可以通过教育而形成，但也会由于教育不力而出现偏差。在家庭中，家长的道德人格在儿童道德品质形成过程中起导向作用。家长按照自己的道德认识对孩子进行肯定与否定、赞赏与斥责、奖励与惩罚，孩子会逐渐地接受这些道德认识，并将其变为自己的某种道德认识，从而表现出或优或劣的道德行为。因此，家长的道德人格对学前儿童的导向作用不可忽视。

4. 家长的心理素养

家长的心理素养对儿童的心理健康具有深远的影响。首先，孩子的性格、情感、意志在很大程度上是靠体验、模仿家长的内在和外在的形象逐步发展起来的。因此，家长的心理素养会直接影响孩子的心理，以及他们将来对待生活和工作的心态。其次，家长的心理素养往往决定他们养育孩子的方式和家庭的精神生活氛围，这会直接影响家庭教育的质量，对孩子的身心健康影响很大。现代社会生活节奏快、工作强度高，很多年轻父母容易出现亚健康，及时调整自我心理，为孩子展示健康向上的精神风貌，也是为人父母的责任。从家庭教育的角度，家长的心理素养包括以下内容。

（1）敏锐的观察力和正确的分析能力

好家长应当具有敏锐的观察力和正确的分析能力，善于观察和分析孩子是正确施教的前提。家长要善于学习，掌握相关的心理学、教育学常识，了解孩子的身心发展特点，根据孩子特点和教育规律科学施教，更要在日常生活中善于观察孩子的言行，了解其个性特点，捕捉各种细微的变化，并进行正确的分析。家长切忌以成年人的要求为标准要求孩子。

（2）稳定的情绪和健康的情感

孩子的情绪处理能力在很大程度上是在与家长的相处过程中形成和发展的。一个好家长应该是温和而慎重的，要避免喜怒无常，尤其要善于“制怒”，不能把孩子当作出气筒。如果家长情绪波动较大，甚至将工作中的情绪发泄在孩子身上，就会使孩子经常处于一种紧张、恐惧和戒备状态，影响孩子的身心健康和人际交往。所以家长要时刻带着觉知之心，看见自己负向情绪背后的需求，允许、接纳情绪的存在，用科学的方法进行释放，在学习、实践和反思中不断成长，努力营造温暖、欢乐的家庭氛围。同时，家长要树立积极的人生信念，并在一些具体事情上为孩子做好榜样，如同情弱小、爱护动植物、夫妻关系和睦等。

（3）恒心和耐心

一个好家长做任何有益的事情都应该有恒心、耐心、毅力，勇于战胜困难，这样才能为孩子树立一个好榜样，使孩子知道做事情需要付出努力，没有辛勤的付出，就没有成功的喜悦。每个人在生活中都不可避免地遇到痛苦和挫折，有的家长遇到困难就退缩，有的家长总是以自信、乐观的态度面对挫折，用聪明才智克服困难。后者的孩子无论是在顺境中还是在逆境中都能以积极向上的态度对待生活。学前儿童模仿性强、辨别力弱、可塑性强、自制力弱，既容易接受好的影响，也易养成坏的习惯，要把他们教育好，需要一个长期而艰苦的过程，因此，家长要有恒心和耐心，不怕反复，做到循序渐进、持之以恒和耐心细致。

（4）不断完善的性格

性格是一种相对稳定的心理特征，但也是可以改变的，良好的性格可以培养，不良的性格也能纠正。家长应有一个良好的心态，不断反省，逐渐改变不良的性格，形成良好的性格。因此，家长应努力做到：不断提高自身的道德素养，树立正确的人生观；热爱生活、热爱集体、热爱劳动，在日常生活中经常保持愉悦的情绪、广阔的胸怀，不以自我为中心；富有同情心，待人宽厚，不感情用事；客观、冷静，不固执己见；自信、坚忍、果断，勇于克服困难，善于解决矛盾。

（5）健康的兴趣爱好

家长要有健康的兴趣爱好，多参加一些可以提高自身素质的活动，丰富家庭生活的内容，如读书、健身、养花、欣赏音乐等，同时引导孩子从小参加健康的文化体育活动，培养孩子的兴趣爱好，塑造美好心灵。

（6）自觉减轻心理压力的能力

教育孩子成人、成才是家长的责任，这必然会给家长带来一定的心理压力，而压力过重可能导致家庭教育的失误。在幼儿园开放日，孩子的表现没达到家长期望；孩子犯错，家长被指责家教不严——这些都会给家长带来无形的压力。如果再受虚荣心的驱使，家长很可能在这种“恨铁不成钢”的情况下，采取简单粗暴的方法教育孩子，造成家庭气氛紧张。因此，家长要做好自身心理调适，自觉减轻压力，对孩子有合理的期望，保持平常心，努力在家庭教育中创造宽容的心理环境。

（二）家长的教养态度与方式

1. 家长的教养态度

家长的教养态度是家长的教育观念、情感的反映，会转化为教育行为表现在家庭生活中，直接影响孩子的行为。教养态度是教养行为的预备阶段，而教育行为是教养态度的外在实现与完成。家长的教养态度对家庭教育的目标、方向及家长的教育行为起着制约和指导作用，也是影响家庭教育质量的决定因素，深受国内外心理学家和教育专家重视。

家长的教养态度对学前儿童产生影响的途径有三种：作为教育行为发生的心理来源；通过对家庭环境的设置反映出来；形成一种对学前儿童发展的特定氛围和期望而直接作用于其发展。资料分析发现，当前家长的教养态度的类型主要有以下四种。

（1）专横、遵循封建旧规型

坚持这类教养态度的家长常常强调辈分，强调家长的意志，孩子只要稍不听从，就会受到家长的惩罚。在这类教养态度的影响下，孩子缺少自主权，要看家长脸色做事，或形成胆小、自卑的心理，缺乏自信和独立性，或变得暴力、蛮横、逆反，并喜欢在捉弄别人、寻求报复中得到心理上的补偿和平衡。

（2）过分娇宠、有求必应型

坚持这类教养态度的家长只想为孩子提供无微不至的帮助和保护，想方设法满足他们的一切要求，即使是无理要求，不会批评和惩罚孩子，对他们的不良行为也不加以制止或纠正。家长的权威丧失殆尽，教育无从谈起。同时，家长过分娇宠，有求必应会致使孩子养成极大的依赖性，形成自私、任性、放肆、易发脾气、好夸口的品性。

（3）放任自流、不闻不问型

坚持这类教养态度的家长对孩子想做什么一点儿也不关心，放任他们自行发展，对其言行没有明确的要求或根本没有要求，对他们的奖惩随心所欲，没有一定的标准和依据。孩子因为得不到关心和家长的爱而产生孤独感，逐渐会形成富有攻击、冷酷、放荡的不良品质，以及情绪不安、反复无常、容易被触怒、对周围事物漠不关心的心态。

（4）民主型

坚持这类教养态度的家长会与孩子平等相处、互相关心，能够给孩子鼓励和引导，也能恰如其分地批评指正孩子的缺点和错误，并提高他们的认识。在这类教养态度的影响下，孩子可以形成对别人坦诚友好、自尊、自立、大方、热情的性格，并能接受批评、经受压力、关心他人，以及有独立处事的能力。

可见，不同类型的教养态度对学前儿童个性品格和心理素质形成的影响是不同的。年轻的家长是学前儿童家庭教育的主要承担者，是学前儿童言行举止的示范者、待人接物的教导者、成长的责任人，因此，有责任形成正确的教养态度，使家庭呈现民主、和谐、平等的融洽气氛，以培养学前儿童负责、谦虚、勤奋、上进、自尊、自强的好品格。

2. 家长的教养方式

采取何种教养方式对学前儿童进行家庭教育是家长必须重视的重要问题。教养方式是由家庭成员之间的权力分配和沟通方式决定的，是家庭教育思想观念的真实反映。教养方式与家长的人生观、价值观密切相关，也受当前社会经济、文化、意识形态的影响，不单由家长的知识量、文化程度决定。家长一贯的道德素养、性格倾向、待人接物方式、兴趣爱好都会从中反映出来。

（1）家长教养方式的含义

家庭教育方式是指在对孩子的教育中，家长的态度和采取的具体教育方法，是一种相对稳定的行为风格。家长教养方式是 2014 年公布的心理学名词，是家长教养态度、行为的集合，通常指的是家长对待孩子的比较稳定的教养观念（如儿童观、教育观、养子观、人生观）和已经固定的教育行为，往往具有跨情境的稳定性。

（2）家长教养方式的类型

调查研究发现，目前家长采用的教养方式分为 6 种类型：溺爱型、否定型、民主型、过分保护型、放任型和干涉型。

溺爱型。这类家长满足孩子的各种愿望，包办孩子的一切，常常因为心疼孩子而迁就孩子。在这种家庭环境中成长的孩子多有任性、幼稚、自私、野蛮、无礼、独立性差、唯我独尊、蛮横无理、胡闹等表现。

否定型。这类家长经常批评、责怪、打骂孩子，对孩子的否定多于肯定，管教过于严厉，使孩子较少接受正面的教育和引导。在这种家庭环境中成长的孩子多有文明素养较低、个人信用不高、勤劳节俭精神较差等表现。

民主型。这类家长与孩子处在一种平等、和谐的家庭氛围中，家长尊重和信任孩子，给孩子一定的自主权和积极正向的指导。这种教养方式能够使孩子形成一些积极的人格品质，如活泼、快乐、直爽、自立、彬彬有礼、善于交往、富于合作、思想活跃等。

过分保护型。这类家长对孩子的所有事情都不放心，生怕自己为孩子考虑得不周全，总担心自己微小的疏忽会给孩子造成伤害。这种教养方式妨碍了孩子独立性的发展和勤劳俭朴品格的养成，助长了孩子不思进取的思想。

放任型。这类家长对孩子了解较少，甚至对孩子的不良行为也不加干涉，使孩子缺乏来自家长的道德规范教育。这种教养方式不利于培养孩子的社会责任感，致使孩子学习不努力，勤劳节俭精神差。

干涉型。这类家长管教孩子过于严厉，对孩子的日常活动限制过多，如不准看电视、不准交朋友等，使孩子经常处于被动状态，缺乏自制能力、学习主动性，学习不努力情况突出。在这种家庭环境下，孩子会有消极、被动、依赖、服从、懦弱，甚至不诚实的表现。

（3）正确教养方式的要素

正确的教养方式应当包括信任、民主、宽容三个要素。

信任表现为家长对孩子较为放心，注意培养孩子的独立自主能力；在日常生活中让孩子通过完成一定的任务发展责任感。重大问题常常由家人商量解决，家长往往提建议而不威逼，让孩子自主选择、决定。即使犯了错误，孩子也能在行为后果中积累经验、提升能力。

民主表现为家长能尊重孩子的人格和意见，保护孩子的自尊心、自信心；在日常生活中常常和孩子交流沟通，很少命令强制或包办代替，让孩子德智体美劳全面发展。

宽容表现为家长能接受孩子不成熟、不稳定的心理状态和偶发性的行为过失，对其错误或反抗应采取耐心说服、分析是非、宽容忍耐的态度，但不能掉以轻心或任其发展，不能放弃教育引导他们的责任。

知识拓展

权威型的教养方式更利于培养自控的孩子

心理学家戴安娜·鲍姆林德提出了家庭教养方式的两个维度，即要求性和反应性。要求性是指家长要对孩子的行为设立适当的标准，并坚持要求孩子达到这些标准。反应性是指家长对孩子接受和爱的程度及对孩子需求的敏感程度。根据这两个维度，教养方式可以分为四类：权威型、专制型、放纵型（溺爱型）和忽视型。

1. 权威型

权威型的家长严格但民主。这种类型的家长在孩子心目中的权威是建立在对孩子的尊重和理解上的。他们会对孩子提出合理的要求，设立适当的目标，并对孩子的行为进行适当限制。与此同时，他们会表现出对孩子的爱，并认真听取孩子的想法。在这种教养方式下长大的孩子有很强的自信和较好的自我控制能力，并且会比较乐观、积极。

2. 专制型

专制型的家长严格但不民主。专制型的家长要求孩子无条件地服从自己。即使他们意识到自己为孩子设立的目标和标准很高，甚至不近情理，也不允许孩子反抗。家长和孩子是不平等的。在这种教养方式下长大的孩子会较多地表现出焦虑、退缩等负面情绪和行为，但他们在学校中可能会有较好的表现，如听话、守纪律等。

3. 放纵型（溺爱型）

放纵型（溺爱型）的家长会给孩子很多的爱与期待，但很少对孩子提要求和对其行为进行控制。在这种教养方式下长大的孩子容易表现得很不成熟且自我控制能力差。一旦他们的要求不能被满足，就会做出哭闹等行为。他们对家长表现出很强的依赖性，往往缺乏恒心和毅力。

4. 忽视型

忽视型的家长对孩子很不关心，不会对孩子提出要求或对其行为进行控制，也不会对其表现出爱和期待。他们一般只是为孩子提供食宿和衣物等物质上的支持，不会在精神上提供支持。在这种教养方式下长大的孩子很容易出现适应障碍，其适应能力和自我控制能力往往较差。

（三）家庭生活环境

1. 家庭结构

不同的家庭结构类型对孩子的成长和发展的影响也不同。

（1）核心家庭。核心家庭的家长和孩子交流的频率很高，更易增进亲子感情。孩子对家长的信任、依赖，使其更易接受家长的教育内容和教育方式。核心家庭对孩子的成长与发展也有不利的一面，如家长长期没有充足的时间照顾孩子时，孩子就容易在思想、学习等方面出现问题。

（2）主干家庭。孩子在主干家庭中要和两代的家庭成员相处，扮演子女、（外）孙子女等不同社会角色，容易从祖辈那儿习得一些优良的文化传统。在这种家庭结构中，祖辈有充裕的时间照顾和教育孙辈，孙辈可以得到更多的爱和更充分的教育。由于祖辈也需要父辈的照顾，孙辈就很容易从父辈身上学到关心、照顾老人的好品质。隔辈亲是主干家庭中常出现的现象，心理学认为这多是祖辈的一种“爱的补偿”心理。因生活经历不同，父辈与祖辈会产生不同的家庭教育观念，这会使孙辈对一些问题形成错误的观点，甚至会形成双重性格。

（3）单亲家庭。现代人的婚恋观和生活方式较过去有很大差别，婚姻中的两个人因感情破裂而选择离婚的也越来越多。家长离婚，孩子不可避免地要在单亲家庭环境中成长。研究表明，离异家庭的孩子会在智力、同伴关系、亲子关系、情绪控制等方面出现一些变化，其主要原因在于在父母离婚后的一两年里，孩子会本能地拒绝、生气、失望、悲痛，且普遍感到内疚和恐惧——为父母离婚有自己的责任而感到内疚，也害怕再次经历类似事件。其实，离异给孩子带来的影响主要取决于家长的态度，和谐亲子关系的建立能够把离异带来的负面影响降到最低。

父母在家庭教育中应做到以下几点：让孩子明白父母依然爱他，即抚养孩子的一方要经常用语言和行动表达对孩子的爱，让孩子感到愉快和安全，也可以耐心地给孩子解释离异的原因，不要让孩子有任何消极的想法；父亲要身兼母职，母亲要身兼父职，即适当改变自己，采取一种有助于孩子完整人格发展的养育方式；给孩子安全感，即抚养的一方允许孩子与另一方联系，离开的一方则要多看望孩子，让孩子感受到父母虽然不住在一起了，但对自己的爱没有改变；平静地告诉孩子离异的事实，鼓励孩子勇敢地面对现实，即父母接受现实，才能坦然地面对孩子，告诉孩子大家将要开始一种新的生活，这种生活和原来相比会有一些不同，需要做一些调整；告诉孩子明白自己和孩子要在相依中各自独立，即过分的情感依赖容易产生负面影响，要让孩子和自己都有独立生活的心理意识和能力。由于单亲家庭孩子的性格容易趋向内向、孤僻等特点，父母要让孩子多接触社会，多为他们创设一些人际交往的机会。

（4）留守家庭。留守对学前儿童成长的主要影响有：学前儿童不容易与父母形成正常的依恋关系，不愿听从父母的管教；亲情感缺失，致使学前儿童产生严重的“亲情饥渴”现象，逐渐变得沉默寡言、内向、不开朗，易产生焦虑、烦躁、悲观、怀疑等消极情绪；孤独感强，学前儿童正处在身心迅速发展阶段，对自身变化、同伴交往等逐渐有了自己的理解和认识，也会有烦恼与心事，需要倾诉与指导，而最亲近的父母却长期不在身边，其他监护人也往往忙于农活与家务，没有时间与精力倾听与指导他们；易形成孤僻胆小、顽皮任性、冲动易怒、不受管束等心理行为特点（这主要是由于父母长期外出务工造成家庭教育突然断裂或缺位，留守儿童产生了心理焦虑）；安全度过后续成长阶段的隐患较多。

父母在家庭教育中应做到以下几点：避免与孩子长期分离；改变外出务工方式，尽量避免同时外出，最好留一人在家；尽可能地寻找那些水平高、责任心强，有保护能力和照顾精力的临时监护人；改变教育沟通方式，最好每天都抽时间联系孩子，沟通内容应涉及孩子的心理、身体、学习、生活等情况；多回家看望孩子，与孩子的临时监护人、幼儿园教师保持经常性联系；关心孩子的情绪情感变化，采取多种方式进行亲情关怀，用父母之爱呵护孩子健康成长。

（5）重组（再婚）家庭。家庭中人际关系复杂，对孩子的影响主要取决于家长的态度。和谐亲子关系的建立有助于降低重组（再婚）家庭对孩子的负面影响。

（6）流动人口家庭。家庭教育是人生整个教育的开端，家长对孩子的影响是其他教育方式所不能及的。在流动人口家庭中，父母的文化程度、职业地位、经济收入，以及家庭居住环境等都会对孩子的发展产生影响。

2. 家庭经济生活状况

家庭经济生活状况是指家庭经济收入的多寡、生活水平的高低、收入的来源和支配情况。

教育经济学家认为，教育首先是一种消费，能否进行这种消费，消费质量的好坏、等级的高低和家庭经济生活状况的好坏呈正相关关系。研究发现，家庭经济生活状况不同的子女在占有各类教育资源方面存在较大的差异。父母拥有较好的经济生活状况，就意味着他们有较好的经济支付能力，能够为子女的教育投入更多的资金，从而能够为子女提供充足优质的教育。另外，经济收入会影响父母的自尊、抱负、价值观，并间接地影响他们对子女的期望，从而影响子女的发展。

3. 家庭成员之间的关系

家庭教育是家庭系统内部互动的过程。家庭系统内部存在多种子系统，如主干家庭的婆媳关系、父子关系等，核心家庭的夫妻关系等。家庭系统理论认为，每一个子系统都具有特定的功能，家庭中每一个成员的行为都会影响其他成员的行为。

（1）家庭成员关系不和谐直接影响孩子的健康成长

家庭成员关系在家庭教育中的作用不可忽视。孩子缺乏独立生活的能力，不能离开家长而独立生存，家庭成员之间的良好关系能让他们感受到安全、温暖和快乐。

研究表明，孩子在家庭成员关系比较和谐的环境中发展得最好。家庭成员之间相互了解，感情亲密，家庭生活幸福，孩子就会有安全感、幸福感，心情愉快，积极向上。冷淡、紧张的家庭关系不仅会影响孩子的心情、消化、睡眠，还会造成他们的心理不健康。当前，家庭成员关系不和主要表现在主干家庭婆媳不和与核心家庭夫妻不和。奶奶和妈妈都是和孩子十分亲近的人，她们之间有矛盾，会使孩子无所适从，容易形成双重性格。夫妻关系紧张，直接的受害者就是孩子。在相当一部分婚姻纠纷中，父母往往只注意个人感受，对孩子的感情、心理，甚至身体健康置之不理，致使孩子身心受到很大的伤害。父母感情破裂，经常争吵，甚至打架，会给孩子带来很大的负向刺激，使他们失去安全感，也为他们日后的健康发展埋下隐患。另外，在不安的家庭环境中，孩子失去了温暖和管教，自我控制力无法正常地发展，会经常有散漫、无纪律性的表现。

（2）教育孩子的态度不一致会导致家庭成员之间的矛盾

在孩子的教育问题上，家庭成员之间的意见不一致是很常见的现象。主干家庭往往存在祖辈与父辈教育观念不一致问题，核心家庭容易出现夫妻教育意见不一致问题。例如，孩子在玩，妈妈让孩子吃完再玩，爸爸却表示孩子可以玩完再吃饭。这类问题积少成多，就会引起很大的教育冲突，甚至可能引起一场“家庭大战”。

过去视“严父慈母”（父母对子女的教育要求一严一松，父亲扮“白脸”，对子女严格要求；母亲“唱红脸”，对子女温和慈爱）为最佳组合。事实证明，父母的这种不一致会产生许多消极的影响，并不利于孩子的健康成长。

（四）家庭生活方式

家庭生活方式贯穿孩子每日的生活，对其习惯的养成、品格的形成起到重要的作用。因此，每个家庭都应该有意识地建立良好、健康的生活方式。

1. 含义

家庭生活方式是家庭成员在长期的共同生活中逐步形成的较为稳定的生活模式，包括家庭生活观念、家庭生活活动和家庭生活条件三个基本要素。三者相互联系、相互影响。

2. 对学前儿童的影响

（1）影响学前儿童健康状况

家庭的饮食习惯不好、摄入过多甜腻食物、不加控制地食用洋快餐、吃用激素催熟的果蔬及过量补钙，再加上家长没有良好的运动习惯，闲暇时间多用来看电视、上网等“生活方式病”是导致儿童肥胖和性早熟的主要原因。许多学前儿童的乳牙出现腐烂现象的主要原因是他们吃得过于精细，牙齿、牙床得不到应有的锻炼。龋齿的形成与学前儿童摄入软质、黏稠、含糖量高的食品过多有关。根据北京市的一项调查，3 岁、4 岁和 5 岁年龄组儿童患龋齿率分别为 40.3%、52.2% 和 60.3%。可见，家长应该重视家庭的生活方式。

（2）影响学前儿童社会交往

现代社会的发展需要孩子从小就有合群、开朗、自信及适应环境的能力，而人际交往是他们不可缺少的活动。通过人际交往，孩子才能与别人进行正常的情感交流，使自己的行为、思想得到别人的理解和尊重，从而形成良好的个性、健康的心理。大量事实证明，经常带孩子外出玩耍、旅游，多让孩子与同伴、成年人互动，可以提高他们的社会交往能力。

3. 健康的家庭生活方式

健康可以增加自己与别人的快乐。一种名为 FUN 的家庭生活方式对提高人们的健康有良好的效果。FUN 是健身、和谐与营养三个英文单词的首字母缩略词，而 FUN 本身也是一个英文单词，意思是“欢乐”。

F（Fitness，健身）是指家庭成员每天进行一定时间的健身运动，一般为 30 分钟，如散步、跑步、跳绳、打球等。运动量应由小逐步增大，运动形式经常变换，以培养运动兴趣、平衡肌体发展。

U（Unity，和谐）主要指家庭成员之间亲密交流，居家环境轻松、和谐，使家人在工作或学习之后可以彻底得到休息。和谐的生活方式包括定期的家庭成员聚会与交流，外出旅游、野餐，共同准备晚餐，组织家庭游戏，压缩看电视与上网时间，保证充足的睡眠等。

N（Nutrition，营养）是指既有丰富的营养摄入，又有科学的饮食结构，其原则是摄入适宜的碳水化合物、中等量的蛋白质、低脂肪，平时多吃鸡、鱼、豆等动植物蛋白，多吃新鲜水果和蔬菜，少吃油炸等高脂肪食物及加工类食品。“民以食为天”，吃不仅是维持生命的基本行为，吃得科学、合理可以保持营养良好、预防慢性病，让健康状态更持久。2022 年 4 月 26 日，中国营养学会正式发布的《中国居民膳食指南（2022）》明确指出了 8 条平衡膳食准则：食物多样，合理搭配；吃动平衡，健康体重；多吃蔬果、奶类、全谷、大豆；适量吃鱼、禽、蛋、瘦肉；少盐少油，控糖限酒；规律进餐，足量饮水；会烹会选，会看标签；公筷分餐，杜绝浪费。

知识拓展

功能健全家庭的特征

国外一名学者总结了“好”家庭的特征，他认为功能健全的家庭一般具有家庭自豪感、家庭支持、凝聚力、适应性、交流、社会支持、价值观和欢乐。

家庭自豪感表现为家庭成员懂得忠诚、合作，积极看待问题；家庭支持表现为家庭对于每个成员都是关爱和理解的；凝聚力表现为家庭成员之间相互信任和欣赏，在依赖和独立之间保持健康的平衡；适应性表现为家庭具有可塑造性，能够适应社会的变化；交流表现为家庭成员之间能够有效沟通，尤其是善于倾听；社会支持表现为家庭成员能够积极地参与社区、学校等社会实践；价值观表现为家庭有一个核心的、与目标一致的价值观，家长通过他们的行为模式来显示家庭价值观；欢乐表现为家庭拥有欢乐、自然、愉快的生活。

（五）家庭教育的社会历史背景

1. 社会政治、经济背景

作为社会的组成细胞，家庭总是处在一定的政治、经济环境中。家庭生活与社会生活存在千丝万缕的联系，家庭教育势必会受到社会政治、经济的影响。

（1）社会政治对学前儿童家庭教育的影响

我国政府历来十分重视家庭教育，为了提高家庭教育的质量，颁布了一系列支持性政策。

我国从 1998 年起陆续出台了一系列有关家长、学校工作的指导意见，以及各个地方根据国家层面的家庭教育政策而制定的地方政策。这些政策在国家大政方针的指导下，结合全国或地方实际情况及特色而制定，愈加系统，为家庭教育中儿童权利的保护提供了实实在在的指导。2010 年 2 月，全国妇联、教育部等九部门联合颁布《全国家庭教育指导大纲》。2019 年，全国妇联、教育部、中央文明办、民政部、文化和旅游部、国家卫生健康委员会、国家广播电视总局、中国科协、中国关工委共同对《全国家庭教育指导大纲》进行了修订。这是在总结我国多年家庭教育理论与实践经验的基础上，适应家庭教育科学发展的时代要求和需求，以及儿童发展的需要，经过深入研究论证制定的国家层面的家庭教育指导大纲，是全国各级各类家庭教育指导服务机构和家庭教育工作者开展家庭教育指导的重要依据。2021 年 9 月，国务院印发《中国儿童发展纲要（2021—2030 年）》，把坚持党的全面领导、坚持对儿童发展的优先保障、坚持促进儿童全面发展、坚持保障儿童平等发展、坚持鼓励儿童参与作为基本原则，其中坚持鼓励儿童参与原则是指尊重儿童主体地位，鼓励和支持儿童参与家庭、社会和文化生活，创造有利于儿童参与的社会环境；把“培养什么人、怎样培养人、为谁培养人”这一主线贯穿始终，充分体现全面落实立德树人的根本任务。

为了发扬中华民族重视家庭教育的优良传统，引导全社会注重家庭、家教、家风，增进家庭幸福与社会和谐，培养德智体美劳全面发展的社会主义建设者和接班人，2021 年 10 月 23 日，第十三届全国人民代表大会常务委员会第三十一次会议通过《家庭教育促进法》，提出未成年人的父母或其他监护人负责实施家庭教育；家庭教育以立德树人为根本任务，培育和践行社会主义核心价值观，弘扬中华民族优秀传统文化、革命文化、社会主义先进文化；国家鼓励和支持企事业单位、社会组织及个人依法开展公益性家庭教育服务活动；人民法院、人民检察院发挥职能作用，配合同级人民政府及其有关部门建立家庭教育工作联动机制，共同做好家庭教育工作；县级以上人民政府应当制定家庭教育工作专项规划，将家庭教育指导服务纳入城乡公共服务体系和政府购买服务目录，将相关经费列入财政预算，鼓励和支持以购买服务的方式提供家庭教育指导。2022年4月，全国妇联、教育部等11个部门印发《关于指导推进家庭教育的五年规划（2021—2025年）》，把构建覆盖城乡的家庭教育指导服务体系、健全学校家庭社会协同育人机制、促进儿童健康成长确立为今后一个时期家庭教育发展的根本目标，推动“十四五”时期家庭教育高质量发展。该文件明确指出，到2025年，家庭教育立德树人理念更加深入人心，制度体系更加完善，各类家庭教育指导服务阵地数量明显增加，稳定规范专业的指导服务队伍基本建立，公共服务资源供给更加充分，覆盖城乡、公平优质、均衡发展的家庭教育指导服务体系逐步完善，学校家庭社会协同育人的机制更加健全，家庭教育在培养德智体美劳全面发展的社会主义建设者和接班人中发挥更重要的基础性作用。在巩固发展学校家庭教育指导方面，该文件指出，推动中小学、幼儿园普遍建立家长学校，每学期至少组织两次家庭教育指导服务活动，做到有制度、有计划、有师资、有活动、有评估。在规范强化社区家庭教育指导方面，该文件指出，依托城乡社区综合服务设施、文明实践所站、妇女儿童之家等普遍建立家长学校，每年至少组织4次普惠性家庭教育指导服务活动。在完善婴幼儿家庭育儿指导服务机制方面，该文件指出，推动妇幼保健机构、基层医疗卫生机构开展婴幼儿早期发展服务。该文件明确指出，因地制宜探索完善协同育人工作协调机制，加强统筹规划和资源整合，形成学校、家庭、社会协同育人合力。

国家和政府的高度重视有力地推动了全国的家庭教育工作，各地普遍加大家庭教育工作力度，扩大家长受教育者的覆盖面，广泛开展家庭教育指导和咨询服务，注重家庭教育工作的基础建设，使科学的家庭教育知识与方法得到普及，家庭教育水平大幅度提高。

（2）经济对学前儿童家庭教育的影响

教育是经济发展的重要条件，教育的发展规模、水平和速度又会受到经济发展水平的制约。随着改革开放的不断深入，我国的经济状况越来越好，社会经济的发展、科学技术的日新月异都对教育事业的发展提出了新的要求。只有提高教育质量、提高劳动后备军的文化素质，才能适应当今我国经济发展的步伐。家庭教育的发展必须与经济的发展水平相适应。

家庭教育的主要目的之一就是把子女培养成适应社会发展的有用人才，使他们能够顺利参加生活和社会生产劳动。当前，家长都十分重视对孩子的教育，不仅为孩子购买图书、益智玩具等，还会在家里有意识地对孩子进行教育和训练。

2. 文化传统

家庭教育与文化无论在形式上还是在内容上都存在必然的、内在的联系。一般来说，在相对稳定的社会中，文化传统与家庭教育会保持相对适应和功能互相配合的状态。一方面，一定社会特有的文化传统（包括一定社会的政治指导思想、道德观念、价值取向、风俗习惯、思维方式等）渗透人们生活的方方面面，强烈地制约人们对下一代的教养方式和教育内容；另一方面，这种特定的教育方式和教育内容又使文化传统在下一代身上得以再生。

中华民族历来十分重视家庭教育，家教文化成为中华民族特有的文化现象。在我国家庭教育史上出现了孟母三迁、岳母刺字、孔融让梨等教子有方的佳话，而且许多家族都立有家诫、家训、家规和家范，如公父文伯之母教诲文伯勿贪图安逸的“母训”、郑玄的《诫子书》、班昭的《女诫》、诸葛亮的《诫子书》、嵇康的《家诫》、陶渊明的《与子俨等疏》、颜之推的《颜氏家训》、柳玭的《柳氏家训》、司马光的《温公家范》、陆游的《放翁家训》、朱熹的《家礼》、浙江浦江郑氏家族的传世家训《郑氏规范》、曹端的《家规辑略》、袁了凡的《了凡四训》、朱伯庐的《朱子家训》、陈确的《新妇谱补》《曾国藩家书》等。这些典籍详细论述了家庭教育的重要性，并提供了许多教育计划，形成了我国特有的家教文化。这些传统家教文化至今仍然发挥着重要影响。

（1）我国传统文化中优秀的家庭教育思想

- 重视早期教育。我国提倡学前儿童早期教育的思想源自“正本”“慎始”的哲学观，《易经》称“正其本，万物理。失之毫厘，差之千里”。我国历来重视学前儿童早期教育，甚至主张胎教，为孩子一生的发展打下良好的基础。而且我国古代在胎教方面研究的丰硕成果一直为世界所瞩目。古人不仅重视胎教，而且认为孩子出生后要尽早对其进行家庭教育。颜之推在《颜氏家训》中指出：“人生小幼，精神专利，长成已后，思虑散逸，固须早教，勿失机也。”
- 提倡正面教育。“蒙以养正，圣功也”的意思是要对蒙童及时地以正当、正确、正面的内容和方法进行教育。这是我国古代学前儿童家庭教育的根本指导思想。颜之推在《颜氏家训》中用“古者王有胎教之法：怀子三月，出居别宫，目不邪视，耳不妄听，音声滋味，以礼节之”说明圣王之家讲究胎教，用优美的音乐对胎儿进行良好的正面教育。
- 注重教子做人。德教为本，把行为规范和道德品质的教育放在首位是我国古代家庭教育的显著特点之一。历代家庭教育论著和各种家诫、家范、家规，无一不强调“忠孝传世”，把教子做人作为论述的重点，以勉子立德、诫子自立、教子孝亲、训子以俭为教育的基本内容，正如《增广贤文》所说：“不求金玉重重贵，但愿儿孙个个贤。”我国古代家庭教育非常重视家长的言传。《颜氏家训》中说：“夫风化者，自上而行于下者也，自先而施于后者也。是以父不慈则子不孝，兄不友则弟不恭，夫不义则妇不顺矣。”明代陆世仪在其《思辨录辑要》中更是强调“教子须是以身率先”。
- 量力而行，循序渐进。学前儿童教育要从实际出发，按照科学规律进行，必须适合学前儿童的生理、心理特点，这一点在我国家教文化中也有所体现。孔子提出“欲速则不达”，孟子也批评“揠苗助长”的做法。
- 尊重本性，因材施教。孩子的气质、性格、兴趣等个性特征各有不同，家长对孩子进行教育时要因人而异。孔子在春秋时期就采用了“因材施教”的教育方法。子路与冉有向孔子请教同一个问题：听说了一件事，要不要马上去做？孔子给子路的回答是有父兄在，不可以如此。孔子对冉有的回答是可以去做。孔子学生公西华对此不解，孔子解释道：冉有退缩，故鼓励其进取；子路则勇于进取，故使之知有所退缩。
- 慈爱与教育并行。爱自己的孩子是人之天性，宋代袁采在《袁氏世范》中指出：“父母于其子婴孺之时，爱念尤厚，抚育无所不至。”但是溺爱对子女的成长很不利。司马光在《温公家范》中明确指出：“为人母者，不患不慈；患于知爱而不知教也。”家长对于孩子，爱是本能，立规矩是责任。

（2）我国古代传统家教文化中的消极因素

- “万般皆下品，唯有读书高”的思想依然影响着众多的家长。传统家教文化中充斥着功名思想，读书的目的就是为了获取功名、光宗耀祖。现今许多家长依然过于重视考试，把考大学作为孩子未来的唯一出路，对其学业给予厚望，甚至是不切实际的期望。为了使孩子早日成才、成大才，有的家长盲目地进行“过早教育”和“过度教育”。
- 家长本位的亲子关系不利于学前儿童独立意识、健康个性的培养。传统文化中的等级制度把人分成九等，上下尊卑、等级森严，表现在亲子关系上就是“父为子纲”。父亲在家中享有绝对权威，子女必须绝对服从。家长本位的教育模式一味地强调家长意志，完全忽视孩子的意愿，扼杀其创造精神和健全的个性。当前，许多家长仍然把顺从、听话、老实看作好孩子的标准。在这种环境下长大的孩子时常表现出自信心不足，主动性、独立性、自学性和进取精神差，缺乏强烈的主体性和创新性。

- 中庸之道不利于学前儿童创新意识、竞争意识和健全人格的培养。“中庸之道”作为儒学的重要思想，已经渗透我国传统的家庭教育。唐代童蒙读本《太公家教》中说：“言不可出，行不可亏。他篱莫越，他事莫知……口能招祸，必须慎之。见人善事，必须赞之；见人恶事，必须掩之。”这种教育孩子从小学会不说对自己不利的话、不做对个人不利的事，学会回避矛盾、明哲保身的利己教育观念不利于培养孩子的创新意识、竞争意识及健全人格。

此外，把子女当私有财产、重男轻女、崇尚体罚等传统家庭教育观念也根深蒂固，这在一定程度上影响了现代家长的教育思想。对传统的家庭教育理论和实践加以研究，吸取精华，剔除糟粕，有助于推动我国家庭教育走向科学化。

3. 时代特征

随着生活水平的逐渐提高，家长更加注重培养下一代。社会的进步也使家长日益认识到从小培养孩子的重要性。当今时代对学前儿童家庭教育的影响主要体现在以下几个方面。

（1）注重孩子自身的努力和进步。孩子的智力开发是家长关注的焦点，因为智力开发的成败关系着孩子将来能否成才、能否达到家长的期望。家长要对孩子寄予合理期望，不能把自己没有实现的理想强加在孩子身上。太高的、不合理的期望都会让孩子产生巨大的压力，甚至会产生自己达不到这些期望就对不起家长的罪恶感。家长不要把成绩看得太重，让孩子保持学习兴趣、打好学习基础和真正理解知识远比取得好成绩重要。

（2）让孩子学会自己管理自己。著名的管理学家彼得·德鲁克指出：“未来的历史学家会说，这个世纪最重要的事情不是技术或网络的革新，而是人类生存状况的重大改变。在这个世纪里，人将拥有更多的选择，他们必须积极地管理自己。”孩子成年后进入社会，需要自主决定自己的一些选择，创业还是加入公司，学工还是学商。孩子需要独立性、责任感、选择能力、判断能力。一个孩子如果长大了只会读书、听话，等待别人帮他做决定或做事情，那么他进入社会后即使不被欺负，也不会被重视。孩子要在今天的社会里生存、竞争、成功，就必须学会自主选择。当前，家长对孩子的关爱特别多，生怕孩子受到一丝伤害。然而，过多的关爱和过度保护会导致孩子产生很大的依赖性，而这种依赖性会严重影响他们社会适应能力的发展。

（3）合理利用信息技术。信息时代，知识获取的途径变多。孩子不仅可以从家长、教师那儿获得知识，还可以通过电视、网络等途径获得知识。许多年轻家长很少考虑电子产品对孩子产生的负面影响，常把孩子推给电视、手机等电子产品，“造就”了“电视宝宝”“手机宝宝”等。虽然音视频可以丰富孩子的知识、开阔孩子的视野，但由于孩子分辨能力差、模仿能力强，不健康的节目内容会使他们产生暴力倾向。因此，家长要合理地让孩子使用电子产品，如限制他们观看电视的时间、规定观看的内容、不把看电视、玩手机作为对其行为的奖励、陪他们一起看节目并解释画面内容等。

（4）培养孩子国际化的思维方式和价值观念。当前，国际化趋势越来越明显，国际交流合作越来越普遍，因此家长在对孩子进行道德教育时，不仅要培养他们团结友爱、尊老爱幼、助人为乐、文明礼貌、讲究卫生、不打架、不骂人、勇敢、知错改错等品质，还要引导他们以国际化的思维方式和价值观念判断生活中的现象，从小树立讲诚信、重合作、尊重差异、人人平等等观念，成为一个具有国际视野、能与他人进行友好合作与交流的世界小公民。

情景案例

一天，一个黑人司机载了一对白人母子。在车上，孩子问妈妈："妈妈，为什么叔叔的皮肤颜色跟我们不一样啊？"妈妈说："宝贝，我们是这个颜色，叔叔是那个颜色，正因为有了不同肤色的人，我们的世界才会五彩缤纷啊。"母子下车时，司机坚持不肯收钱，并说："我小的时候也问过我妈妈类似的问题，我妈妈对我说的是'我们注定低人一等'。如果我的妈妈当时像您这样回答我，我想我现在的人生一定会更加精彩。"

思考与实践

1. 何谓学前儿童？学前儿童应该学什么？
2. 什么是家庭？家庭的结构类型有哪些？
3. 家庭的功能有哪些？结合当前社会发展，你认为家庭的功能发生了怎样的变化？
4. 你如何理解家庭教育的概念和性质？
5. 学前儿童家庭教育有什么特点？家长教养方式的类型有哪些？
6. 有关幼儿营养状况的调查表明，营养过剩与营养不良在学前儿童中并存。请你结合家庭生活方式对学前儿童健康的影响，给家长提出合理的建议。
7. 你认为影响学前儿童家庭教育质量的最重要因素是什么？为什么？
8. 联系幼时成长经历，请你分析家庭教育对自身发展的影响。

02

第二章 家庭教育相关理论

学习任务

1. 理解并掌握家庭教育中学习与发展的主要理论、代表人物及其核心观点。
2. 能够结合所学理论主动思考学前儿童家庭教育实践中存在的常见问题。
3. 能够运用所学理论尝试解决学前儿童家庭教育中的常见问题。

情景导入

女儿2岁半时，我们搬家了。大人当然高兴，但女儿看不见熟悉的物品，也看不见熟悉的邻居和小朋友了。她曾哭着求我们把家搬回去，这当然不可能。我丝毫没有注意到女儿渐渐忧郁起来的眼神。现在想来，女儿受的致命打击是她3岁上幼儿园的第一天。那天，她带着最喜爱的图书《红宝盒》到了幼儿园，但我下午接她的时候，发现女儿的眼睛又红又肿。她说《红宝盒》被老师没收了，再也找不到了。我心疼她，便小心翼翼地跟老师商量，明天就送女儿来半天吧？那位老师说："这样太惯着她了，我们都是当老师的，这个道理你还不懂吗?"第二天，尽管女儿哀求我别送她去幼儿园，我也不为所动，自以为那是对她的锻炼，坚信只要坚持送，就能改变她的敏感多虑。从那儿以后，女儿开始出问题：憋尿越来越严重，也越来越不爱说话，即使面对妈妈。我晚上摸她的小枕头时，常常发现小枕头是湿的！但她再也没有放声大哭过！

家庭教育、学校教育和社会教育在人的发展过程中共同发挥作用，在儿童成长的不同阶段，这三种教育所发挥的作用大小有所不同。学前儿童正处于身心发展的启蒙阶段，更加依赖家长的教育和保护；家长是学前儿童的第一任教师，家庭是学前儿童成长的第一所学校。因此，家庭教育对于学前儿童至关重要。《中华人民共和国学前教育法草案》明确指出："父母或者其他监护人应当依法履行抚养与教育儿童的责任，尊重学前儿童身心发展规律和特点，创设良好家庭环境，科学开展家庭教育"。

第一节 学习与发展理论

一、最近发展区

维果茨基，著名心理学家，文化—历史发展理论的创始人，感兴趣的是儿童发展的潜能，而不是儿童在某一特定点的发展水平。因此，依据一系列实验的结果，他提出了最近发展区理论。研究这一理论对于如何进行新课程改革是非常有益的，也利于教学面对全体学生，使每个学生都有所收获。

（一）最近发展区的理论基础

1. 高级心理机能理论

维果茨基的高级心理机能理论是他建立其他理论的基本出发点，最近发展区理论也是建立在该理论之上的。维果茨基认为，儿童具有某种天生的能力，是作为动物进化的结果，如感知觉、不随意注意、形象记忆等，这些能力是个体消极适应自然的心理能力。在与成年人或更有经验同伴的交往中，儿童的这些天生能力会发展为更高级的、复杂的心理机能，如观察（有目的的感知）、随意注意、词的逻辑记忆、抽象思维等。

维果茨基强调社会文化及社会交往在儿童高级心理机能发展中的重要作用。个体的心理发展是其自出生到成年，在环境和教育的影响下，在低级心理机能的基础上逐渐向高级心理机能转化的过程。

2. 文化—历史发展理论

维果茨基从种系和个体的角度分析了心理发展的实质，提出了用文化—历史发展理论说明个体的高级心理机能的社会历史发生问题。维果茨基首先区分了两种心理机能：一种作为动物进化结果的低级心理机能，是个体早期以直接的方式与外界相互作用时表现出来的特征；另一种作为历史发展结果的高级心理机能，是以符号系统为中介的心理机能。人类的高级心理机能是在同周围人的交往中产生和发展起来的，是受人类文化历史所制约的。维果茨基认为个体出生后就开始受周围社会环境的影响，并不断学习直接经验和间接经验。通过使用工具，个体能够提供社会文化知识经验，这种知识经验的积累极大地促进了人类的心理发展。

（二）最近发展区的理论观点

最近发展区理论是维果茨基提出的儿童教育发展观。维果茨基认为，在儿童的智力活动中，所要解决的问题和儿童的能力之间可能存在差异，通过学习，儿童在教师的帮助下可以消除这种差异，这个差异就是最近发展区。他认为儿童的发展有两种水平：一种是儿童的现有水平，指独立活动时所能达到的解决问题的水平；另一种是儿童可能的发展水平，也就是通过教学获得的潜力。教学应着眼于儿童的最近发展区，为儿童提供带有难度的内容，调动儿童的积极性，发挥其潜能，超越其最近发展区而达到下一发展阶段的水平，然后在此基础上进行下一个发展区的发展。维果茨基把“最近发展区”的“区”界定为一个儿童的独自表现同他在成年人或更有经验的同伴辅助下活动的表现之间的差异（以时间为单位表示）。例如，两个儿童接受 8 岁儿童心理测定标准的测验，在标准化的辅助下，第 1 个儿童达到 9 岁儿童的水平，而第 2 个儿童达到 12 岁儿童的水平，那么第 1 个儿童的最近发展区是 1 年，而第 2 个儿童的最近发展区是 4 年。

（三）最近发展区的教育实践

1. 最近发展区的教育意义

维果茨基说，如果儿童在最近发展区接受新的学习，其发展会更有成果；在这个“区”内，如果能得到他人的帮助，儿童就比较容易吸收单靠自己无法吸收的东西。他指出，儿童发展任何时候都不是仅仅由成熟的部分决定的。

维果茨基的这一理论主要是就智力而言的，其实在儿童心理发展的各个方面都存在“最近发展区”。教师应该围绕“最近发展区”展开活动，通过活动准备、给儿童反馈等让他们看到成功的希望，明确努力的目标，获得前进的动力，一步一步地发展自己，一点一滴地完善自己。

在最近发展区内，他人帮助的实际形式是多样的，如用模仿的方法示范、列举实例、启发式提问、由成年人进行监督，以及最重要的作为发展的积极因素的集体活动等。最近发展区理论给人们提供了一条理解儿童发展的途径，其蕴含的重要思想是儿童的发展主要是通过与成年人或更有经验的同伴的社会交往而获得的。

2. 教学走在发展前面

在维果茨基看来，最近发展区对智力发展和成功的进程比现有水平有更直接的意义。他强调教学不应该指望于儿童的昨天，而应指望于儿童的明天。只有走在发展前面的教学才是好的教学，因为它使儿童的潜在发展水平不断提高。

（1）在最近发展区内进行的教学是促进儿童发展的最佳教学

根据最近发展区理论，在最近发展区内进行的教学是促进儿童发展的最佳教学。如果只根据儿童智力发展的现有水平来确定教学目的、任务和组织教学，就是“指望于儿童的昨天”。这样的教学从发展意义上说是消极的，它不会促进儿童发展。教学过程只有建立在那些尚未成熟的心理机能上，才能产生潜在水平和现有水平之间的矛盾，而这种矛盾又可引起儿童心理机能间的矛盾，从而推动儿童的发展。比如，教师可以通过让儿童去寻找“如何用数字表示出 0℃以上的温度和 0℃以下的温度”的答案的方式吸引儿童，使他们成功解决他们想解决而未能解决的问题。这种由教学过程中的矛盾而引起的心理机能的矛盾，可以使儿童快速掌握负数的概念，并能运用其解决实际问题。

（2）根据最近发展区理论教学应采取适当的手段

教师借助教学方法、手段引导儿童掌握新知识，形成新技能、新技巧。要实现这一目的关键是在最近发展区内进行教学，因此，教学方法、手段应考虑最近发展区。比如，在相似三角形教学中，教师可先带儿童做教学实验，让儿童应用已有知识测量校园内国旗旗杆的高。这会让儿童感到有趣，但是旗杆不能爬，他们要怎样测量呢？在他们纳闷时，教师可以充分利用学校的资源，带领他们进行实地测量，得到一些数据。然而，怎样处理这些数据又会让还未学习相似三角形知识的儿童产生心理机能的矛盾，这时教师应因势利导，带儿童回到课堂。相比单一的教学方法，这种教学方法既能取得较好的教学效果，又能让儿童开始注意自己不感兴趣的东西。

（3）根据最近发展区理论教学必须遵循因材施教的原则

由于一个班的教学应面向全班儿童，所以教师要从全班儿童的实际出发，考虑他们整体的现有水平和潜在水平，正确处理教学中难与易、快与慢、多与少的关系，使教学内容和进度符合全班儿童的最近发展区。遇到较难的章节时，教师可以添加一些能为大多数儿童所接受的例题，不一定照搬课本，以便儿童各有所获。从个体角度来说，有的儿童认识能力强、兴趣广泛、思维敏捷、记忆力强，他们不满足按部就班地学习，迫切希望教师传授给他们未知的知识。教师应根据他们的最近发展区的特点，实施针对性教学。教师在布置作业时也要分层要求，以免个别儿童出现交不上作业的情况。由于身体素质、发育情况、认识能力、意识倾向、兴趣爱好等差异，同一年龄段的儿童会有领会、理解能力的差异。有些儿童不善于借助分析、结合和逻辑推理的方法领会、掌握知识，但善于使用较具体、形象的思维。所以教师应根据他们的最近发展区进行相应地教学，激发其求知欲。在大力倡导推行素质教育的今天，根据最近发展区理论进行数学教学是必要的。这样才能使儿童得到更好的发展，尽管某些儿童的水平达不到相应的要求。根据最近发展区理论进行数学教学能增强儿童对本学科的兴趣，也能使儿童学有所乐，促进儿童在点滴教学中提高数学素质。只要教师多研究儿童的最近发展区，在课堂教学中采取符合儿童实际情况的教学方法，就能让儿童各有发展。

知识拓展

维果茨基最近发展区理论的教育实践模式

1. 支架式教学模式

在最近发展区理论的基础上，后人提出了支架式教学模式。支架式教学是指在儿童试图解决超过他们当前知识水平的问题时，教师给予一定的支持和指导，使儿童最终能够独立完成任务，帮助他们顺利通过最近发展区。当儿童需要更多的帮助时，教师要进一步提供“支架”；当儿童需要较少的帮助时，教师则要让他们独自完成任务。运用这一模式教学时，教师要保证提供的“支架”可以一直使儿童处于其最近发展区。

2. 交互式教学模式

交互式教学模式是指教师先示范所要完成的活动，再和儿童通过角色扮演、相互对话完成要完成的活动，以促进儿童高级心理机能的发展。

3. 同伴合作模式

接受能力较强的同伴的指导是促进儿童在最近发展区内发展的一种有效方式。

4. 学徒制

维果茨基特别强调社会交互与内化在儿童发展中的作用，这对学徒制的提出具有一定影响。学徒制应用广泛，在学校里表现为儿童与教师一起在学校里工作。

二、建构主义

皮亚杰，当代著名儿童心理学家、教育家，日内瓦学派的创始人，也是发生认识论的创立者。皮亚杰儿童心理学的理论核心是发生认识论。他提出关于儿童智力发展的结构理论，认为教育的目标是形成儿童的智力和道德的推理能力，其中智力是根本。

（一）建构主义的基本观点

建构主义是认知主义的进一步发展，源自关于儿童认知发展的理论。由于个体的认知发展与学习过程密切相关，因此利用建构主义可以比较好地说明人类学习过程的认知规律，即能较好地说明学习如何发生、意义如何建构、概念如何形成，以及理想的学习环境应包含哪些主要因素等。总之，在建构主义的指导下可以形成一套新的比较有效的认知学习理论，并可以实现较理想的建构主义学习环境。皮亚杰是认知发展领域中一位颇有影响力的心理学家，他所创立的关于儿童认知建构主义发展的学派被人们称为日内瓦学派。

1. 建构主义是一种关于知识和学习的理论，强调学习者的主动性

建构主义认为学习是学习者基于原有的知识经验生成意义、建构理解的过程，而这一过程常常是在社会文化互动中完成的。建构主义有深刻的思想渊源，具有迥异于传统的学习理论和教学思想，对教学设计具有重要指导价值。

2. 建构主义的中心内容

建构主义的内容非常丰富。它是众多理论的一种浓缩，它的中心内容在于充分发挥儿童的主体地位，给予儿童独立思考和发展的机会，让他们形成自己的认知体系。这不同于将知识从教师的心里转移到儿童笔记本上的传统教学。把儿童始终放在第一位，这种教学方法的侧重点在于学；把教师放在第一位，这种教学方法的侧重点在于教。这是教学理念不同带来的差异，再加上建构主义所需要的全部条件在现代社会中已经能够得到满足，这就使建构主义在现实教学中越来越受欢迎，逐渐成为教育改革的重要思想。

3. 建构主义的基本主张

知识观。关于知识是什么，建构主义者一般强调，知识只是一种解释、一种假设，并不是对现实的准确表征，也不是问题的最终答案。关于知识的获取，建构主义者认为它是由认知主体主动建构生成的。关于建构知识过程的实质，建构主义者认为它是个体与经验世界的对话过程。

儿童观。建构主义者认为儿童是有知识基础的，儿童不是空着脑袋进教室的；也强调儿童是主动的建构者。

学习观。建构主义者认为学习具有主动建构、社会互动性和情境性三个基本特性。

教学观。建构主义者强调要为儿童创设理想的学习情境；激发儿童原有的相关知识经验，促进儿童知识经验的“生长”，促进儿童的知识建构活动。

（二）皮亚杰的建构主义观点

1. 皮亚杰关于儿童认知发展的观点

皮亚杰坚持从内因和外因相互作用的观点研究儿童的认知发展。皮亚杰认为在制约儿童心理发展的各种因素中，平衡化起决定性的作用。他认为，儿童是在与周围环境相互作用的过程中，逐步建构起关于外部世界的知识，从而使自身认知结构得到发展的。作为认知发展领域中一位颇有影响力的心理学家，他认为孩子通过和环境发生交流和作用后，能够逐步推断出外面世界的架构，从而进一步建立具有自身特色的理解框架。

皮亚杰的建构主义发展观有 4 个主要概念，分别是图式、同化、顺应、平衡。其中儿童与环境的相互作用涉及两个基本过程：同化与顺应。

（1）图式

图式指的是人们在认识周围世界的过程中形成的独特的认知结构。皮亚杰认为，每个儿童都是一名“小科学家”，都会主动地探索外部世界，在探索外部世界的过程中可以形成或积累有关外部世界的经验或认识。这些经验或认识就是图式，如新生儿通过主动探索形成的有关“吃”的吮吸的动作经验。

（2）同化

同化指的是人们面对一个新的刺激情景时，把刺激整合到已有的图式或认知结构中。同化能从量上丰富和改变原有的图式，但不能从质上革新和改变图式。

同化是儿童适应世界并达到平衡的一种方式，在不改变已有图式的基础上，扩大自己的图式范围。例如，新生儿吃东西的时候常常是努力吸吮，当他开始吸吮奶嘴、吸管时，就会把奶嘴、吸管等同化到“吃”的图式中，但“吃”的图式没有发生质的改变。

（3）顺应

顺应指的是当人们不能利用原有图式接受和解释新刺激时，其图式会发生改变来适应刺激的影响。

顺应是儿童适应世界并达到平衡的另一种方式。他们在探索外部世界的过程中遇到无法用原有图式解释的困难和阻碍时，就会改变原有图式，形成新的图式。例如，新生儿“吃”的这个图式中开始只有吸吮这个动作，当婴儿发现苹果、梨、桃子、甘蔗等东西不能通过吸吮获取时，就会改变原有的图式，接受啃、咬等吃的概念，以顺应新刺激。所以，在实践过程中，原有的概念如果发生了质的变化，就可以理解为是顺应的发生。

（4）平衡

同化和顺应是适应过程的两个互补的方面，它们同时发生，不可分离。所以，平衡是一个以同化和顺应为手段的自我调节过程。当儿童能用已有图式去同化新刺激时，说明他处于一种平衡的认知状态；反之，说明儿童的平衡认知状态被破坏，需要儿童开始自我调节，直到恢复平衡。儿童的认知结构就是通过同化与顺应的自我调节而逐步建构起来的，并在“平衡—不平衡—新的平衡”的循环中得到不断的丰富和发展。

2. 皮亚杰关于儿童思维发展的观点

儿童的思维发展会经过四个阶段：感知运动阶段、前运算阶段、具体运算阶段、形式运算阶段。

感知运动阶段。这个阶段的儿童主要是通过探索感知觉与运动之间的关系获得动作经验。语言和表象在这个阶段尚未产生。儿童在这个阶段会形成一些低级的行为图式，探索外界环境的方式有看、抓取、吮吸等。这一阶段的显著标志：儿童获得客体永恒性，当某一客体从儿童视野中消失时，儿童知道这个客体并非不存在了；出现了有逻辑的目的性行为。儿童已能区分动作本身与动作结果，学会了反向动作。

前运算阶段。由于符号功能或象征功能的出现，这一阶段的儿童开始从具体动作和物体中摆脱出来，凭借象征性的符号在头脑中进行思维。儿童最早使用符号的行为常常出现在扮演游戏中，如“过家家”“警察抓小偷”。这一阶段的儿童使用符号思考物体的能力在一定程度上会受到单一方向思维的限制，即存在思维的不可逆性。儿童在注意事物的某一方面时往往会忽略其他方面，即存在思维的刻板性。处于前运算阶段的儿童难以完成包含逆向思维的任务，如守恒问题，因为他们尚未获得物体守恒的概念（物体即使在排列和外观上发生了改变，其物质的量也保持不变）。皮亚杰认为，这一阶段的儿童很难在同一时间考虑一个情景的多个方面，也很难做到去中心化。前运算阶段的儿童有一种自我中心的倾向，且这种倾向在儿童的语言中也存在，如集体的独白（多人在一起时，幼儿自说自话，不构成交流）。

具体运算阶段。这一阶段儿童的认知结构发生了重组和改善，思维有了一定的弹性，可以逆转了。儿童通过对推理的同一性、补偿性和可逆性三个方面的理解能够解决守恒问题。随着分类和排序的获得，儿童思维有了可逆性，已具备初步的逻辑思维能力，能正确地把握逻辑概念的内涵和外延，但还离不开具体事物的支持。

形式运算阶段。摆脱了具体事物的支持，利用语言文字在头脑中重建事物和过程来解决问题的运算就叫形式运算。这一阶段儿童的思维已超越对具体的、可感事物的依赖，使形式从内容中解脱出来。这一阶段的儿童以命题的形式进行思考，能发现命题之间的关系，采用逻辑推理、归纳或演绎的方式解决问题；出现形式运算特征、假设演绎推理、青春期自我中心等。

皮亚杰认为，所有儿童的思维发展都会依次经历这四个阶段。认知结构的发展是一个连续的建构过程，每一个阶段都有独特的结构，前一阶段是后一阶段的基础。不同的儿童会以不同的发展速度经历几个阶段，但不可能跳过某一个发展阶段。

3. 皮亚杰关于儿童道德发展的观点

皮亚杰认为道德发展和认知发展息息相关，是一个不可跳跃和不可逆的连续过程。他运用对偶故事法对儿童的道德发展阶段进行研究后，将儿童的道德发展概括为自爱、他律、自律、公道等阶段。在自爱阶段，儿童的道德情感萌生；在他律阶段，儿童的道德判断会受到自身以外价值标准的制约和支配；在自律阶段，儿童的道德判断会受到主观价值标准的支配；在公道阶段，儿童有诸如理想、社会公正等抽象道德情感，开始把公道原则作为其道德判断的内在基础。

皮亚杰关于儿童道德发展的观点的积极意义在于，儿童道德认识的提高是一个渐进的发展过程，教育者应更好地理解儿童，使德育内容适合儿童的认识水平，不能超越儿童发展阶段提出不切实际的要求。发展智力是提高儿童道德认知的必要条件，发展自我评价能力是儿童提高道德认识的重要方面。皮亚杰关于儿童道德发展的观点的不足之处在于，它偏重从认知发展角度研究道德发展，忽视了道德行为，特别是良好习惯行为在德育中的意义；忽视不断变化或不同社会背景下，社会道德标准对形成儿童道德判断的影响。

4. 皮亚杰关于制约儿童心理发展的常见因素的观点

皮亚杰认为制约儿童心理发展的常见因素有成熟、练习和经验、社会性经验和平衡化。

（1）成熟

成熟是指身体的成长，特别是神经系统和内分泌系统的成熟，能够为认知发展提供生理基础。皮亚杰认为，成熟主要揭示了新的可能性，仅仅是某些行为模式出现的必要条件，如何使可能性成为现实性，有赖于个体的经验和练习。

（2）练习和经验

练习和经验是指个体在对事物施加动作过程中的练习和习得的经验（不同于社会经验）。皮亚杰将经验分为物理经验和逻辑数理经验。物理经验指的是个体通过和物体打交道而获得的有关物体特性的经验。逻辑数理经验指的是个体理解动作与动作之间相互协调的经验。这种经验是主体作用于客体的动作及动作间相互协调的结果所引起的。

（3）社会性经验

社会性经验是指个体在社会环境中通过与他人的相互作用和在社会文化的传递中习得的经验。皮亚杰认为教育必须切合儿童的认知结构。

（4）平衡化

平衡化是指个体在与环境相互作用的过程中的自我调节。如果能将特定图式应用到事件或情境，平衡就建立起来了；如果应用图式时，不能获得满意的结果，就会失衡。具有自我调节作用的平衡过程是智力发展的内在动力。

皮亚杰建构主义的不足之处在于：一是过分强调图式，而对反映重视不够；二是强调生物适应和儿童主体认识的能动性，而对社会作用、因素在认知发展中的重要性重视不够；三是强调儿童思维发展的年龄特征和稳定性，而对儿童思维能力的个体差异重视不够；四是注意内在的发展，而对社会、个体发展的影响重视不够。

三、“从做中学”

约翰·杜威，著名哲学家、教育家、心理学家，实用主义的集大成者，也是机能主义心理学和现代教育学的创始人之一。杜威熔欧美思想于一炉，具有深厚的哲学、心理学、社会学功底。杜威还集欧美教育思想之大成，对欧美的教育思想史进行了系统、细致、深入的梳理，充分借鉴、吸收了人类千百年来积淀下来的教育智慧，这使杜威的教育思想具有厚重的历史底蕴，给人一种强烈的历史纵深感。更为重要的是，杜威立足现代社会论述教育问题，他的教育思想具有浓郁的现代精神。杜威一生推崇民主制度，强调科学和民主的互补性，民主思想是他众多著作的主题。

（一）“从做中学”理论的主要内容

1. “从做中学”

杜威认为“从做中学”就是从活动中学、从经验中学，让学校里知识的获得与生活过程中的活动联系起来。从批判传统教育“书本中心”出发，杜威主张“从做中学”。在他看来，人们最初的知识和保持得最牢固的知识，是关于怎样做的知识……应该认识到，自然的发展进程总是从包含从做中学的那些情境开始的。据此，他认为，在做事里求得的学问比专靠听来的学问好得多。学校课程的真正中心应是儿童本身的社会活动。同时，由于儿童生来就有要做事和要工作的自然愿望，对作业活动具有强烈的兴趣，因此，“从做中学”实际上是符合儿童的自然发展的，可以使在学校中知识的获得与在共同的环境中所进行的活动联系起来。

但是，杜威认为作为儿童的一种活动方式的工作，主要是指使用各种材料和工具，以及使用各种有意识地用以获得效果的技巧的一切活动，包括任何形式的表现活动和建造活动、任何形式的艺术活动和手工活动等。这些活动应具有三个特点：一是最适合儿童发展阶段的；二是最能预备儿童进入成年人社会所应承担的责任；三是同时对养成灵敏观察和连贯思考习惯最有影响的。因此，这些活动能使儿童在社会和个人之间保持协调。

应当指出，杜威主张“从做中学”，强调学习者个人的直接经验，提倡儿童的个人探索，重视知识的学以致用，培养儿童的实际操作能力。就教学过程的一个侧面而言，这些是有一定道理的，但是把“做中学”绝对化，必然会否定间接知识和系统知识的价值。

2. 经验

杜威指出：“经验本来就是一种主动而又被动的事情；它本来就不是认识的事情”“估量一种经验的价值的标准在于能否认识经验所引起的种种关系或连续性”“一种经验，一种非常微薄的经验，能够产生和包含任何分量的理论（或理智的内容）”。

3. “教育即生活”

杜威认为“生活就是发展；不断发展，不断生长，就是生活”“教育与生活有极大的关系，没有教育即不能生活。所以我们说教育即生活”。在他看来，最好的教育就是“从生活中学习”。因此，教育就是儿童现在生活的过程，而不是将来生活的预备。教育就是要给儿童提供保证生长或充分生活的条件，而不问他们年龄的大小。

4. 生活就是生长

杜威还认为，“因为生长是生活的特征，所以教育就是不断生长；在它自身以外，没有别的目的。学校教育的价值，它的标准，就看它的创造继续生长的愿望到什么程度，看它为实现这种愿望提供方法到什么程度。”在他看来，所谓的“生长”是指儿童本能发展的各个阶段，不仅包括身体，而且包括智力和道德方面。这样，杜威就把生物学上的“生长”一词搬到教育上来了。教育的目的就在于，通过组织保证继续生长的各种力量，使教育得以继续进行。

5. “学校即社会”

杜威认为学校应该“成为一个小型的社会，一个雏形的社会”。在他看来，教育既然是一种社会生活过程，那么学校就是社会生活的一种形式。学校作为一种制度，应该把现实的社会生活简化起来，缩小到一个雏形的状态。在学校里，必须能够呈现儿童现在的社会生活，如同他们在家里、在邻里间、在运动场上经历的生活那样。这样可使“每个学校都成为一种雏形的社会生活，以反映大社会生活的各种类型的作业进行活动”。“当学校能在这样一个小社会里引导和训练每个儿童成为社会的成员，用服务的精神熏陶他，并授予有效的自我指导的工具时，我们将拥有一个有价值的、可爱的、和谐的大社会的最强大的并且最好的保证。”

就“学校即社会”的具体要求来说，杜威认为，学校本身必须是一种社会生活，具有社会生活的全部含义；校内学习与校外学习连接起来，两者之间能有自由的相互影响。这样，学校就不会与社会生活隔离开来。但是，学校作为一个特殊的社会生活环境，应该具有三种功能：简化和整理儿童所要发展的各种因素；把现存的社会风俗纯洁化和理想化；创造一个比儿童自然发展时可能接触的更广阔、更美好的平衡环境。

杜威通过把学校办成小社会让儿童获得直接经验的设想对于过去只让儿童在读书的学校受教育，应当说是一种进步。学校应当给儿童提供动手和获得必要的直接经验的场所与条件。但是，按“小社会”来办学校是过分而且难以做到的，也会给学校管理带来许多无法解决的难题，使教师不能集中精力管理好儿童的教育教学活动。

6. “教育无目的”

杜威认为教育是“生活”“生长”和“经验改造”，这是循序渐进的积极发展过程，教育目的就在这种过程中。他认为生长和生活是无止境的，因而也无最后的目的；儿童和青少年在生长和生活的过程中，在扩充、提高、更新、重组的过程中逐步成长为并最终成为社会的合格成员。这就是杜威的教育无目的论。杜威批评传统教育为儿童确定他们不理解、不需要的目的，把目的和手段分开；活动作为手段，其价值大小取决于能否达到目的，活动成了苦役。然而，自由活动中出现的目的是与手段密切结合的。一个目的达到后，活动并不终止，已达到的前项活动的目的成为下一活动目的的手段，如此交替进行，目的也是手段，手段也是目的。其实，在杜威心目中教育是有目的的，即“民主的生活方式”和“科学的思想方法”。他的教育无目的论是为了纠正脱离儿童而由成年人决定教育目的的旧教育，并非根本放弃教育目的。

（二）“从做中学”理论的教学实践

1. 以儿童为中心

从批判传统教育忽略儿童的做法出发，杜威认为，学校生活组织应该以儿童为中心，一切必要的教育措施都是为了促进儿童的生长。“我们教育中将引起的改变是重心的转移。这是一种变革，这是一种革命，这是和哥白尼把天文学的中心从地球转到太阳一样的那种革命。这里儿童变成了太阳，而教育的一切措施则围绕着他们转动，儿童是中心，教育的措施便围绕他们组织起来。”

在杜威看来，学校生活组织以儿童为中心是与儿童的本能和需要协调一致的，体现了教育必须从心理学上探索儿童的本能、兴趣和习惯开始。总之，儿童是起点、是中心，也是目的。在学校生活中，儿童的生长、儿童的发展，就是教育理想的所在。

2. 教师引导

杜威强调，教育过程是儿童和教师共同参与的过程，也是儿童和教师真正合作的相互作用的过程。在这个过程中，儿童和教师都是作为平等者和学习者来参与的。这种教育过程也许意味着比在传统学校里更复杂和更亲密的儿童和教师之间的接触，其结果是儿童更多地而不是更少地受到指导。为此，杜威认为，富有同情心的教师应时刻关注儿童理智的创造力的培养，但不是说学校如果具备了有利于儿童发现式学习的条件，教师的工作就变得轻松了，或者教师可以袖手旁观，保持沉默，而是说教师的工作更复杂、更繁重了。学校教育、教学过程应按照真正协作的民主方式进行，教师要参与儿童的活动。杜威曾尖锐地批评一些“进步教育”的学校忽视成年人的指导作用，并认为这些学校的做法是对独立思维条件的误解。他一直认为儿童不是什么都懂得的，富于经验的教师不仅有权利，还有义务在学习中帮助儿童。不过他坚持在师生共同参与的活动中，教师或儿童越少意识到自己在那里施教或受教越好。

应当指出，在教学问题上，杜威批评传统教育忽视儿童、压制儿童，要求教育工作心理化，在教学过程中充分估计儿童的心理特点，摸索适合儿童身心发展的教育途径和手段，从而增强儿童学习的独立性与创造性的观点，是有其合理的内核的。

第二节 毕生发展心理学

劳拉·E. 伯克，著名心理学家，其研究领域涉及学校环境对儿童发展的影响、个人言语的发展等。其代表作《伯克毕生发展心理学（第 4 版）》被哈佛大学、杜克大学等数百所国际知名大学采用。劳拉 • E. 伯克既是一位颇有影响的心理学家，也是儿童事业的积极活动者。

一、天性与早期教养

毕生发展心理学探讨的基本点是人的发展，即应如何看待人的发展。每个孩子都是独特的存在，具有与众不同的天性，且随着时间的变化而不断发生变化，不断地成长为具有明显个性特征的个体。每个孩子都是社会的一员，是社会中的个体，其天性的发展不可避免要受到周围环境的影响，要在以家庭为主要活动范围的环境下成长，不断接受来自各个方面的刺激，不断地适应，不断地变化，从而不断地发展。那么，孩子的成长与发展是天性使然，还是早期教养的功劳呢？

（一）天性与遗传因素的理解

关于天性的理解。18 世纪法国杰出的启蒙思想家、教育家卢梭认为，教育的自然适应性即要求教育遵循儿童发展的自然进程，考虑其年龄特征，适应其本性施教。卢梭推崇的是回归自然的教育，即尊重儿童与生俱来的形态，尽量避免现有社会对儿童施加的影响。那么这里的“本性”应该就是卢梭认为的天性，即孩子与生俱来的形态特征。瑞士教育家裴斯泰洛奇认为人的禀赋能力有“头的”“心的”“手的”，其义分别近似于“智力的”“道德的”“身体的”能力之含义。由此可见，裴斯泰洛奇认为的天性应该是从能力方面来理解的，且又具体划分成三个方面。从以上观点可以看出，无论从宗教意义上来说还是从较为科学的角度来说，其相同的一点是天性是儿童与生俱来的某种特性，且应该包括生理和心理两个方面。生理方面应该是指身体机能的特点，如有的孩子天生运动机能很好。心理方面主要指的是气质类型，如较为经典的四种气质类型：多血质、黏液质、胆汁质和抑郁质。在日常生活中，人们常常把天性理解为性格和智力方面的几乎可以决定孩子未来发展的最初的状态。

关于遗传因素的理解。遗传因素是指那些与基因联系着的生物有机体的内在因素，包括生理的因素。遗传是人从上代继承下来的生理解剖上的特点，如机体的结构、形态和神经系统的特点等。这些遗传的生理特点也叫遗传素质。如此看来，遗传因素或遗传素质更多的是生理方面的特点，即孩子仅仅作为一个生物体而具有的一系列特点。

因此，天性与遗传因素都是人与生俱来的东西。其中天性包括生理和心理两个方面的特点，且含有人们主观方面的认识；遗传因素则特别强调生理方面的特点，且更倾向于生物科学的客观认证。从广义上来看，两者区别不大。

（二）教育、教养与早期教养的理解

广义上讲，教育是在一定社会背景下发生的促使个体的社会化和社会个性化的实践活动，包括正规机构的教育和非正规机构的教育，学校教育和家庭教育等。狭义上讲，教育是指学校教育，即各级各类教育机构有组织、有目的地实施有计划的教学活动的教育活动，其关键在于承担学校教育这一教育活动的机构必须能够给予学习者学籍，并在学习者完成一定学业后有法律赋予的授予学历认证的权利。

教养，顾名思义有“教”有“养”，似乎更倾向于“养”。需要说明的是，这里所说的教养是一个动词而非名词。这种活动的主要承担者是抚养人，即父母、（外）祖父母等家庭成员，同时也有社会其他群体的参与。这种活动的实施对象是未成年人，抚养人不仅要给予未成年人认知、道德等方面的影响，还要关注其身心健康成长。教养即主要由抚养人承担的、有社会其他群体参

与的有意识地对未成年人的身心等各个方面施加影响的教育活动。且值得一提的是，这里施加的影响较多带有施加影响者的主观看法，不具有普遍性。

早期教养可以理解为教养的早期阶段，即主要由抚养人承担的、有社会其他群体参与的有意识地对 0～3 岁儿童的身心等各个方面施加影响的教育活动。鉴于 0～3 岁儿童的活动范围和接触的环境有限，且为了使阐述更易理解，本书提到的早期教养的场所主要指家庭成员承担的早期教养和早教机构承担的早期教养两个部分。

（三）天性与早期教养的关系

罗马帝国时期传记作家、伦理学家和教育学家普鲁塔克在论及德性天性培养时用过这样一个比喻：天性好比土壤，儿童的教育者好比农夫，儿童教育者所教的合理的原理和概念好比种子；三者的结合和协调一致才促成了人心灵的完善；三者缺其一，德性就必定是有缺陷的。可以说，天性的发展和早期教养有极为密切的关系，讨论两者之间的关系要基于这样一个前提：肯定科学引导儿童天性发展的重要性。

1. 天性为早期教养提供了生理基础

从某种意义上讲，天性是原材料，而早期教养是使原材料得以显示其价值的适当加工。没有适合的原材料，是造不出精美的工艺品的。就像再昂贵的木料也不可能被烧制成陶艺品。当然，孩子是一个活生生的发展着的个体，且有其独特的思想和极大的可塑性，不是固化的某种物体。天性不能决定孩子的一生，但至少提供了极大的可能。

2. 早期教养影响天性的发展

早期教养是教养的早期阶段，这一时期儿童身心具有极强的可塑性等特点决定了早期教养在孩子天性发展方面的重要作用。早期教养如果科学合理就有助于儿童天性的发展；否则就会扼杀孩子的天性，甚至对其以后的发展埋下隐患。而且，我们必须认识到，儿童是社会中的人，所以其发展必须是与社会发展相适应的；儿童的天性不一定是完全与社会相契合的，即其天性中可能缺少某些东西，而这些东西对其以后的发展是必要的，且是可以通过早期教养加以引导或进行补充和完善的。

综上所述，儿童天性的发展与早期教养是密不可分的。儿童生来就具备的天性为其发展提供了极大的可能性和发展的空间。换句话说，早期教养不是无土之木，必须以这样或那样的生理基础为前提，在某种程度上，早期教养如何进行、进行的结果如何是受天性限制的。因此，早期教养是否科学、合理在很大程度上影响儿童天性能否得到很好的发展。

知识拓展

如何正确对待天性与早期教养的关系

天性和早期教养密不可分，单纯地顺应天性而不加以适当引导，或者过于注重早期教养而忽略儿童天性的观点都是不可取的。

现代社会普遍提倡的是尊重孩子的天性，给孩子一个快乐的童年。然而在现实生活中，由于历史传统、文化背景等原因，家长很难做到这一点。比较常见的是过分宠爱和过度管教两种割裂天性与早期教养的极端做法。过分宠爱的常见表现是唯“孩命”是从，不论对错一切都听孩子的。比如孩子刚学说话的时候，即使孩子说出口的是对长辈不礼貌的话，家长也会很开心，甚至会觉得孩子是因为聪明才会说这么与众不同的话。过度管教的常见表现是否定孩子的想法和选择，对孩子的一切采取“包办”的态度，认为“孩子是我的，我有权利教养他，而且我是为他好”。

家长应既尊重孩子的天性又重视早期教养的作用。

二、毕生发展心理学的基本观点

毕生发展心理学是关于在整个生命过程中，人的行为的成长、稳定和变化的研究。它认为个体心理和行为的发展并没有因成年而结束，而是扩展到了整个生命过程。毕生发展心理学主要是为了获取毕生发展一般规律、个体发展的差异和个体发展的可塑性知识。探究和分析这三个方面的知识及其相互关系是毕生发展心理学的理论基础，也是毕生发展心理学区别于其他研究的核心特点。随着研究的推进，毕生发展心理学在理论和实践上都有了新的进展。

（一）发展是多变的

在毕生发展心理学领域，巴尔特斯是一个活跃的代表人物。他的基本观点有：第一，个体发展贯穿人的一生，发展中的行为变化可以在人生中的任一时期发生，每个时期都有其独一无二的特点和价值，各个时期是同等重要的。第二，发展的形式具有多样性，发展的方向因行为的种类而异；第三，任何一种行为的发展过程都是复杂的，发展不是简单地朝着功能增长方向的运动，整个发展总是由获得（成长）和丧失（衰退）的结合组成；第四，心理发展有很大的体内可塑性（个人内部的可变性）；第五，发展是由多重影响系统共同决定的，个体发展的任何一个过程都是年龄阶段、历史阶段和非规范事件三种影响系统相互作用的产物；第六，毕生心理发展必须从多学科的角度进行探讨，它的研究必须与有关人类发展的其他学科（如人类学、生物学、社会学）结合起来。

巴尔特斯考虑了生命的所有阶段，引导人们对人类发展有了新的理解，即它是多方向、多背景、多元文化、多学科及可塑的。

（二）发展是多方向的

毕生发展心理学认为，发展过程中的挑战和适应是多维度的，会受到生物、心理和社会因素复杂的共同作用。

毕生发展是多方向的。首先，发展并不局限于行为的进步。在每一个阶段，发展都是一个成长和衰退并行的过程。例如，婴儿开始用他们听到的语言讲话时，就在某种程度上失去了区分其他语言的能力；成年人辞掉固定薪酬的工作时，常常会变得更有创造性。损失和收益、损伤和改善的时机也有所不同。任何年龄的人都可以改善已有技能，发展新的技能，甚至还可以发展一些技能来弥补缺失的技能。例如，很多老年人会用日历、清单等来应对他们越来越多的记忆失败。其次，变化在发展的每个领域内也是多方向的。例如，一个人的某些认知机能在成年期可能会减退，但他的语言知识一直在增长。

（三）发展是多背景的

尤里·布朗芬布伦纳是一位关于发展背景研究的领路者，其建议发展学家用生态系统观理解人类。

布朗芬布伦纳认为每一个生物有机体都是在特定的生态系统中发展的，这些环境支持或抑制生物有机体的成长。就像在了解一条鱼或一棵树的发展历程之前，人们需要先了解海洋或森林生态环境一样，想要了解人类是如何发展的，人们就要先知道人类生存的生态环境。

根据布朗芬布伦纳的观点，发展中的个体与当前环境之间存在有规律、主动的双向交互作用，当这种双向交互作用变得越来越复杂时，发展就产生了。而且，这种双向交互作用会受到更宽泛的间接环境的影响，个体甚至意识不到这种影响。要想了解这些双向交互作用，人们就必须研究发展过程背后的多重环境：首先，需要考察家庭、学校、职场及邻里；其次，联系周围的社会机构，如教育系统、交通系统；最后，考虑影响家庭和学校的宽泛的文化和历史模式及个体生命中的其他事情。

布朗芬布伦纳提出了五个环境系统：微观系统、中观系统、外在系统、宏观系统和时序系统。其中，前四个系统就像层层嵌套的中空圆柱体，将发展的个体包围在中间，而第五个系统为这个模型加上了时间维度。不过，模型中各个系统之间的界限并不是固定不变的。

布朗芬布伦纳认为人们需要在自然背景下研究人。他会观察儿童如何玩耍，母亲如何哄婴儿入睡，护士如何在医院工作，但从不会请人们到科学家的实验室做人为的实验。晚年时，布朗芬布伦纳将这种研究视角重新命名为生物生态理论，以强调生物学的作用，承认身体内部系统（如生殖系统、心血管系统）影响外部系统。研究历史时代和社会经济地位对于理解人的一生是必不可少的。几年内出生的所有人可以称为同辈群体，同辈群体一起走过人生的旅程，一起受年龄与所处时代的价值观、历史事件、技术和文化交流的影响。

总之，毕生发展心理学的兴起在理论、研究、方法和实践等方面都有积极意义，但它仍然有待于进一步完善。

第三节 “活教育”思想

陈鹤琴是我国现代儿童教育家，我国学前教育和儿童心理研究的开拓者和奠基人，一生都在为儿童教育奋斗。“活教育”思想既是陈鹤琴先生长期教育实践的概括和总结，又有深厚的理论基础，是中西文化与教育思想融合的产物。陈鹤琴先生认为幼儿期是人生全部发展过程中一个非常重要的时期，是各个方面发展的黄金期，是健康成长的决定期。因此，幼儿期的教育对于个人和国家都非常重要。

一、“活教育”的概念

陈鹤琴先生认为要了解儿童心理、认识儿童，才能谈到教育儿童，这是“活的教育”，而不是死的教育。书本主义的教育就是死的教育。人们需要的是活的教育，教材是活的，方法是活的，课本也是活的。人们应一起为儿童谋福利，尽量利用儿童的手、脑、口、耳、眼睛，打破只用耳朵听、眼睛看，而不用口说话、脑子想事的教育。

“要想教好儿童，要使我们的教育是活的，不是死的，必定要懂得儿童心理……引证中国大教育家陶行知先生描写中国现在教育情形时的两句警语：‘教死书，死教书，教书死；读死书，死读书，读书死。’我们必定要把它改换成：‘教活书，活教书，教书活；读活书，活读书，读书活。’”“活教育”思想推动了我国学前教育事业的发展，运用到学前儿童教育后，能够更好地帮助教师指导教学，也能够帮助儿童去真正进行探究。

二、“活教育”的目的

“活教育”的目的是“做人、做中国人、做现代中国人”。中国的教育应当和他国的教育有所区别。要做一个现代中国人，儿童起码要具备以下几个条件。

第一个条件是要有健全的身体。俗话说，身体是革命的本钱。儿童有了健全的身体，才能奉献于现代中国发展的事业，这是毫无异议的。

第二个条件是要有建设的能力。学校应当训练儿童从事种种建设工作，以适应国家的需要。

第三个条件是要有创造的能力。儿童本来就有一种创造欲，教育者只要善于引导、启发，就可以事半而功倍。某玩具公司起初做的玩具都是组装好的，孩子买回去就可以直接玩。有一次公司负责人看见一个朋友把几个玩具上的零件拆下来，再左凑右拼地装配出一件完好的玩具。他觉得很有意思，就索性把各种玩具的零件卖给小朋友，让他们自己装配。后来，他特意制造了许多小机器，让小朋友自己动手制造各种玩具，小朋友竟比玩玩具更高兴，连饭都忘了吃。这证明儿童喜欢创造，教育者只要加以适当的训练，不难培养出他们这种可贵的能力。

第四个条件是要能够合作。对团体工作极其注重，常能以牺牲小我而成全大我：这种合作精神，着实值得培养。教育者要培养儿童的这种精神。

第五个条件是要服务。“人生以服务为目的。”如果教育者训练的儿童熟悉各种知识和技能，可是不知服务，不知如何去帮助人，那这样的教育不可取。人作为生物有利己的本能，如何制止这种生物本能而养成一种崇高的德性，是教育的目的，是使人与动物有所区别的方法。

三、“活教育”的特征

（一）以儿童为中心

陈鹤琴先生提倡教学应该以儿童为中心，让儿童主动思考和探索。因此，他提倡教师应该实施活的教育。“活教育”的主体是儿童，儿童不再是被动的接受者而是积极主动的学习者。“活教育”着眼于人一生所需要的各种行为习惯及良好品质的养成，而非机械地灌输知识技能。

（二）“活教材”

陈鹤琴先生认为大自然、大社会都是活教材，而书本万能的旧观念易形成课程固定、教材呆板的死教育现象。课程是根据儿童的心理和社会的需要来编订的，教材也是根据儿童的心理和社会的需要来选定的，所以课程有伸缩性，教材有活动性且可随时更改。

活教育自然要用“活教材”。“活教材”有两个方面的含义。一是“教活书”，即以大自然、大社会为教学的内容。儿童所接触的环境越广，所得的知识就越多。儿童可以自主选择感兴趣的材料进行研究，使活动更加深入，体验更加真实。陈鹤琴先生在“未来之科学家”中谈到教儿童认识动植物的方法应该是带领儿童到公园里、野外和树林里游玩，随时随地让他们注意各种动物的生活。这种方法比在教室里或在博物院里演讲示范好一万倍。这是因为儿童自己探索的知识才是真知识，自己发现的世界才是真世界。儿童的学习品质是在具体的学习活动中表现出来的。只有将儿童置于感兴趣的活动中，才能调动并发展其主动性、好奇心、探究性等良好品质。二是“活教书”，即灵活使用教材。教材不再是儿童学习的唯一内容，教师也不能再照本宣科地讲述教材。教法要能够引起儿童的兴趣，启发儿童思考，培养创造力。可见，灵活使用教材和教法更有利于儿童学习品质的发展。

与“活教材”相反的是固定的课程、呆板的教材，不问儿童能否了解，不管时令是否合适，只是一节一节地上，一课一课地教。

（三）“活学习”——做中学

首先，一切教学，集中在“做”。“做中教，做中学，做中求进步。”儿童是独立的个体，他们拥有独立意识和强烈的好奇心。他们会主动学习自己感兴趣的事情，也会通过自己的双手完成一些力所能及的小事情。在“做”的过程中，儿童会积极地思考问题、发现问题，并尝试用不同的方法解决问题，从而学习新的技能和知识。

其次，分组学习、共同研讨。陈鹤琴先生提出的小团体教学法能很好地处理个体与集体的关系，增强学习的效力，让儿童的兴趣格外浓厚。另外，分组学习、共同研讨的教学形式能极大地增进儿童之间的沟通与交流。有研究指出，儿童在小组中的学习效果更好，小组中的人际关系也能得到强化。当前，世界各国普遍重视儿童学习品质的发展，并将其视为儿童终身发展的宝贵财富。因此，培养具有良好学习品质的儿童是时代发展的新要求，应作为新时代儿童教育的目标之一。

最后，儿童自订法则来管理自己。教育的目的在于让儿童培养出做人的态度，养成优良的习惯，发现内在的兴趣，获得求知的方法，训练出基本技能。“活教育”理论重视儿童知识层面的获得，还强调各种行为习惯的养成，在把握儿童心理特点、树立教育目标、教育教学、教师培养等方面对儿童学习品质的发展具有借鉴意义。人的儿童期占整个生命期的比例较其他动物都长，因为人必须有足够的时间发展各种能力以应对更为复杂的环境。教师应积极培养儿童的学习品质。此外，陈鹤琴先生坚决反对陈腐的传统教育。他指出，儿童不是成年人的缩影，而是具有独特生理、心理特点的个体。儿童是好奇的、好动的和喜爱游戏的，所以教师培养儿童的学习品质时要做到：把握儿童心理发展的特点；保护儿童的好奇心、好动心、游戏心等；开展符合儿童心理发展特点的教育教学活动。这样，儿童在参与活动的过程中能更好地发展好奇心、主动性、专注性、想象力和创造力等积极品质。儿童天真烂漫、活泼可爱，工作时很静很忙，游戏时很起劲很高兴，切忌“一切教学集中在听，教师口里讲，儿童用耳听”。

（四）“活教师”

“活教师”，即能实施“活教育”的教师。儿童的学习品质不是一成不变的，会受到后天环境与教育的影响。儿童具有模仿的天性且易受周围环境的影响，这就要求教师具有优良的品质，以身作则，做好儿童良好品格养成的前提与保障，以爱以德感化儿童。师生共同生活，教学相长。除此之外，教师在选择课程内容与教学策略时还要考虑如何培养儿童的学习品质。首先，教师可以为儿童营造支持性的环境。从心理环境来说，教师应与儿童同玩同学。教师要更加了解儿童，教师善于引导，儿童也容易听从。在融洽的氛围中，儿童会更加有归属感、安全感，更加敢想、敢问、敢创造。从物质环境来说，教师要设置美的环境和科学的环境，让儿童能够从四周的环境中得到教育。教师要鼓励儿童参与幼儿园或班级环境布置。儿童参与环境的布置，一方面能发展其动手动脑的能力，另一方面能由内而外地强化其主人翁意识。其次，教师应为儿童选择“活的玩具”，即教师为儿童选择适合儿童心理的、儿童不会玩厌的玩具，让儿童在玩的过程中有所思考、发展能力。很多益智玩具都有益于儿童自己发现问题、解决问题。因此，“活的玩具”有益于儿童良好学习品质的养成。再次，教师应当有充分的自我训练，以便在日常的问题情境中发挥教育智慧，有意识地引导儿童学习品质的发展。例如，某游戏区人数已满，但有一名儿童特别想加入时应该怎么办？有经验的教师会采取弹性的做法，会引导儿童通过主动沟通、协商想出可行的办法，参与到自己感兴趣的游戏中。这样不仅可以让儿童更加珍惜这次游戏的机会，积极参与，还可以提高儿童主动性、坚持与专注、反思与解释的品质。最后，教师要做到经常反思。一位具有反思精神的教师总是能从经验中找到更适合儿童发展的教学方法。

四、“活教育”的内容

陈鹤琴先生将幼儿园教育大致划分为健康、社会、科学、艺术、语文等内容，并称它们为“五指活动课程”。“活教育”理论表明主动性是儿童培养科学素养的前提条件，大自然是儿童获取科学知识的重要场地。科学教育是幼儿园课程的重要组成部分，将“活教育”理论作为幼儿园科学教育的主要指导思想，能够帮助教师合理制订教学计划并实现教学目标，也会激发儿童的好奇心和探索欲，让儿童主动探索他们感兴趣的事物，积极参与幼儿园科学活动，并且亲近大自然，充分利用生活中的物质材料进行科学实验，认识自然现象，掌握科学知识。

陈鹤琴先生坚持将美育渗透在儿童教育中并融入儿童生活，因为儿童像一张白纸，他们的所见所闻都将成为他们的“认知”。“什么四季鲜艳夺目的花草树木，什么光怪陆离的虫鱼禽兽，什么变化莫测的风霜雨雪，什么奇妙伟大的日月星辰，都是儿童知识的宝库……都是儿童的活教材。”艺术教育作为实施美育的主要途径，以其鲜活的形象特点深受儿童喜爱。陈鹤琴先生基于儿童身心发展特点的“活教育”思想，不仅把美育当成适合儿童接受的教育手段，渗透到其他教育中，还赋予其促进儿童全面发展不可或缺的非凡使命，融大美于无形，将美育思想贯穿儿童教育的始终。爱美之心人皆有之，美育是儿童乐于接受的教育方式。他们听见很好的音乐，会不知不觉地歌唱起来；看见美丽的图画，也会画出来。儿童教育应间接通过环境进行，生活即教育。陈鹤琴先生讲过一个小孩在家开博物展，展出的是铜钱、贝壳、矿石、鸟蛋、邮票、石子、玻璃片，参观的孩子看得很高兴。其实，在整个活动中，开博物展的孩子应该更高兴，因为他用发现的眼睛创造了一个被大家认可、喜欢的五彩世界，接下来他在生活中探索新鲜事物的兴趣必定会更加高涨。生活中的一切事物都将因儿童的发现和感知而成为美的对象。“活教育”中的美育理念，基于中国传统教育文化的思想精华，吸收了西方先进教育观点；基于学前儿童以自我为中心、好奇、好游戏等特点，坚持在做中学、做中教、做中求进步。他提倡引导儿童自由探索，并在自己动脑、动手的过程中，感受审美活动带来的快乐，更在体验自我实现的价值中，树立其人生道路上强大且持久的自信。

此外，陈鹤琴先生充分肯定家庭教育的重要性。他认为要把家庭教育当作关系到国家前途、命运的大事；要把科学地了解儿童作为实施家庭教育的依据；要把教育功能自然地渗透于家庭生活的卫生、情绪教育、智育等方面；全面提高家长自身素质和教育能力，是保证家庭质量的前提条件。

第四节　儿童敏感期

儿童身心发展有一定的自然和科学规律，具有发展的阶段性、不均衡性等特点。儿童身心发展的不均衡性表现为儿童的发展过程存在关键期。

关键期理论的发现可以追溯至奥地利动物行为学家劳伦兹提出的“印刻”现象。劳伦兹首先研究的是鹅的认母行为，1935 年劳伦兹在研究刚出生的小鹅的行为时发现，小鹅在刚出生的十几个小时内有明显的认母行为。它们会追随第一个见到的活动物体，并把它当成“母亲”。小鹅第一个见到的活动物体是鹅妈妈时，就跟鹅妈妈走；第一次见到的活动物体是劳伦兹时，就跟劳伦兹走，并把他当成“母亲”。劳伦兹后来又发现，如果在小鹅出生后的 20 小时内不让小鹅接触活动物体，那么一两天后，无论是鹅妈妈还是劳伦兹，即使再努力地与小鹅接触，小鹅都不会跟随，即小鹅这种认母行为丧失了。于是，劳伦兹把这种小动物出生后无须强化的、在一定时期容易形成的反应叫作“印刻”现象。“印刻”现象发生的时期叫作“发展关键期”。这种关键期的时间非常有限。例如，小鸡“印刻”的关键期是其出生后的 10～16 小时，小狗的是其出生后的 3～7 周。小猫在睁开眼后的一段时间里如果和鼠类一起生活，那么它成年后即使在饥饿状态也不会吃鼠。小羊如果在出生后的 10 天内由人抚养，以后可能会永远不合羊群。

一、儿童敏感期

玛利娅·蒙台梭利，意大利幼儿教育家，蒙台梭利教育法的创始人。蒙台梭利在劳伦兹“印象”现象的基础上，结合自身在工作中对儿童学习与发展行为的观察和发现，提出了“敏感期”的概念。

（一）蒙台梭利的儿童观

1. 儿童发展的基本观点

从发展的观点出发，蒙台梭利认为，儿童是一个发育着的机体和发展着的心灵；儿童时期是人一生中最重要的时期。儿童处在不断生长和发展变化的过程中，而且主要是内部的自然发展。在这个连续自然发展的过程中，儿童的发展包括生理和心理两个方面的发展。

在生理发展方面，蒙台梭利认为儿童体内有一股冲动力。一是主导本能，这种本能为处在生命初创时期的婴儿提供指导和保护，甚至关乎婴儿的生存。二是工作本能，这是人的基本特征。

在心理发展方面，蒙台梭利认为儿童心理发展既有一定的进程，也有隐藏的特点。她认为，儿童是一个“精神（心理）的胚胎”。因为每一个儿童都有一种创造本能、一种积极的潜力，能依靠他的环境构筑一个精神世界，所以，儿童不仅作为一种肉体而存在，更作为一种精神而存在。每个儿童的精神也各不相同，都有自己的创造性精神。

2. 儿童的理性

一个 4 周大的孩子，平时总是由他的叔叔或爸爸照顾。突然有一天，叔叔跟爸爸肩并肩地出现了。孩子分不清两人便突然产生了恐惧。蒙台梭利教给我们如何解决这个问题：让叔叔站到左边，让爸爸站到右边。孩子会不断地转过来看，转过去看，最终他会发现叔叔和爸爸是两个人。儿童吸收东西是按一个已形成的程序进行的，他不愿破坏自己的内在程序。这个内在程序也就是蒙台梭利所说的“儿童的理性”。当接收的情况和他的认知程序不吻合时，他就会很紧张。

3. 儿童心理发展的“实体化”

儿童心理发展的“实体化”也是蒙台梭利教育的一个概念，指的是儿童内在的精神胚胎指导儿童发展。精神胚胎要变成儿童肉体不可分割的一部分，需要有一个过程，这个过程就是“实体化”。比如我们边走路边思考问题，思考得很深很深，忽然发现走了很长的路，这段路上遇到过谁，我们怎么搭话的，我们是用什么姿势走路的，我们都不知道，这时我们的话语和走路方式就作为已经实体化的东西而存在着。

儿童怎样才能实体化呢？只有一个办法，就是不断地活动，通过不断地活动来把精神胚胎实体化。比如儿童眼前有个瓶子，内在的冲动让他“去抓瓶子”，然后他就蹒跚地走过去开始抓瓶子，不断地抓。他在反复活动的过程中就把他内在的精神胚胎要求他做的那件事情实体化了。实体化讲的就是儿童内在精神的那种冲动实现的过程。蒙台梭利说，儿童进行一个组织自我的过程，并且把这些东西都变成记忆。

（二）敏感期的发展

蒙台梭利的贡献之一是发现了“人”的发展也存在敏感期。她通过对儿童的自然行为进行系统地观察，发现儿童在每一个特定的时期都有一种特殊的感受能力，这种感受能力使其对环境中的某些事物很敏感，对有关事物的注意力很集中、很耐心，而对其他事物则置若罔闻。这种能力与“印刻”现象十分相似，蒙台梭利将其称为敏感期。

1. 敏感期的观点

敏感期的出现使孩子对环境中的某个层面有强烈的兴趣，几乎掩盖了其他层面，并且在这期间的孩子会出现大量的、有意识性的活动，甚至不厌其烦地重复，直到突然产生某种新的动机。敏感期出现时，家长要用相应的活动来配合孩子的变化以培养孩子，使这种能力真正地发展起来。在敏感期内正确施教会事半功倍，可以迅速提高孩子心智的发展。需要注意的是，敏感期很短暂，并且在特定的敏感期中儿童只对一种特定的知识或技能感兴趣。例如，绘画敏感期出现时，孩子喜欢涂涂抹抹，但大多数成年人会阻止他们的行为。过了这个时期，孩子对画画也没什么兴趣了。

2. 敏感期的发展

蒙台梭利强调，家长应该注意儿童的心理发展和生理发展的密切关系。她说：“如果像我们认为的那样，心理上的压抑会影响新陈代谢，并会降低一个人的活力，那么可以肯定的是，反向的情况也会发生：能够给人以激励的心理体验会提高新陈代谢的速度，促进人们的身体健康。”在蒙台梭利看来，儿童在心理发展过程中会出现各种“敏感期”。正是这种敏感期，使儿童用一种特有的强烈程度去接触外部世界。在这个时期，他们对每样事情都易于学会，对一切充满了活力和激情。而人的智力发展正是建立在儿童敏感期打下的基础上的。

根据儿童发展的不同方面，常见的敏感期发展有五个方面。一是秩序的敏感期。这段秩序敏感期在儿童出生后的第一年里就出现，并一直持续到第二年。这是儿童的一种内部的感觉，以区别各种物体之间的关系，而不是物体的本身。二是细节的敏感期。儿童在 1～2 岁时会表现出对细节的敏感，他的注意力往往集中在最小的细节上。这表明儿童的精神生活已存在，也具有了与成年人不同的智力视野。三是协调性的敏感期。这是儿童发展中最易观察到的一个敏感期。儿童通过个人的努力学会走路，并逐渐取得平衡和迈出稳健的步伐。四是触觉的敏感期。儿童会朝着外界的物体伸出小手。这个动作代表儿童自我进入外部世界。儿童通过手的活动才能发展自我、发展自己的心灵。五是语言的敏感期。儿童开始学说话，他所获得的语言是从周围环境中听到的。当他说第一句话时，家长并不需要为他准备任何特殊的东西。在蒙台梭利看来，语言能力的获得和运用，是儿童智力发展的外部表现之一。

知识拓展

孩子成长过程中主要的敏感期

每个孩子的发育状况不同，敏感期的出现时间和持续时间会有所差异。如果家庭环境比较宽松，没有压抑或特殊经历的孩子通常会在以下年龄段内出现相应的敏感期。

1. 光感敏感期（0～3 个月）

特点：刚出生的孩子对光非常敏感，他们还需要适应白天和晚上的光线差异。

建议：家长白天要拉开窗帘，晚上要关灯睡觉，让孩子适应自然的光线变化。

2. 味觉敏感期（4～7 个月）

特点：孩子可以感觉到甜、咸、酸等味道。

建议：孩子 7 个月大时，家长要给孩子添加辅食。刚开始给孩子添加辅食时，家长一定要注意饮食的清淡，保护好孩子味觉的敏感程度；从糊状食物开始添加，慢慢接近成年人食物。

3. 口手敏感期（4～12 个月）

特点：孩子喜欢吃手，用口进行尝试、感觉，同时喜欢扔东西。

建议：家长要给宝宝口腔发育的机会，让他吃个够，不要把宝宝的手从他嘴里拿开。

4. 动作敏感期（2 岁以后）

特点：喜欢扶、站、努力行走。

建议：2 岁孩子活泼好动，家长此时要给予孩子充分的空间，在保证他安全的前提下，和他一起游戏、运动，让他熟悉更多的肢体动作，使其全身肌肉都得到训练，使其左右脑均衡发展，还能加强亲子关系。

5. 语言敏感期（2～3 岁时开始，6～12 岁停止）

特点：语言的启蒙从家长对着胎儿说话时，便已开始。

建议：家长要鼓励孩子说话、听故事、表达自我感受。良好的语言教育会增强孩子的表达能力。孩子在 3～5 岁时开始进入诅咒敏感期，喜欢说脏话。这一阶段，家长要保持心态，静待它过去即可。

6. 自我意识敏感期（1～3 岁）

特点：孩子开始区分我的和你的、我和你的界限。孩子会经常说“我的”“不”，还开始打人、咬人、模仿他人。如果发生不符合心意的事情，他就会大哭大闹，其表现是完全以自我为中心。

建议：自我意识敏感期是孩子所有敏感期最重要的一个时期，家长利用好这一时期，会培养出孩子强大的人格。

7. 社会规范敏感期（2.5～3 岁开始，5 岁停止）

特点：孩子在 2.5～3 岁时开始喜欢交朋友，喜欢参与群体活动，正式进入社会规范敏感期；在 3.5～4.5 岁时开始进入追求完美的敏感期；在 4～6 岁时进入人际关系敏感期，开始寻找有相同兴趣的朋友并开始互相依恋，经历人际交往的全过程；在 4～5 岁时进入婚姻敏感期，孩子会说“想和爸爸（妈妈）结婚”，他们渴望拥有属于自己的空间。

建议：家长要引导孩子与更多的孩子接触，要给孩子一定的自由空间，要尊重孩子，不要把孩子的问题扩大化，对事不对人。

8. 感官敏感期（1.5～7 岁）

特点：孩子在 1.5～4 岁时处于观察敏感期，喜欢观察细小事物，捕捉其中的奥秘，或做出一些家长不能理解的细小动作；在 3～4 岁时进入逻辑思维敏感期，总喜欢问“为什么”，喜欢几何玩具，同时开始对色彩产生感觉和认识，还喜欢强烈占有某种东西，感受支配自己所属物的快乐；在 5～7 岁时对自己的形象有了要求和审美标准，特别是女孩子对自己的衣着和服饰产生了浓厚兴趣。

建议：家长要多给孩子提供多彩的颜料、几何玩具，以及相关图书，为日后培养兴趣奠定基础；保护好孩子的好奇心，引导孩子带着问题去认知世界；给孩子提供一个独立的空间，尽量不要打扰专心做事的孩子；进入孩子的空间前，要征得孩子的同意；通过给孩子足够的耐心和关照、使用一些安抚的技巧解决孩子的执拗问题。

9. 学习敏感期（1.5～9 岁）

特点：孩子在 4.5～7 岁时进入数学概念敏感期，对数字产生浓厚兴趣；在 5～7 岁时会把动作和看到的文字配合起来学习，对自己熟悉的某些文字比较感兴趣，如自己的名字；在 4～7 岁时进入绘画和音乐敏感期，通过涂鸦表达自己的感受，听到音乐就开始扭动自己的身体。

建议：孩子对文化学习的兴趣起于 3 岁，在 6～9 岁时会出现想探究事物奥秘的强烈需求。所以这一阶段孩子的心智就像一块肥沃的土地，准备接受大量的文化播种。家长一定要重视此阶段，提供丰富的文化信息，以本土文化为基础，延展至关怀世界的大胸怀。家长的具体做法可以是，让孩子帮家里买一些日用品，通过花钱锻炼其数字能力及经济能力；给孩子提供一个有助于学习绘画和音乐的高品质环境；给孩子一些文字卡片，让孩子把动作和看到的文字配合起来学习文字；让孩子多参加一些社会活动，包括公益性活动，如捡垃圾、义卖捐助活动等，以培养社会责任感；使用蒙特梭利数学教具让孩子学习加减乘除法，这种方法学习的是数学的逻辑而不是简单的记忆；给孩子创造更多的机会观察大自然。

二、捕捉儿童的敏感期

孙瑞雪，我国著名的幼儿教育家与心理学专家；成功实践了科学教育法的本土化，取得了显著的教育效果；发展和延伸了蒙台梭利敏感期理论；其创作的社会科学专著《爱和自由》与科学教育专著《捕捉儿童敏感期》让万千家长了解了儿童成长的规律。她的观点改变了许多家长的育儿观，也改变了许多孩子的人生。

（一）敏感期的观点

孙瑞雪认为的敏感期，是指在 0～6 岁的成长过程中，儿童受内在生命力的驱使，在某个时间段内专心吸收环境中某一事物的特质，并不断重复实践的过程。顺利通过一个敏感期后，儿童的心智水平便从一个层面上升到另一个层面。敏感期得到充分发展的积极意义在于，儿童头脑清楚、思维开阔、安全感强，能深入理解事物的特性和本质。

儿童敏感期是有弹性的。儿童如果在 0～6 岁没有得到良好发展，在 7～12 岁时还会有弥补的机会，但前提是 7～12 岁的儿童必须有一个充满爱和自由的成长环境。但现实是，在学习压力下，这个年龄段的很多孩子得到的心理帮助和关怀非常少。这就不难理解为什么这个黄金般贵重的概念始终没有进入更多家长的视野。

（二）敏感期捕捉的基本观点

孙瑞雪和她的教育团队观察、记录并整理了 200 多个孩子（0～10 岁）敏感期的真实案例，所有案例的记录工作都得到了家长或老师的支持，由孙瑞雪做进一步分析，把一个一个敏感期立体化，通过一个个的小故事让家长更能游刃有余地处理生活中遇到的育儿问题。它就像一把打造了10年的金钥匙，引领家长了解儿童成长的规律，破解儿童内心的秘密。

通过大量案例分析，孙瑞雪对如何通过儿童的具体行为表现捕捉敏感期做了基本阐述。

1. 视觉敏感期的捕捉

孩子对明暗相间的地方感兴趣。

2. 口腔敏感期的捕捉

孩子用口感觉事物，不断练习使用牙齿、舌头。

3. 手敏感期的捕捉

孩子喜欢抓东西，用手探索环境、世界。

4. 走敏感期的捕捉

孩子从最初的要成年人拉着手走，到独立行走，到要上下坡、爬楼梯，到爱走不平的地方。上下坡是每个孩子都有的重要的走敏感期的组成部分，是走敏感期的典型表现。当孩子学会上下坡后，他就真正、完全地学会走路了。

5. 空间敏感期的捕捉

空间敏感期的主要表现有孩子喜欢探索空间，稍小一点儿的孩子喜欢爬、抓、移动物体等，稍大一点儿的孩子则喜欢爬高、旋转、扔东西等。刚进入空间敏感期的孩子发现这一物体和那一物体是分离的后，就喜欢把一些东西从高处扒拉到地上，然后寻找，再拿到高处，扒拉下来；发现一个空间里的东西能抖出来，外边的东西能塞进去后，再见到一个孔洞时就会把一个东西塞进去。接着孩子开始不断垒高、推倒，再垒高、再推倒，这是一种最典型的感知空间发展的能力，是对空间感受的过程，这个感受是孩子智能发展的关键所在。接着孩子会对一个狭小的空间非常感兴趣，如钻到大衣柜里、桌子下面玩耍。之后孩子对爬到某个高处开始有兴趣，常常会反复爬楼梯，实际上，这都是孩子运用身体对空间把握的一个过程。

6. 细小事物敏感期的捕捉

孩子对极小而精致的东西感兴趣。孩子对世界的认识一定是从微观开始的，并且外部世界在他们的眼里也是微观的。

7. 秩序敏感期的捕捉

孩子常常表现为急切需要并保护一个精确且有秩序的环境。对于处于秩序敏感期的孩子，家长应保护他们、理解他们、尊重他们，尽可能给他们提供有秩序的环境。

8. 模仿敏感期的捕捉

孩子最初的表现是模仿一个词或一应一答，也模仿动作；2岁时，不但模仿各种行为，而且开始模仿社会性行为，还可以把行为协调起来进行系列模仿。孩子选择性的模仿基本集中在对家长行为的模仿上，所以家长炒菜，他也炒菜；家长扫地，他也扫地。与此同时，孩子还会经常性地重复家长的语言、表情和某些特定行为。家长要允许孩子模仿，模仿没有错，并尽量放慢自己的动作，满足孩子模仿的需要，给孩子成长的空间，使孩子平稳度过这一时期。

9. 自我意识敏感期的捕捉

孩子的常见表现有咬人、打人，说“不”，强调“我”等。

10. 审美敏感期的捕捉

食物或用具必须完整，厕所要干净，苹果要光亮和大个，衣扣不能掉一个等是处于审美敏感期孩子的常见要求。完美的东西毕竟不多，孩子的这些要求容易让家长感到心烦。如果理解孩子细腻、追求完美的心，把孩子的要求当作关乎孩子成长、关乎品质形成的一次机会，尽可能用心去体会孩子的每一次不满，家长就能理解孩子，并用适当的方式帮助孩子。

思考与实践

1. 如何理解儿童发展的关键期？家长应如何有效把握关键期以促进儿童身心健康成长？

2. 维果茨基的最近发展区的内涵是什么？教育实践模式有哪些？在学前儿童家庭教育中如何运用最近发展区的理论？

3. 皮亚杰的建构主义的基本观点有哪些？以此为据，你如何理解学前儿童身心发展过程？请尝试举例说明。

4. 如何理解杜威“从做中学”的观点及其在学前儿童家庭教育中的应用？

5. 简述毕生发展心理学的基本观点，并尝试分析其对学前儿童家庭教育的启示。

6. “活教育”思想主要体现在哪几个方面？“活教育”思想对学前儿童家庭教育有何启示？

03

第三章 家庭教育代表性方法

学习任务

1. 理解正面管教的内涵及相关概念，掌握正面管教的方法。

2. 了解不同年龄段的情感引导观，理解情感引导的内涵、基本要素、关键步骤及注意事项。

3. 理解吼叫及其促发因素，掌握减少吼叫的日常策略。

4. 理解反思性养育的内涵与原则，能够合理地运用心智、镜像系统等脑科学知识指导学前儿童家庭教育实际。

情景导入

妈妈去洗漱间时，看到儿子浩浩的牙刷扔在台子上，便对他说："浩浩，你怎么又把牙刷放在外面了？我不是说过牙刷要放到牙缸里吗？"

浩浩正在摆弄自己的玩具，听到妈妈的话后心不在焉地答道："知道了。"

妈妈看见浩浩并不在意，便想加强一下"训导"的效果："浩浩，你过来一下。"

"干什么？"浩浩不情愿地放下玩具。

"把牙刷放进牙缸里。"

浩浩快速放好牙刷后，转身就走。

"以后要记住。"

"知道了。"

第二天，浩浩把牙刷放到了牙缸里，但妈妈并没有在意。

第三天，牙刷又出现在了台子上。

"喂，浩浩，你又忘记把牙刷放进去了。怎么搞的？"

"我以为你忘记了。"浩浩说道。

"为什么说我忘记了？"妈妈大惑不解。

"因为昨天我把牙刷放进去了，你什么都没有说呀！"

想让孩子做得更好，就得先要让他感觉更糟？错！孩子期待的是注意和表扬。让孩子在愉悦中学会好的行为比让他们在受责备的不快中学习好的行为容易得多。孩子做错事时，家长应该提醒和纠正他们；孩子改正错误后，家长应该给予足够的肯定，使他们对自己的正确行为有信心，并有足够的兴趣巩固其成果。

第一节 正面管教

一、正面管教的内涵

"正面管教是一种既不用严厉也不骄纵的方法……正面管教以相互尊重与合作为基础。正面管教把和善与坚定融为一体，并以此为基石，在孩子自我控制的基础上，培养孩子的各项人生能力。"

简·尼尔森认为归属感和价值感是所有人的首要目标，孩子尤其如此。在现实生活中，家长常常剥夺孩子以负责任的方式做出贡献来获得归属感和价值感的机会，却反过来埋怨孩子，嫌他们没有责任感。只有在和善而坚定、有尊严、受尊重的氛围中，有机会去学习具备良好品格所需的有价值的社会和人生技能时，孩子才能培养出责任感。

知识拓展

7 项重要的感知能力和技能

1. 对个人能力的感知力——“我能行。”

2. 对自己在重要关系中的价值的感知力——“我的贡献有价值，大家确实需要我。”

3. 对自己在生活中的力量或影响的感知力——“我能够影响发生在自己身上的事情。”

4. 内省力强：有能力理解个人的情绪，并能利用这种理解能力做到自律及自我控制。

5. 人际沟通能力强：善于与他人合作，并在沟通、协作、协商、分享、共情和倾听的基础上建立友谊。

6. 整体把握能力强：以有责任感、适应力、灵活性和正直的态度对待日常生活中的各种限制及行为后果。孩子不只生活于家庭，也生活于学校和社会。孩子能否顺利生活、幸福成长，能否拥有成功人生，在很大程度上取决于能否成功地适应学校和社会，也取决于能否将自己的观念与学校、社会相调试。

7. 判断能力强：运用智慧，根据正确的价值观来评估局面。

家长与孩子之间互动的主要方式有严厉、骄纵和正面管教 3 种，如图 3-1 所示。

严厉 （过度控制）	有规矩但没有自由，也没有选择，如“我要你怎么做，你就得怎么做”
骄纵 （没有限制）	有自由但没有规矩，有无限的选择，如“你想怎么做，就怎么做”
正面管教 （有权威的、和善与坚定并行）	有规矩有自由，有有限的选择，如“在尊重别人的前提下，你可以选择”

图 3-1　家长与孩子之间互动的 3 种主要方式

既不严厉也不骄纵，正面管教应遵循以下 4 个标准。

（1）和善与坚定并行。它体现了对孩子的尊重和鼓励，也是正面管教的基石。“和善”的重要性在于表达对孩子的尊重。“坚定”不是惩罚、说教或其他形式的控制，是家长尊重孩子、尊重自己、尊重当前情境的体现。和善与坚定并行，犹如呼吸。和善能消除因过于坚定而造成的问题，如反叛、抗拒、对自尊的挫伤；坚定则能消除因过于和善而造成的问题，如骄纵、操纵家长、被宠坏的小淘气。

（2）让孩子找到归属感和价值感。

（3）长期有效。惩罚短期有效，但有长期的负面效果，会让孩子采用四个“R”中的一个或全部来“回敬”家长。

- 愤恨（Resentment）——“这不公平！我不能相信大人！”
- 报复（Revenge）——“这回他们赢了，但我会扳回来的！”
- 反叛（Rebellion）——“我偏要对着干，以证明我不是必须按他们的要求去做。”
- 退缩（Retreat）——“我是个坏孩子。”

停止惩罚并不意味着让孩子为所欲为，家长需要给孩子机会，让孩子去体验与其享受到的特权直接相关的责任。否则，孩子会成为只会依赖和接受的人，认为得到归属感和价值感的唯一方法就是操纵别人为自己服务。当家长以更有效的方法帮助孩子培养健康的感知力和技能时，孩子的大多数行为问题也就消失了。

（4）能教给孩子具备良好品格所需要的有价值的社会技能和生活技能。家长需要花时间帮助孩子学会相互尊重和解决问题的技巧，教给他们有价值的社会技能和生活技能，培养孩子的良好品格，如尊重他人、关心他人、善于解决问题、敢于承担责任、乐于贡献、愿意合作等品质。

二、正面管教的相关概念

家长在知道怎么正面管教孩子前需要知道“为什么要这么做”。了解自尊、“赢得”孩子和阿尔弗雷德·阿德勒的基本概念等有助于家长理解孩子不良行为的产生原因及改变方式。

（一）自尊

家长能为孩子做的最有益的事情就是教孩子学会自我评价，而不是让他们依赖于别人的观点；家长应该教会孩子把犯错误当成学习的好时机；经历失败会让孩子在问题出现时学会独立解决；让孩子学会适应将使他们受益无穷，能使他们知道如何对待人生中的跌宕起伏；提供大量机会让孩子在家里、学校和社区做出有意义的贡献，可以让孩子受益良多；归属感和自我价值感是关键。简·尼尔森提出以上观点旨在帮助孩子建立强烈的自尊。

（二）“赢得”孩子

家长“赢了”孩子会使孩子成为失败者，频繁失败的经历会让孩子变得反叛或盲目顺从。“赢得”孩子则意味着家长获得孩子心甘情愿的合作。而友善、关心和尊重是“赢得”孩子的根本。“赢得”孩子包括以下 4 个步骤。

- 家长要表达出对孩子感受的理解。家长一定要向孩子核实自己的理解是对的。
- 家长要表达出对孩子的同情，而非宽恕。同情只意味着家长理解孩子的感受，并不表示认同或宽恕孩子的行为。家长如果告诉孩子，自己也有过类似的感受或行为，效果会更好。
- 家长要告诉孩子自己的感受。如果家长真诚、友善地开展了前 2 个步骤，孩子一般就会愿意倾听家长的表达。
- 家长要让孩子关注于解决问题。家长可以询问孩子对于避免将来再出现这类问题有什么想法。如果孩子没有想法，家长可以提一些建议，直到和孩子达成共识。

情景案例

孩子放学回到家，和妈妈抱怨老师在全班面前朝他吼叫。

妈妈平和地说：“我敢肯定老师当着他人的面吼你，你觉得非常丢脸。”（表达出对孩子感受的理解）孩子抬起头，看着妈妈。妈妈接着说：“我记得我上学时，有一次在课堂上站起来说话，老师就当着全班同学的面吼了我。我觉得又丢脸又生气。”（表达出对孩子的同情而非宽恕，并告诉孩子自己也有类似的经历）

“真的？”孩子感兴趣地说，“我不过是向别人借支铅笔。我当然认为老师为这么点儿小事吼我很不公平。”妈妈：“嗯，我很理解你。你能不能想一个办法，免得以后自己再这么难堪？”（让孩子关注于解决问题，告诉孩子自己的感受在这里没有必要）

孩子答道：“我想我可以多准备几支铅笔，这样就不用找别人借了。”

妈妈说：“这听起来好像是个好主意！”

（三）阿尔弗雷德·阿德勒的基本概念

阿尔弗雷德·阿德勒曾追随弗洛伊德探讨神经症问题，但也是精神分析学派内部第一个反对弗洛伊德的心理学体系的心理学家。他认为人的行为是由社会力量决定的；人天生就是一种社会存在物，在社会生活中，进行交往，相互依赖、合作。阿尔弗雷德·阿德勒的学说以“自卑感”与“创造性自我”为中心，并强调“社会意识”。

1. 孩子是社会人

人的行为取决于所处的社会环境。孩子对自己的看法及如何行事，是以他们怎样看待自己与他人的关系，以及他们认为别人怎样看待他们为基础的。孩子随时随地都在做决定，并逐渐形成对自己、对世界及对应该做什么才能求存或成长的信念。当把不良行为看作孩子的“求存模式”时，家长对不良行为的看法是否就不一样了呢?

2. 行为以目的为导向

行为是以在一定的社会环境中想要达到一定的目的为基础的。首要的目的就是归属。孩子的不良行为通常建立在对怎样获得归属感和价值感的错误想法之上。简单来说，不良行为的背后是一个仅仅想要有所归属但不知道该怎样以一种恰当、有效的方式来达到这一目标的孩子。鲁道夫·德雷克斯①认为，孩子的察觉能力很强，但解释能力很差。孩子对想要达到的目的并没有清醒的意识。有时，他们对于如何达到自己的目的的想法是错误的，并且其行为方式所达到的效果往往与其目的背道而驰。比如他们想获得归属感，但为达到这一目的所做的努力惹人讨厌。越是惹人讨厌，他们就越急迫，也就越发惹人讨厌，形成恶性循环。

3. 孩子的首要目的是追求归属感和价值感

人们所有行为的目的都是在一定的社会环境中追求归属感和价值感。孩子的不良行为就建立在对怎样获得归属感和价值感的错误想法之上。

4. 一个行为不当的孩子是一个丧失信心的孩子

一个行为不当的孩子在试图告诉身边人：他感受不到归属感和价值感，而且对如何得到它们抱有错误的想法。当一个孩子的行为惹人讨厌时，其背后的真实含义和信息是“我只是想有所归属”。理解这一概念是家长有效帮助行为不当孩子的第一步。

5. 社会责任感或集体感

一个人如果不学习如何成为对社会有用的一员，那么学习知识又有什么用呢？鲁道夫·德雷克斯认为，家长不应替孩子做任何孩子自己能做的事。家长培养孩子社会责任感的第一步是教导孩子依靠自己。这样可以让他们为帮助他人做好准备，并在帮助他人时感到自己特别能干。分担任务会增强孩子的归属感，家长要教给他们人生技能，并让他们体会到社会责任感。

6. 平等

阿尔弗雷德·阿德勒认为，所有的人对“尊严”和“尊重”有平等的要求。这也是正面管教摒弃羞辱的原因之一。

7. 犯错误是学习的好时机

世界上没有完美的人，可是很多人总是用“完美”要求自己和他人，包括孩子。试着回想下我们小时候犯错误时，从家长那儿得到的信息是什么？家长就孩子的错误传达负面信息时，常常

---

① 鲁道夫·德雷克斯是著名儿童心理学家、精神病医生和教育家，现代实践派儿童心理学奠基人。他开创性地将阿尔弗雷德·阿德勒的精神分析法和个体心理学发展为一系列实践方法，直接影响了正面管教等方法的提出，在西方教育界具有深刻而广泛的影响。

是出于好意，试图激励孩子“为了自己好”而做得更好些。家长往往会以对孩子进行更多的控制来掩饰自己的担心。家长要学会也要教孩子学会把犯错误看作一个学习的机会。孩子的很多错误是因为家长没有花时间训练并鼓励他们。家长要做勇于接受“不完美”的榜样，让孩子从家长身上看到犯错误确实是学习的好时机。家长把犯错误看作学习的好时机而不是什么坏事时，为自己的错误承担责任就变得容易多了。

8. 要确保把爱的信息传递给孩子

当家长改变自己的行为时，孩子的行为也会随之改变。家长把爱的信息传递给孩子，不但能够取得积极的效果，而且会让孩子体验到更多的快乐。

三、重新看待不良行为

孩子不良行为的背后有其错误观念和错误行为目的，但孩子意识不到，那是隐藏的“密码”。家长识别出这些不良行为背后的错误观念和错误行为目的后，才能有效地帮助孩子改变不良行为。惹人讨厌的孩子往往是需要爱的孩子。

（一）不良行为的含义

不良行为往往是缺乏知识或意识的行为、缺乏有效技能的行为，以及因失望而产生的行为。不良行为发生时，情绪起主导作用，孩子的唯一选择是与家长进行权力争夺或退却，而没有办法进行沟通。通常，孩子做出的只是“与其年龄相称”的行为，而非不良行为。例如，蹒跚学步的孩子因“淘气”而受到惩罚，而该年龄段孩子的大脑还没有发育到能领会成年人要求的程度，他们的语言或社会技能还不能让他们表达出自己想要什么，尤其是当他们的要求对身边的成年人来说似乎是不合情理、不适时宜的时候。孩子不良行为背后的错误观念和错误行为目的可以分为以下 4 种。

- 寻求过度关注。其背后的错误观念是“只有在得到你的关注时，我才有归属感”。
- 寻求权力。其背后的错误观念是“当我说了算或至少不能由你对我发号施令时，我才有归属感”。
- 寻求报复。其背后的错误观念是“我得不到归属感，但我至少能让你同样受到伤害”。
- 自暴自弃。其背后的错误观念是“我不可能有所归属的，我放弃”。

由于孩子常常意识不到自己的错误观念和错误行为目的，因此家长理解孩子非常重要。一个行为不当的孩子多半是一个丧失了信心的孩子。这种信心丧失源自失望，以及没有归属感、价值感。这种信心是以事实为依据还是以孩子的感受为依据并不重要。孩子的行为通常是以自己认为真实的东西为基础，而不是以事实为基础。

（二）识别不良行为背后的真实需要的线索

线索能帮助家长“解码”，让家长知道孩子的行为真正想要表达的是什么。

第一条线索是家长对孩子的情感反应。家长如果用愤怒和沮丧来掩盖自己的感受，而不是去理解孩子的感受，很可能会陷入报复循环。家长应该问问自己：“我愤怒和沮丧的背后是什么？我觉得我受到伤害了？”

第二条线索是孩子被要求停止某种行为时的反应。孩子不良行为的背后如果是寻求过度关注，那么孩子会停止该行为一段时间，但不久后就开始重复原来的行为或做能引起家长关注的其他行为；如果是寻求权力，那么孩子会继续做不良行为，并且可能对家长的要求进行言语顶撞或消极抵抗，这会升级为家长和孩子之间的权力之争；如果是寻求报复，那么孩子会以一些破坏性的行为或伤害家长的言语来反击家长，这常会升级为家长和孩子之间的报复循环；如果是自暴自弃，那么孩子往往很消极，希望家长快点放弃努力，别再打扰自己。

（三）改变孩子不良行为的有效鼓励方式

鼓励会消除孩子对不良行为的需要。对于某个行为问题从来不会只有一种解决办法。许多问题在家庭会议上会得到最好的解决，因为孩子在学习解决问题的过程中会逐渐产生归属感和价值感。家长与孩子退出权力之争，以相互尊重和理解的态度开始解决问题，倘若家长表示能理解孩子受伤的感觉，孩子通常就更愿意遵守自己参与制定的解决方案。

1. 对于孩子寻求过度关注的有效鼓励方式

每个人都需要被关注，但过度关注并不是对孩子的鼓励。家长对于这种错误目的的有效鼓励方式有：培养孩子的建设性行为，如在家里给孩子安排一项对家长有帮助的任务；设定特别时光的时间表，定期陪伴孩子；用会意的笑让孩子明白家长不会被纠缠于此，然后说“我期待着今晚的特别时光”；约定一些无言的信号，如用手捂住耳朵表示等孩子不哼唧了，自己就会听他说话；给孩子些许安慰，表达自己对他的信任，如“我爱你，我知道你会自己处理好的”；在大家都愉快时，不要约束孩子的行为，要以关切的方式把手放在孩子的肩膀上继续和他对话；花时间训练孩子，用角色扮演向孩子演示其他行为方式，如用语言表达意图，而不是哼哼唧唧；闭上嘴，采取行动，如停止哄劝，拉住孩子的手并把他带到洗漱间刷牙；向孩子表达爱和关怀。

2. 对于孩子寻求权力的有效鼓励方式

权力不是什么坏东西，家长可以引导孩子建设性地使用权力。家长对于这种错误目的的有效鼓励方式有：和孩子从权力之争中退出来，让双方都有冷静时间，承认自己不能强迫孩子做任何事情，并请孩子帮自己一起找到对彼此都有用的解决方案；引导孩子建设性地使用他们的权力；让孩子参与解决问题；决定自己要做什么，而不是试图让孩子做什么，如“妈妈会洗放在洗衣篮里的衣服，但不会洗扔在地上的衣服”；保证自己的行为和善而坚定；让孩子参与建立日常惯例表，然后让惯例说了算；给孩子提供有限制的选择；让孩子把他们的问题放到家庭会议上；说出自己的爱和关怀。

3. 对于孩子寻求报复的有效鼓励方式

孩子会以寻求报复（这会使他们有一种控制感）的方式来掩盖自己受到的伤害。家长对于这种错误目的的有效鼓励方式有：不要还击，要从报复循环中退出来；保持友善、平和的态度，等待孩子冷静下来；猜测孩子因为什么受了伤害，要表达出同情，表达出对孩子受到伤害的感觉的理解；坦诚地告诉孩子自己的感受：“我对于……觉得……，因为……，我希望……”；使用反射式倾听和启发式提问的方式将自己听到的内容反射回去以走进孩子的内心世界，并引导孩子说出更多的感受和事实，如“你看起来很伤心，你能多告诉我一些吗？”“后来发生了什么？”“这件事带给你的感受是什么？”

对于已经给孩子造成的伤害，家长可以按照承认、和好、解决、“赢得”孩子这 4 个步骤让孩子和自己一对一地讨论解决问题的办法。

4. 对于孩子自暴自弃的有效鼓励方式

孩子不是能力不足，但在放弃这种错误观念前，会继续表现得无能为力。家长对于这种错误目的的有效鼓励方式有：花时间训练孩子，把事情细分成能让孩子体验到成功的足够简单的基本步骤；向孩子演示他能够照着做的小步骤，如“我画这一半圆，你画另一半圆”；安排一些小的成功，如找出孩子做得到的任何事情，给他们提供机会显示技能；肯定孩子的任何积极努力，不论多么微小；放弃对孩子的完美主义的期待；关注孩子的优点；用语言表达关怀等。

知识拓展

目的揭示法

该方法可以帮助孩子意识到自己的错误观念和错误行为目的，过程客观而友善。如果孩子说自己不知道原因，家长就可以用“是不是……”的句式问问题。

“你之所以在家里四处走动，是不是想得到关注，并且让我为你忙活？”（寻求过度关注）

“你之所以在家里四处走动，是不是想向我显示你想怎么做就怎么做？”（寻求权力）

“你之所以在家里四处走动，是不是因为觉得受到了伤害，并且想跟我或者别人扯平？”（寻求报复）

“你之所以在家里四处走动，是不是因为觉得自己不可能做到，所以你根本试都不想试？”（自暴自弃）

孩子的两种反应会让家长知道自己猜对了：一种是微笑、点头等认同反应；另一种是简单地回答“是”。

如果孩子的目的是寻求过度关注，家长要向他解释每个人都想得到关注，并引导孩子以建设性的方式寻求关注。家长可以这么对孩子说：“你能帮我想一些办法，并且是对别人也有帮助的办法吗？”

如果孩子的目的是寻求权力，家长要承认自己没有办法强迫孩子改变行为，并请孩子为自己设计一个互相尊重与合作的方案。家长可以这么对孩子说：“你是对的，我强迫不了你。我们怎样才能以相互尊重的方式来使用各自的权力解决这一问题呢？”请求帮助能引导双方由权力之争转向用权力做贡献。

如果孩子的目的是寻求报复，家长可以表现出对孩子的关心和对自己行为的歉意。家长可以这么对孩子说：“对不起，我没意识到我伤害了你。你能原谅我吗？”家长要充满关切地倾听孩子，而不要评判孩子。

如果孩子的目的是自暴自弃，家长要安慰孩子并告诉他能理解他的感受，因为自己也有灰心丧气的时候。此外，家长要让孩子重新树立信心，并制订一个能确保孩子获得成功的分步骤小计划。家长可以这么对孩子说：“我知道你不相信你能行，但我知道你能行；而且我愿意尽我一切所能帮助你成功。”

四、正面管教的方法

（一）逻辑后果及其应用

逻辑后果只有在运用得当、正确的情况下，才能让孩子从中学到有益的东西，培养出责任感。

1. 逻辑后果

不同于自然后果，逻辑后果要求一个成年人或其他孩子在家庭会议或班级会议上介入。

情景案例

航航写作业时喜欢在书桌上敲铅笔，这会干扰到妹妹学习。妈妈来到航航身边问："航航，你是选择停止敲铅笔专心写作业，还是交出铅笔停止写作业？"航航选择了前者。让孩子自己选择停止不良行为是一个好办法，妈妈也可以只是简单地要求航航停止敲铅笔或和航航一起想个解决的办法。

逻辑后果的内容可以用相关、尊重、合理和预先告知来概括。"相关"是指后果必须是与行为相关的。"尊重"是指后果一定不能包括责难、羞辱或痛苦，并且应该和善而坚定地执行，同时对所有相关人员都是尊重的。"合理"是指后果一定不能包括借题发挥，并且从孩子和成年人的角度来看都是合理的。"预先告知"就是预先让孩子知道，如果他选择了某种行为将会有什么结果出现或成年人将会做什么。当一个孩子在书桌上涂写时，成年人很容易断定其相关的后果应该是让孩子擦洗这个书桌。如果教师不尊重孩子，在要求孩子擦洗书桌时对孩子进行了羞辱，那么教师的行为就不属于逻辑后果范畴，而是借题发挥，羞辱孩子。如果教师不合理地要求孩子擦洗教室里所有的桌子，以确保孩子吸取教训，那么教师的要求也不属于逻辑后果范畴，而是人们常误认为的孩子只有吃到苦头才能学到东西的观念。如果没有预先告知，让孩子擦洗被涂写的书桌这一合理后果，也会被孩子误认为是惩罚。

2. 逻辑后果的指导原则

（1）转移孩子的行为

当一个逻辑后果能将孩子的行为转向一个有用的（有贡献的）行为时，它就是有效的逻辑后果。例如"为了让孩子做得更好，就得先要让他们感觉更糟"是一个错误的观念。事实上，孩子在感觉更好时，才会做得更好。把孩子的不良行为转变为有用的行为，对于鼓励孩子停止或减少不良行为通常很有效。

（2）考虑行为的错误目的

使用逻辑后果的另一个重要指导原则是考虑到行为的错误目的。不论孩子的错误行为目的是什么，逻辑后果都有可能完全不合适。要有效地使用逻辑后果，就要理解孩子的行为及其长期效果。

使用逻辑后果的另一个指导原则是让孩子知道与权利相伴的是责任。缺乏责任等同于丧失权利。

知识拓展

自然后果

自然后果是指自然而然地发生的任何事情，其中没有成年人的干预，如不吃东西就会饿。成年人不能借题发挥，而应当对孩子正在经历的事情表达同情和理解，如"我敢肯定你饿得很难受。"使用自然后果通常能帮助孩子培养责任感。以下 4 种情况不宜使用自然后果。

1. 当孩子处于危险中的时候。例如，家长不能让孩子体验在大街上随意奔跑的自然后果。

2. 当正确行为的习得需要花时间训练时。例如，家长不能通过让孩子在大街上受伤的方式培养孩子的安全意识。

3. 当自然后果会影响到其他人的权利时。例如，家长不能让孩子体验朝别人扔石头的自然后果。

4. 当行为的结果在孩子看来不是什么问题时。例如，不洗澡、不刷牙、不做作业、吃一些垃圾食品等，在孩子看来都不是什么问题。

（二）关注于解决问题

传统管教方式关注的是教给孩子不要做什么或者按照别人的说法去做，正面管教关注的是教给孩子要做什么，关注于解决问题。关注于解决问题的主旨是找到问题的本质及其解决办法。孩子是整个过程的积极参与者，而不是被动接受者。关注于解决问题的方法包括相关、尊重、合理和有帮助。

很多行为难题是可以改变的，关键是成年人首先要改变自己。专注于解决问题时，孩子就能学到如何与他人相处，并且能拥有面对下一个挑战的能力。他们在下一次也不总是能处理得好，但会从中学习。相比关注于惩罚，甚至关注于逻辑后果，关注于解决问题会营造出一种非常不同的家庭氛围。家长和孩子的思维方式、行为方式也会因此而改变。

情景案例

在一次家庭会议上，妈妈让孩子们做头脑风暴，就那个因为没听见闹钟铃声而上学迟到的孩子讨论逻辑后果。孩子们列出了以下后果清单：让他抄写自己的名字；去墙角罚站；取消当天看电视的时间；向他吼叫等。接着，妈妈要求大家忘掉逻辑后果，就如何帮助迟到的孩子以后能够准时上学这一问题展开头脑风暴。孩子们列出了以下方案清单：可以把闹钟放在枕头旁边；把闹钟铃声调得更大一些；选一个家人提醒他起床等。两个清单的差别非常大。第一个清单不论看上去还是听上去都更像惩罚，关注的是过去，以及让迟到的孩子为自己的错误付出代价，即用来伤人。第二个清单更像解决问题的方案，关注的是帮助这个孩子在将来做得更好；其焦点在于把错误当成学习的机会，即用来帮人。

1. 积极的“暂停”

发生冲突时，人们通常选择“战”（权力争夺）或“逃”（放弃努力，拒绝沟通）。此时，积极的“暂停”可以让双方感觉更好，并在亲密和信任的基础上解决问题。家长运用积极的“暂停”时应遵循以下 4 项指导原则。

（1）花时间训练

家长在使用积极的“暂停”前，要和孩子谈谈它的好处，告诉孩子“冷静期”的价值，以及在解决冲突之前要等待每个人的感觉都好起来的重要性。

（2）让孩子自己布置“暂停”区

这是一个有助于孩子心情好转，以便他们做得更好的小空间。家长要向孩子解释积极的“暂停”的目的不是要惩罚孩子，也不是给孩子造成痛苦。家长要和孩子一起进行头脑风暴，提出一些在积极的“暂停”时能帮助他们心情好转的活动，如读书、玩玩具、休息、听音乐。家长要注意“……会不会好些？”这种问法。通常，家长给孩子提供两种选择是对他们的极大尊重，如“你觉得现在怎样才能对你更有帮助？是去‘冷静角’，还是把问题放到家庭会议的议程上？”。

（3）事先和孩子商量好一个计划

当孩子行为不当时，家长可以说：“你现在去你的‘快乐角’能不能让你感觉好些？”如果孩子因为过于生气而说“不”，家长就可以说：“你愿意我陪你去吗？”这么做的目的是让孩子感觉好起来。孩子感觉好起来后，才能做得更好。如果孩子还是说“不”，家长可以说：“好吧，那我自己去你的‘快乐角’。”这样就给孩子做出榜样，表明“暂停”并不是坏事。

（4）解决问题或做出弥补

孩子感觉好起来后，如果问题仍然存在，家长就要引导孩子尽快找到解决问题的方案或做出弥补。

家里可以设置“积极的暂停凳”。家长要告诉孩子当他们需要冷静时，任何时候都可以去坐这个凳子。

2. 启发式问题

启发式问题旨在帮助孩子探讨他们的选择会带来什么后果，这与把后果强加给孩子有极大的不同。家长与孩子一起探讨要求孩子参与进来，自己把事情想清楚，并且确定对他们重要的是什么及他们想要什么，其最终结果是专注于解决问题的方案，而不是后果。家长把后果强加给孩子，往往会导致孩子的反叛和戒备心理，并不能引发探索式的思考。家长提问时要走进孩子的内心世界。恰当地使用启发式问题应遵循以下 3 个原则。

（1）不要预设答案。家长如果对孩子应该如何回答这些问题预设了答案，就无法走进孩子的内心世界。

（2）家长和孩子都处于平静状态。

（3）家长问的启发式问题要发自内心。家长要知道该如何走进孩子的内心世界，并且对孩子表达出同情和接纳。

典型的启发式问题包括但不限于：“你当时想完成什么？”“你对发生的事情有什么感觉？”“你认为是什么原因导致了那样的事情？”“你从这件事情中学到了什么？”“你怎样才能把这次学到的东西用于将来呢？”“你现在对解决这一问题有什么想法吗？”。

（三）有效地运用鼓励

孩子需要鼓励，正如植物需要水。鼓励，是给孩子提供机会，让他们培养“我有能力”“我能贡献”“我能影响发生在我身上的事情”“我知道我该怎么回应”的感知力；鼓励，是教给孩子在日常生活和人际关系中所必需的人生技能和社会责任感，可以是一个帮助孩子感觉好起来从而做得更好的拥抱。但是，要对一个正在做出不良行为的孩子进行鼓励却不是一件容易的事，况且许多家长不知道什么是鼓励。家长如果学会了理解“不当行为的密码”，就能对孩子做出更多的鼓励。

1. 时机

有时候，只有在一段冷静期之后，鼓励才能被人接受。认识到冷静期的重要性会增加成功的机会。冲突发生时，家长和孩子可能都会感到很愤怒，而不能给予或接受鼓励。这时需要积极的“暂停”。

想退出冲突时，家长可以这样说：“我想我们两个人现在心情都很糟，无法讨论这个问题，但我愿意在你我都冷静下来后，接着讨论。”

2. 相互尊重

相互尊重通常包含对自己和他人能力的信任、对别人观点和自己观点的兴趣，以及承担起对问题应负责任的意愿 3 种态度。家长将这 3 种态度教给孩子的最好方法是以身作则。家长要让孩子为了改善而努力，而不必期待完美。完美是一种极不现实的期待，追求完美的人常常会陷入深深的沮丧。

（1）负面的惩罚会激起反叛

当家长使用相互尊重、解决问题、鼓励及关注于解决问题的方案时，孩子就会得到归属感，并且发展出负责任的行为。

（2）将不良行为转向积极的方面

关注积极面，对自己和他人都是有利的。成年人要从每个孩子的行为中寻找优点。对于总把其他孩子积木打翻的孩子，幼儿园教师可以让他当“小老师”，负责教其他孩子在玩积木时如何与同伴合作，以及在游戏时间结束时帮助其他孩子把积木收起来。

3. 做出弥补

这与将不良行为转向积极方面非常接近，但旨在让孩子更多地参与问题的解决过程。当孩子做出一些不负责任或者不尊重他人的行为时，家长要给他们一个机会做些能让被他们冒犯的人感觉好起来的事情，以此作为弥补。

做出弥补是一种鼓励，因为它会让孩子产生社会责任感。孩子在帮助别人时，会对自己感觉更好。以非惩罚性的方式让孩子做出弥补是一种鼓励，因为孩子得到了一个从错误中学习并改正所造成的任何后果的机会，从而知道了他们能够为自己的行为承担责任，而不必担心受到责难、羞辱和痛苦。

当孩子受到鼓励做出弥补时，他们并没有“逃脱”不良行为的责任。他们是在不伤尊严的情况下学习对自己的行为负责。例如，孩子在门上乱画时被爸爸看见，爸爸通过让他帮忙清洗门来做出弥补，不仅可以让孩子对其工作感到很自豪，还能防止孩子做出其他破坏性行为。

知识拓展

父母性格对孩子性格的影响

正如孩子有自己意识不到的错误行为目的一样，父母也有自己意识不到的错误行为目的——生活态度取向。这是父母从自己孩提时期的大量潜意识的决定中积累起来的，决定了父母的性格，并且直接影响父母对孩子的态度和孩子的性格。阿尔弗雷德·阿德勒认为一个人的想法没有意义，除了赋予它的意义之外。实际上，成年人既会形成一种基本生活态度取向，也会形成一种次级生活态度取向。生活态度取向有安逸型、控制型、取悦型和力争优秀型4种类型。

（1）安逸型。优点是父母能给孩子树立一个榜样，让孩子看到随和、圆熟、行为可预测的好处，从而学会享受简单生活的快乐，并能“及时行乐”。不足在于父母可能会对孩子过于宽容，常选择自由放任、骄纵的育儿方式，容易使孩子成为“被惯坏的小淘气鬼”。改进建议：父母要让孩子在家庭会议上参与制定限制、建立日常管理表、设立目标并且一起解决问题。

（2）控制型。优点是父母能教给孩子组织能力、领导能力、坚韧、果断及对规则和法律的尊重。不足在于父母的一些做法会招致孩子的反叛或抗拒，不能很好地鼓励孩子学习父母想教给他们的技能。改进建议：父母要通过努力认识到自己对过度控制的需要，并且学会放手，给孩子提供选择、问启发式问题及让孩子更多地参与做出决策的技巧。

（3）取悦型。优点是父母能帮助孩子学会友善、体谅，培养的孩子善于妥协并且经常会自愿地帮助别人，会保护弱者。不足在于孩子会过于艰辛地讨好下一代和配偶而给自己造成负担，并且得不到相应的回报时可能会怨恨或沮丧；被孩子讨好的人可能也会产生怨恨，因为他们被期待对对方做的事情心怀感激，并且做出相应的回报。改进建议：父母不再只是关注别人的需要，并且能照顾到自己的需要；相信孩子有能力让自己快乐，并教给孩子真诚地表达自己的情绪及共同解决问题的技巧。

（4）力争优秀型。优点是父母非常善于为孩子树立成功的榜样；往往能识别出并鼓励优良品质，似乎有一套“激励卓越”的诀窍。不足在于父母太注重结果，完全忽略了过程中的喜悦，会让孩子觉得自己没能力达到父母的高期望。改进建议：父母尽量抛开自己对凡事都要“正确”并“最好”的要求，尝试走进孩子的内心世界去发现什么对孩子更重要，记住做事情的“正确”方法不止一种，并且确保将对孩子无条件的爱传达给孩子；还应该学会把犯错误看作学习的大好时机，并给孩子做出榜样；学会倾听并接受孩子对于如何解决问题的想法。

第二节 情感引导式教育

情景导入

如果你是妈妈，你会怎么做

孩子们正在家里来回奔跑，密集的脚步声和尖锐刺耳的叫声让正在忙碌的妈妈不胜其烦。

控制型妈妈会走向孩子，大声吼道：“都给我停下！我快被你们逼疯了！不许再跑了，都安静下来！你们如果再继续喊，就没有点心吃！”

放任型妈妈会唉声叹气、无奈摇头，任由噪声持续下去。

控制型妈妈关注孩子的行为，只能暂时控制住孩子的行为，放任型妈妈多是“无为而治”，认为孩子体力消耗完，自然就不再吵闹。她们都可能导致孩子无法以恰当的方式表达情感和与人沟通，从而无法建立起与父母的亲密关系，也无法得到归属感和安全感。如果父母对孩子进行情感引导式教育，这种棘手的状况多半会变成一个增进亲子关系的绝佳机会。

一、情感引导的内涵

情感引导是一种充满关爱的人性化的教育方法，更符合逻辑和人性。情感引导就是让孩子从出生之日起就懂得自身情感的重要意义，能够识别和利用不同的情绪，并能进一步认识和管理自己的情绪变化。情感引导能让孩子懂得对自己负责，这会让孩子一生受益。

（一）情感引导的核心

情感引导是向孩子传授情感规则，让他们知道如何辨认情感，并以恰当的方式来表达。

情感引导就是一个了解的过程。家长要会换位思考，给予孩子支持；试着理解并重视孩子的小世界；懂得共情、尊重；包容年幼的孩子，聆听孩子的心声；尊重孩子的愿望。

情感引导允许和鼓励孩子自由地表达意见，而不受任何压抑和否定。家长通过和孩子共同分担责任的方式建立一种“分享权利”的平等关系，以此调动孩子的内在能动性，让孩子学会自己解决问题，并学会与他人建立良好、亲密的关系。其核心是由家长帮助孩子认识情感、人际关系、社会行为和他们所生活的世界。

（二）情感引导的基本要素

情感引导的本质就是允许孩子自由、轻松地表达情感。为了促进与孩子的良性沟通，家长应当了解并尊重孩子。每个孩子都有自己的个性和脾气，情感引导也要因人而异。其基本要点有以下内容。

（1）家长要了解孩子的发育阶段，避免设定不切实际或不适当的目标。

（2）家长要密切注意孩子想要表达的情感，并把最难管教的时刻看作了解他们的好机会。

（3）家长要对孩子的各种情感表现出同情和支持。

（4）家长要通过和孩子共同分担责任的方式建立一种“分享权利”的平等关系，同时也要设定界限。

（5）家长要调动孩子的内在能动性，而非依靠外部奖励纠正行为。

（6）家长要为孩子树立三思而后行的典范。

（7）家长要避免否定、怀疑或轻视孩子的情感。

（8）家长要通过聆听孩子的心声并加以复述来丰富孩子的情感词汇量。

（9）家长要提前让孩子知道可以让他们实现更好的合作的方法。

二、情感引导的目的及重要性

（一）情感引导的目的

情感引导的目的是给予孩子选择的机会。家长既要保持同情之心，也要规定限度；既要努力获得培养孩子的关键密码，培养出一个快乐、友善、坚强、合作、自立、有责任感且善于调节自己情绪的孩子，也要和孩子建立起一生的亲密关系。

（二）情感引导的重要性

情感引导可以奠定家长与孩子一生的亲密关系，其重要性体现在以下 4 个方面。

（1）它可以帮助孩子学会认识、表达和调节自己的情感需要，以及提高语言表达能力。

（2）它可以促进家长和孩子之间的沟通，加深亲子感情。

（3）它可以为孩子打造一件“盔甲”——让他们能够更快地从消极的情绪和经历中恢复过来；学会忍耐，知道快乐来之不易，提高控制冲动行为的能力；更专心、轻松地对待学习。

（4）它可以帮助孩子认识到沟通、尊重和交流对于增进感情的重要性。

情景案例

一天，4 岁的一一在公园和几个孩子一起玩，他们不停地推着玩具绕圈跑，玩得不亦乐乎。这时，一个蹒跚学步的小女孩闯入了他们的游戏区域，两个男孩子居然把他们的玩具直接从她的脚上压了过去。小女孩一时间呆住了，在惊吓中大声地哭了起来，两个男孩子却一副若无其事的样子。小女孩的妈妈闻声赶来。这时，一一走到这位妈妈面前对她说：“我为我的朋友没有停下来避开她感到很抱歉，对不起！”稍后，小女孩的妈妈走过来对一一的妈妈说：“我从来没遇见过一个孩子像他这样为他人着想。你的儿子刚才替他的朋友向我道歉，我想谢谢你教育出这样一个好孩子，他真让我刮目相看。”

三、情感引导的关键步骤及注意事项

在情感引导下长大的孩子会待人如待己。当他们看到某个小朋友把牛奶弄洒了或者把玩具弄坏了时，他们就会感同身受。

（一）情感引导的关键步骤

1. 播下种子

孩子如果事先知道要求是怎样的，就更有可能合作。因此，家长有必要提前让孩子知道，在特定的情况下会发生什么事情，以及家长对他们的要求是什么。例如，妈妈打算晚上带孩子出去吃饭，早上就应该告诉孩子："今天晚上妈妈要带你去饭店吃饭，你明白我们要去做什么吗？我们要和妈妈的朋友坐在餐桌前吃东西，所以你不可以大喊大叫，也不能乱跑哦！"简单的解释可以让孩子为接下来的活动做好准备，知道在饭店里什么事情可以做，什么事情不能做。家长要尽可能地让孩子也觉得舒服，必要时包容他们的请求，最重要的是播下合作的种子。

2. 观察和判断

观察和判断的本质是关注。家长需要关注孩子的行为——观察他们在什么情况下最容易烦躁、吵闹或者沮丧，孩子的个性是怎样的，什么样的事情最让他们不满。当然，这些诱因会随着孩子的长大而改变。会让 2 岁的孩子烦恼的事情一般不会困扰到 4 岁的孩子，因为孩子已经具备更成熟的应对能力和更强的忍耐力。

如果知道某个玩具会让孩子遇到困难，家长一定要陪他们一起玩。其间，家长要观察孩子如何想方设法地处理困难，可以在孩子需要时提供帮助；不要直接告诉孩子答案或者代劳，要引导孩子掌握方法。家长可以示范怎么做，但一定要给孩子自己动手的机会。

观察的目的还在于了解孩子的需要。例如，孩子是不是饿了、渴了、累了、热了、冷了或是过度兴奋了？不良行为常常是孩子表达这些需求的手段。一旦被满足，他们很快就会恢复正常。

3. 聆听

聆听似乎是一件很容易的事情，没有人质疑它的重要性。许多家长声称在聆听，实际上并没有真正注意孩子在说些什么。如果家长愿意尽最大努力去认真倾听和理解孩子的想法，孩子其实会非常耐心地讲给家长听。倘若家长没有聚精会神地当个好听众，孩子一定会提醒家长要注意倾听。

情景案例

儿子（正在读书）："妈妈，你能来看看这个吗？这个不是国王，他应该是个王子。"
妈妈（在忙）："对，是个国王。"
儿子："哦，你根本没在听。"
妈妈："我就在你身边，我在听，宝贝。"
儿子："我知道你在这里，但我觉得你没有认真听我说话。"

聆听的能力对于情感引导至关重要。"先听后说"，家长听年幼的孩子说话时需要蹲下来和孩子的视线齐平，以便能直接地和孩子进行眼神的交流，也会让孩子知道家长确实在专心致志地听他们说话。此外，良好的聆听不仅包括注意孩子所说的话，而且包括观察他们的肢体语言。

4. 体察并理解孩子的感受

孩子遇到让他们情绪激动的状况或者表现不好时，最需要家长去接受并回应他们的感受。尽管分辨孩子是否在借用不良行为发泄情绪有点儿困难，家长或许正在因为孩子的不合作而闹情绪，但无论在何种情况下，家长作为情感引导者都要帮助孩子认识自己的感受。当孩子因为有人对他恶言相向而哭鼻子时，家长的处理方式有两种：一种是不把孩子的感受当作一回事，立即试图说服孩子不要去理睬别人说的话；另一种是承认并接受他的情绪："我知道你在生气。你需要妈妈的帮助吗？"第二种处理方式可以帮助孩子扩充情感词汇量，让孩子明白内心的这种感觉原来叫生气。孩子知道人们生气时就是这个样子，渐渐地便能够判断别人的情绪了，也会知道如何去处理自己的情绪。家长应当鼓励孩子用语言表达自己的感受，并示范如何去做，但绝不可允许孩子把情绪发泄在别人身上。

5. 同情

孩子经历消极情绪时，如果家长能站在孩子的角度思考问题，而不是轻视他们的感受或者试图转移他们的注意力，孩子的这种消极情绪就会很快消失。当关爱自己的人愿意聆听和理解自己时，成年人会感到安慰。在这一点上，儿童和成年人并没有什么不同。

（二）情感引导的注意事项

经过情感引导的孩子知道任何一种情绪都是重要的、具有影响力的。这些孩子长大以后会更加坚强，并对自己的沟通能力更有信心。家长运用情感引导时应该注意以下两点。

1. 言行保持一致

运用情感引导时非常关键的一点就是家长要让自己的话语和行动保持一致。当孩子把牛奶洒在地板上时，如果家长一边叹气一边言不由衷地说"没什么大不了的"，同时又带着怒气擦拭地板，孩子就会觉察出家长言行之间的矛盾，并为之困惑。为了有效地对孩子进行情感引导，家长的言行必须保持一致。

情景案例

一次，妈妈因为与爸爸意见不同而发生了一些小争执，以至于情绪不好。女儿问："妈妈，你不开心吗？"妈妈试图掩饰因为和爸爸争执而引起的不愉快，就说："没有啊，宝贝，妈妈很开心。"女儿接着说："可你的表情和动作都不像开心的样子啊！"

2. 让孩子知道成年人会帮助他们

孩子年纪太小还不具备必要的语言表达能力时，尖叫是他们获得成年人注意的首选方式。家长教会孩子说"帮助"，可以大大减少孩子尖叫的次数。

孩子有时候不确定在什么情况下应该找谁寻求帮助，家长一定要让孩子知道自己和其他成年人都会帮助他们。当孩子所掌握的词汇比较有限时，他们会很容易冲动，所以家长要特别鼓励孩子动"口"而非动"手"——在需要时应该去找成年人寻求帮助。

为了扩充孩子的情感词汇量，家长要在孩子寻求帮助时保持始终如一的态度，注意观察、倾听、辨别情感，跟孩子反复说"帮助"这个词，再给予他们帮助。当孩子情绪激动时，被所爱的人理解和帮助能让他们感到满足。家长这样做也会增进和孩子之间的情感。家长越是坚持和孩子齐心协力完成一件事，孩子就越把家长当作可信任的朋友。同时，孩子会更好地知道该如何运用家长教给他们的技能，因为他们会不断地观察和学习，并效仿家长的言行。

四、不同年龄段的情感引导观

能够塑造孩子良好行为的根本保证是深厚的亲子关系——这正是情感引导的核心。布雷恩提出了"情感引导式教育"，她认为亲密关系的培养取决于家长在孩子 0～7 岁时对孩子进行的情感引导。

（一）孩子不满 1 岁时：种下亲密的种子

家长为不满 1 岁的孩子所做的一切不仅会影响到他们现阶段的状况，也会影响他们未来的发展。此时是家长和孩子建立情感纽带的关键时期。从神经学的角度讲，家长所做的任何事情都会对孩子的大脑产生影响。婴儿期是大脑发育的敏感时期，消极或者有害的体验很不容易被遗忘，所以家长要给孩子不间断的呵护，教导他们如何恰当地表达情感，但最重要的是无条件地爱他们。

1. 婴儿最需要的是家长的时间、精力、不间断的呵护，以及一个安定的环境

0～6 月龄的孩子由于大脑发育水平的限制，还无法控制自己的行为，自我安慰能力也极其有限，需要家长用哄劝和安慰的方式帮助他们安心和平静地入睡。研究表明，经常被拥抱和安抚的婴儿哭得更少，更易信任他人，也更加独立。在温馨的社交环境下长大的孩子更有满足感。

2. 管教意味着引导

家长要允许孩子做他们可以做的事，否则就转移他们的注意力。孩子学会爬行后，家长教孩子学会掉转行进的方向是保障孩子安全的有效方法。只有在孩子准备抓热水瓶等危急时刻时，家长才能使用“不行”。

3. 提供帮助孩子缓解新环境压力的过渡性物品

孩子在 5～9 月龄的时候会对毯子和毛绒玩具产生依赖情绪——这时他们逐渐能够抓握东西，并意识到自己有时候会和家长分开，因此，他们开始建立独立性。安抚奶嘴可以给孩子提供一种平静和安详的状态。不满 1 岁的孩子可以在午睡和夜间使用安抚奶嘴。毯子、毛绒玩具、安抚奶嘴都是可以帮助孩子缓解新环境压力的过渡性物品。

4. 养成作息规律

孩子越放松，就越容易按时睡觉，并能很快地入睡。遵守固定的睡前时间表并保持每晚的作息习惯可以让他们感到安全、稳定，并容易入睡。如果没有固定的作息习惯，孩子可能会很难入睡。家长要让睡前固定程序尽早地开始，以便让自己和孩子有时间完成睡前的每一个步骤。

知识拓展

婴幼儿吸吮手指

研究表明，吸吮手指是婴幼儿的正常行为。年幼的孩子通过吸吮手指的方式能保持平静或放松状态，只有孩子整天都吸吮手指的时候，家长才需要担心。倘若发现孩子每时每刻都在吸吮手指，家长就应该观察孩子是否遇到了什么压力或问题。

（二）孩子 1～3 岁时：建立亲密关系的关键时期

1～3 岁的孩子不仅能探索世界，还能迅速地掌握新词汇、新短语和新脾气。家长依然可以通过转移注意力的方式引导他们，但孩子开始学说话后，家长就要对孩子进行情感引导式教育。在这个阶段，家长的工作多、责任大，因为家长的言行将极大地影响孩子的情感发育。

1. 设定限度

孩子已经能够表达自己的想法时，家长必须尊重他们的这一进步，并把握好引导和控制的分寸，这一点非常重要。情感引导和设定限度是教育孩子的两个关键的环节——一个是给孩子无条件的爱，另一个是给孩子制定简单明了的规则。孩子总想挑战规则，家长有责任引导和塑造孩子的行为，积极地帮助他们掌握社会生存技能。

设定限度并不意味着要威胁或者恐吓孩子，只是要让孩子知道做什么事情“行”，做什么事情“不行”。孩子正处在学习和培养道德观念的过程中，家长应该向他们解释可以做某些事情和不可以做某些事情的理由。孩子并不一定会心甘情愿地一直遵守规则。事实上，在外面适应能力强的孩子往往在家里很淘气，因为家里比其他任何地方都让他们有安全感。孩子可能会让家长抓狂，家长唯一能做的就是做好准备。任何情绪波动都无可厚非，不存在对错问题。家长必须既温和又坚定，严格执行事前制定好的规则。

2. 让孩子有冷静和思考的机会

面对淘气的孩子，有些家长会把暂停活动作为惩罚手段而不是引导手段。1～3 岁孩子的大脑发育水平决定了他们无法明白被暂停活动是什么意思，更不可能理解“暂停活动法”这样复杂的教育方式。能够理解孩子发育水平的家长往往会以一种合理、冷静和耐心的态度去对待孩子。研究表明，同情是正确育儿的基础——家长越理解孩子，他们之间的关系就越亲密，孩子也就越听话。

孩子需要知道怎么做才是对的，下一次才不会重复犯同样的错误——较恰当的教育方式是情感引导和设定限度，这些都可以在双方保持冷静的时候完成。沟通对于引导孩子至关重要。如果家长能花时间倾听和回应孩子的需求，而不是孤立和拒绝他们，孩子就更愿意和家长亲近。孩子需要以家长为榜样，学习如何建立健康的关系。因此，对于大多数 1～3 岁的孩子，家长可以放弃暂停活动法，采取温和且不带惩罚意味的谈心方式，让孩子在自己的陪伴下逐渐冷静下来，反思他们的所作所为，并提出一个更好的解决方案。

家长应用冷静法则和谈心策略时需要遵循以下 7 个步骤。

（1）家长要蹲下来，让自己的视线和孩子的视线齐平，与孩子进行充分的眼神交流，同时给孩子一些提醒，让孩子思考他做的事情是“对”还是“错”。

（2）如果孩子没有平静下来或者没有停止错误行为，家长要带他到一个“安静区”或“思考区”，并与孩子一同坐下来，给他帮助和关爱。

（3）时间长短并不重要，让孩子平静下来才是关键。大一些的孩子有时只需要一两分钟就能想出很好的解决办法，一个年幼的孩子则可能需要家长抱上 10 分钟才能平静下来。无论孩子有什么样的反应，家长都应该试着同情、接受和面对他。一个获得理解的孩子是不太可能一直焦虑下去的。

（4）孩子平静下来后，家长要请他说说“有什么不对”或者“这是怎么一回事”。如果孩子理解有困难，家长可以把他做错的地方重复几次。

（5）家长要问问孩子：“下一次你会怎样做呢？”如果他不知道，家长要告诉他怎么做才是恰当的。

（6）家长要感谢孩子帮忙想出了解决办法。

（7）家长要让孩子设想一下：“如果你下一次犯同样的错误，会发生什么事情？”这是为了告诉孩子：家长可以帮助他改正某些不适当的行为，但不会一直容忍他保持这些不适当的行为。

（三）孩子 4～7 岁时：伴随成长而来的挑战

这个年龄段的孩子可以依据自身的想法和感受做出一些决定，并且已经具有自控能力。他们更加适应身边的环境，也更加明白事理，并开始显现出真正的个性。他们在交际和情感方面的发育是家长无法轻易观察和评估的。家长有责任保护他们的天真和纯洁，直到他们不再需要家长的指导。家长的任务就是要根据孩子不断变化的需要来给予他们指导和支持。

在这个阶段，家长已经可以了解孩子的个性。有的孩子生性敏感、乖巧，需要学会如何拒绝，同时也需要建立足够的自信；有的孩子活泼、好动，且容易冲动。没有哪一种教育方法是万能的，不同的孩子需要不同的教育方式。

孩子在遭受挫折或感到无助时的表现往往欠佳。无论孩子的性格如何，让孩子有健康地表达情感的机会是成功的家长必须做到的。只有设定清晰的限度并提出明确的要求，家长才有可能让孩子愿意持续地合作并培养出责任感。不管孩子是爱发牢骚的、冲动易怒的还是优柔寡断的，他们都需要家长的关心和指导。

知识拓展

无条件的爱

父母千万不要轻易发怒，更不能拿孩子出气。面对孩子，实话实说远比对他大吼大叫更加奏效。在富有同情心的家庭环境中长大的孩子通常也善于理解父母的感受。父母认识自己的弱点，正视过去有助于成为更好的父母。父母应该学会如何了解并尊重孩子的个性，同时控制好自己的脾气，允许孩子做他自己，不能把自己的烦恼带进孩子的世界。孩子如果能够学会相信自己，就能够知道如何坚强和勇敢地面对失望，并且学会承担责任。如果孩子善于表达自我，而且知道父母能够接受他的个性，他就会带着信心和激情去面对生活。无条件地接受所拥有的孩子，是父母能给予孩子的最好礼物。获得尊重和情感引导的孩子是能够分辨是非的，甚至会表现出令父母难以置信的足智多谋。

第三节 不吼不叫

陈鹤琴先生说，做父母是桩不容易的事。孩子常常连一些小事都不肯听话——不肯把玩具捡起来，不愿去洗澡，甚至不肯去学校——这些都很容易让人火冒三丈，不由自主地大吼大叫起来，还会说出一些令自己后悔和沮丧的话。为人父母是一门需要即兴发挥的艺术，没有一定之规，总在变化当中。基于气质研究和正念理论，罗娜·雷纳提出只要家长对孩子的管教是以他的身体和情感需求为中心，只要家长能够管理好自己的情绪压力，减少家庭冲突，促进合作、尊重和相互理解，就能培养出一个健康快乐的孩子。

一、理解吼叫

（一）家长要学会了解自己："是我在大吼大叫吗？"

研究表明，大多数家长会承认自己曾朝年幼的孩子吼叫。在家庭中累积的愤怒会在孩子的心里投下长长的阴影，这不仅具有即时杀伤力，还不利于孩子情商和社会性的发展。

家长对孩子吼叫虽然能够让孩子知道家长对他们的行为非常生气，但往往达不到教育目的，只是表达了家长的负面情绪。长远来看，吼叫对于减少孩子的不良行为并没有什么效果。

情景案例

（一）

因为没有受到警告，5 岁的哥哥把玩具汽车朝 3 岁的妹妹扔了过去。妈妈见状，想都没想就开始大声嚷嚷。妈妈告诉哥哥他的行为有多么令人讨厌，他已经变成一个顽劣的孩子。两个孩子都哭着躲到了桌子下面。妈妈事后也恨自己成了一个情绪失控的家长。

（二）

小禾正开心地坐在地板上玩。妈妈蹲下来，用坚定的语气和她说："该穿好衣服去幼儿园了。妈妈知道你很喜欢玩，但现在时间到了。"小禾没有理会妈妈，继续玩耍。妈妈继续用坚定的语气说："你如果今天去幼儿园迟到了，下午就不能和小朋友一起玩了。你能自己把衣服穿上吗？你需要帮忙吗？"妈妈没有吼叫，而是语气平静地帮小禾有条理地安排早晨的事情。

1. 了解吼叫的影响

在危险、有可能导致人身伤害的情况下，吼叫是必要的，如阻止一个孩子把手伸进火热的炉子或冲入交通繁忙的街道，提醒孩子留意公路上的汽车等。

不管声量大小，家长嚷嚷时往往充满怒气和挫败感，且已经在某种程度上失去控制。家长如果有意识地审视自己在愤怒时的状态，就会看到自己的变化。这对于实现减少吼叫的目标至关重要。

2. 改变自己

一个人如果懂得将爱和善意导向自己和他人，就会变得放松和有觉知。做家长这件事，从无完美可言，所以，家长要学会承受"不知如何是好"的感受；学会对孩子的行为做出理性的回应，而不是本能的反应。

家长明白自己为什么想减少吼叫，了解自己情绪发作会在孩子身上造成什么后果，都有利于改掉朝孩子吼叫的行为。因此，家长要诚实地面对自己，不自责、不羞愧；花时间觉察自己的感受和想法；做到既能看清事情的真相，也不对自己苛刻。"不苛责自己"是一种值得用心培育的态度。

（二）家长要理解促发吼叫的日常因素："我为什么吼叫？"

家长要注意观察并找出令自己情绪崩溃的因素。

1. 外部触发器

外部触发器是指来自一个人自身之外的因素，可能是任何会让自己采取行动的因素。例如，女儿刚开始哼唧，妈妈就会生气；如果女儿还没完没了，妈妈就会冲她嚷嚷。这时，外部触发器就是女儿的声音和要求。

2. 不断升级的想法和情绪

家长开始吼叫时，家长的想法和情绪会不断升级。这是一种内部状态。家长可能会感到焦虑、害怕、失望、生气、狂躁，以及一些混乱的想法。一个外部事件可能成为愤怒情绪的导火索，但之后为这种愤怒情绪提供"燃料"的是家长的想法。家长意识到这一点后，就可以尝试做一些改变。家长应该想一想自己对孩子的期待是否合理，孩子需要的是一个结果还是一个拥抱，孩子是否需要家长为他们指明方向，孩子需要的是鼓励还是一个清晰的界限，孩子的行为传递了什么信息。家长虽然无法控制每天将面临的挑战，但能够控制自己的回应，调整对自己所见、所闻、所感的解读方式。这种认知行为疗法对解决问题和改变行为十分有效，但需要静心反思自己的感受、想法和行为。导致家长情绪失控的典型原因包括但不限于：疲劳、压力、没有自己的时间、兄弟姐妹争斗，以及孩子不听话、淘气。每天有太多事情让人无法保持淡定，想法和感受是如何刺激自己陷入坏情绪，并让自己一整天都不得解脱呢？这是值得家长深思的问题。

情景案例

妈妈一早醒来就觉得烦躁不安，她发现自己要做的事情太多了。她没有时间在晚饭前买菜，所以只能叫外卖。一边担心今天要跟领导进行的会议，一边可惜自己不能去看女儿的足球比赛，她开始觉得自己是个糟糕的妈妈。当她在屋子里忙活时，孩子们开始央求她做鸡蛋饼当早餐，她马上朝他们嚷道："你们当我是什么？你们的私人厨师吗？今天要上学，你们自己弄早餐吃！"见孩子哼哼唧唧地抱怨，她继续吼道："赶快！我今天可不能迟到！你们知道按时上班对我有多重要吗？你们总是让我买这买那，如果我丢了工作，哪有钱买东西。赶快！"

家长要学会了解自己、观察自己、练习正念、观察而不要评判或指责，思考自己是否被感受和想法控制了。案例中，妈妈在吼叫前想到的是她忙碌的一天，以及工作中的焦虑、对孩子的愧疚；很想陪伴在孩子身边，但也想在领导面前留个好印象。家长每天会产生各种各样的感受和想法，要了解它们的模式和节奏，并且明白不能被它们所控制；要学会转移自己的注意力，将一部分注意力用来关注孩子、一部分注意力用来关注自己的身心状况。

（三）家长要看到更深层次的原因："为什么是我在吼叫？"

家长为什么会吼叫或者感觉无名怒火在熊熊燃烧，这可能让家长自己也很困惑。寻求日常情绪触发因素更深层的原因，有助于创造一个更和谐的家庭环境，建立亲子关系。

在成长过程中，孩子愿意效仿家长的好行为，也会努力避免一些坏行为。家长可以思考一下自己的家庭中有"遗传性吼叫"的现象吗？上一代也许无力打破"遗传"到他们身上的吼叫，但为了下一代的健康成长，家长必须通过思考、洞察的方式消除这一现象。

每个人在童年时都遇到过困境，成年人如今有能力面对童年的经历，能够理解许多感受，并能改变自己的行为方式。回想幼时的自己，会让自己学到很多。了解自己，就能了解孩子的需要。

家长在吼叫时问问自己："我到底是在对谁生气？"家长可能会发现令自己生气的根本不是自己的孩子，而是别人，如领导、配偶、搭档或者自己的妈妈。吼叫也许能帮家长暂时释放压力和痛苦，但会给家长和孩子带来许多不良影响。要想处理好吼叫的问题，家长需要发现藏在愤怒之下的感受。从愤怒中学习，找出感受的源头通常能够减少它的力量。

家长要尝试了解自己身体和内心的感受，爱自己。羞愧之下可能有一种潜藏的感觉，如自己不够好、不值得被爱。羞愧是人类的一种情感，每个人都有。因此当羞愧出现时，家长要尝试接纳它。

"自己为什么那么生气？""自己是否在一个气氛异常压抑的家庭中长大？""自己是否在生某人的气？""自己的健康是否影响到情绪？""自己是否有其他感受没被注意？"：这些都是值得探索的问题。家长如果觉得自己没时间深入探索这些问题，就可以思考下尽快弄清这些问题是否更能节约自己的时间。陷入力量争斗和吼叫比赛既耗时又费力，还会损害自己的健康。

（四）家长要让养育方式适应孩子的天性：“气质会带来什么影响？”

气质是一个人的行事风格，不是“做什么”或者做了什么事，也不是“为什么”或者行为的动机，而是“怎样做”，是我们行动的方式，是行为的另一种表达。很多人认为气质的基础是基因——人们生来就有自己的风格。

了解孩子的气质才能了解他们的行为问题、社会交往、偏好、争执方式。气质不是孩子的行为动机。一个孩子好动，喜欢跑来跑去，与一个孩子因不肯离开公园而从妈妈身边跑开是不一样的。前者是气质，后者是行为动机。

气质的特征在婴儿身上就有体现。哭个不停的孩子会挑战家长的信心和耐性，但家长如果知道这哭声体现着孩子的气质，就容易保持平静，去发现孩子的需求。家长如果知道孩子很容易产生挫败感，就可以鼓励孩子去拿地上的球，以此提高孩子的受挫能力。

家长如果具有足够的好奇心和观察力就能理解气质在孩子生活中扮演的角色。孩子的行为就像一张拼图，需要家长一片一片地将其拼起来。气质是这个拼图中关键的一片，家长经过一段时间的观察就能对孩子的行为有一些预测。

家长是给孩子定基调的人。家长对孩子的反应会让孩子知道自己该如何反应。如果孩子无法控制情绪，那么最重要的是家长保持平静。家长逐渐熟悉自己和孩子的气质时，就会开始明白什么状况会刺激到自己和孩子，也将认识到自己和孩子的力量所在。家长要拓展自己的个性，变得更加灵活有度，逐渐向自己的孩子靠拢。

二、减少吼叫的日常策略

气质专家玛丽·西迪·柯尔辛卡说：“与孩子相处就像跳舞——向前两步，向后一步，暂停，再开始。对舞步越熟悉，你就跳得越轻松。”对于任何人，我们能赠予的宝贵礼物就是我们的关注。当我们的意识拥抱所爱之人时，他们就会如花儿般绽放。

让自己内心平静，是用爱和尊重与孩子沟通的核心。追踪有可能改变家长的反应方式。经过1～2周的追踪，家长就能理解自己吼叫的模式，也不再对孩子的行为感到那么惊讶。追踪可以帮助家长提升积极反应的能力，尤其是当家长的自我同情逐步加深时。自我同情应该是能使所有家庭成员受益的行为，它能平息风暴，让家长更容易与孩子沟通。

（一）另眼看待管教

关于管教的定义很多，这里的管教是指“通过教导和练习的方式培养人，是一种学习和教导的方式”，以及“对弟子、学生的教导”。孩子是家长的学生，家长是孩子的老师。

教育是管教的核心。家长的工作是教给孩子很多东西：与人友好相处，尊重他人，遵守家庭规范，以安全的方式探索世界，善良慷慨，以及养成能让孩子受益的健康习惯。孩子如果能感觉到家长是和他们站在一起的，并且是为他们着想的，他们就更愿意听从家长的教导。当心中有爱时，即便家长很强硬，也会避免利用权威来把孩子当作自己的出气筒或者羞辱对象。

（二）不吼不叫的 ABCDE 法则

家长下决心不再对孩子吼叫这件事也许不难，但在被孩子激怒时，想做出与之前不同的反应就没那么容易了。当感觉要被孩子激怒时，家长可以尝试使用 ABCDE 法则。

1. 自问（Ask）

家长可以自问：“我现在感觉如何？”“我升级的想法是什么？”“我能否接纳自己的感受，

并改变我的看法？”。

2. 呼吸（Breath）

家长在自问的时候要温和地觉察自己的呼吸：从腹部开始呼吸，有意识地做3～5次缓慢、轻松的呼吸；可以在呼气和吸气时，数4个数字；感知自己的身体，想象每一个细胞都充满了氧气。只要孩子没有面临紧急情况，家长在做出回应前都要尽可能地给自己觉察呼吸的时间。

3. 平静自我（Calm yourself）

家长用积极、现实的想法代替自己升级的想法时，就能让自己平静下来。

4. 确定孩子的需要（Decide what your child needs）

家长需要思考以下问题：自己对孩子的期待是否符合孩子的个性和年龄特点；孩子需要的是一个结果，还是一个拥抱；孩子是否需要调整前进的方向。

5. 同理心（Empathize）

同理心是指家长要将自己置身于孩子的处境中，尝试感受他们的情绪和想法；倾听他们的诉说；告诉孩子自己能理解他们的处境和感受。

家长不用强求自己一次性记得所有的步骤，只要开始尝试，在练习的过程中，就会轻松掌握所有的步骤。

（三）管教的4C法则

不吼不叫的ABCDE法则能帮助家长头脑清楚、心态开放地看待所面对的失当行为或难题。当然，有时候除了拥抱和重新引导，家长还需要做更多，如使用管教的4C法则。两种方法如果一同使用，就既可帮助家长关注当下的问题，为之制定必要的规则，又可使孩子学会如何做出正确的选择，并且在出错时勇于承担后果。

管教的4C法则中的“4C”是以尊重为基础的管教的核心要素，包括沟通、选择、结果和连接。

1. 沟通（Communication）

（1）表达要简短、具体和简单。家长每次给孩子一个指令即可。

（2）解释并示范。家长要尽量放低身段，让孩子可以和自己有目光接触。

（3）使用鼓励性的言辞。话语暗含家长对孩子的态度。家长的语调、面部表情和身体姿态都会透露出他们的感受。例如，“你今天穿衣服特别快，我很高兴。这样我们就有时间在去幼儿园之前讲个故事了。”孩子和成年人都需要获得鼓励，鼓励就像阳光，可以帮助孩子像花朵一样绽放。

（4）发挥“我”和“你”的力量。以“我”为开头的表达是指当事人对某个具体行为的感受。家长可以使用该句式顺势提出自己的要求。例如，“我觉得头痛，因为这里声音太大了。我很高兴你玩得开心，但是请你到外面去玩这个游戏。”沟通方程式是“我的感受是……因为你做了……所以请你做……”使用该沟通方程式有助于阻止吼叫；清除家长词汇表中所有负面的词汇；帮助家长识别自己的感受，找到自己的需求；帮助家长理解孩子的处境；让孩子理解情感，并学会以自己的感受和需要为基础进行沟通，如“妈妈，我特别生气，因为凯凯把我搭的房子弄塌了。我需要一个他进不去的地方”。

2. 选择（Choice）

选择太多也是一种压力。家长给孩子提供的选择要真实且简单，确定自己是真心想给孩子提供选择，并且说到做到。“你想现在洗澡还是吃完饭再洗”会让一个不愿洗澡的孩子感觉好一些。然而，“你有一个选择，要么现在跟我离开公园，要么我自己离开”就不是给孩子提供的选择，只是空洞的威胁，因为家长并不会真的自己离开，但当看到孩子不听话时，他们可能又会发火。

3. 结果（Consequence）

家长要为孩子制定家庭规则。孩子如果能够理解规则，就会比较愿意接受结果。

家长应根据孩子的需要和发展阶段调整规则和结果。家长可以在孩子还小的时候就把规则告诉他，让他慢慢理解规则。3 岁的孩子喜欢检验规则，家长可以温和地提醒孩子规则是什么。

家长要和孩子讨论结果。家长和孩子一起讨论不遵守规则将会导致什么样的结果是非常重要的。如果孩子未能遵守规则，家长就要提醒他们规则是什么，而且只要有可能，就尽量给他们提供遵守规则的机会。例如，“平平和翔翔，别再为看电视争吵了。如果继续争吵，我就要关掉电视了。你们知道规则，所以我希望你们能做出好的选择。”

教孩子承担结果可以让孩子为自己的行为负责。重要的是结果要与家长希望教给孩子的行为相关，以解决问题为核心。

4. 连接（Connection）

管教的核心是连接。孩子如果能感觉到自己与家长的连接，相信自己是家长的宝贝，就更容易听从家长的要求。

家长要抽出时间与孩子单独相处，给孩子全部的注意力。在这段时间里，家长要让孩子选择做什么事（除看电视或玩电脑等非结构化活动外）或者玩什么游戏，家长的任务是放松、保持好奇心及熟悉孩子的游戏，把全部注意力集中在孩子和自己身上。如果陪孩子的时间有限，家长可以设置一个定时器。

家长要关注孩子的感受。当孩子心烦意乱、不肯听话时，家长要找出原因。如果家长真心关心孩子，并告诉孩子希望能对他们有更多的了解，家长与孩子的连接自然会增强。

当孩子做了让家长火冒三丈的事时，家长能否很容易忘掉这件事，轻装前进呢？宽恕并不意味着一个人赞同别人的作为或者忘掉发生了什么，而是意味着他愿意放手，让生活继续，不要因此就切断与身边人的连接。

（四）要理智也要尊重

当家长学会不吼不叫，学会对自己心怀善意，他们就越来越容易尊重孩子，即便是在孩子挑战他们耐心的时候。管教的目标之一是教会孩子进行自我控制。记住这一点，家长就能够管理和转化自己的负面反应，为孩子树立一个榜样。家长要思考自己的要求和孩子的能力的相符程度。3 岁的孩子因为收拾玩具而烦躁时，家长需要教他如何收拾玩具，而不是发怒或威胁孩子要把他的玩具都拿走。

知识拓展

有质量地陪伴孩子

管教不像家长想得那样。当孩子出现不当行为时，家长要观察、倾听、思考，而不是任由事态发展为冲突。孩子的不当行为往往是对压力、恐惧、不安全感或者其他情绪的一种反应。家长先让自己平静下来，再想想孩子到底需要什么。家长要花时间陪孩子，跟随自己的好奇心更多地了解孩子；倾听孩子，和孩子一起大笑。养育需要时间、关注、同理心和耐心——这些也是大部分人每天都渴望得到的。

第四节 反思性养育

情景导入

以反思的方式与孩子互动

一天，豆豆（5 岁半）因与同伴发生冲突而哭着回了家，妈妈抚摸着豆豆的后背并用温柔的语气安慰他，同时关切地询问发生了什么。然而，豆豆并没有回答妈妈的问题，而是继续哭着抱怨同伴。妈妈允许豆豆表达自己的痛苦和想法。豆豆说："我讨厌他，他抢我的东西。"妈妈对豆豆只知道抱怨同伴而不反省自己的行为感到难过和失望，但并没有把自己的感受和想法告诉豆豆。因为妈妈知道现在的豆豆心烦意乱，无法从目前的状况中学到任何东西。等豆豆平静了一些，妈妈开始与豆豆讨论能否找到一些方法来更好地应对同伴的争抢，并成功地引导豆豆了解了对自己的行为负责的重要性。

一、反思性养育的内涵

当亲子关系足够稳固时，孩子更有可能在家长关注的领域中发挥潜能，包括社会情绪发展、学业成绩、竞争力、适应力等。反思性养育将亲子关系作为养育孩子的重要载体，帮助家长把一个功能良好的孩子培养成一个功能良好的成年人。反思性养育聚焦于关系，鼓励家长对亲子关系保持基本的关注；鼓励家长理解自己和孩子的心智在亲子关系中发挥的作用；鼓励家长以多维的视角看待自己和孩子之间的关系。

反思性养育特别适合应对在养育孩子过程中遇到的压力和困难，因为反思性教育的核心理念是让家长变得灵活，从而可以理解、接纳孩子；理解、接纳自己作为家长的这一身份。

二、反思性养育的原则

反思性养育除了强调家长的反思性思维能力，还提供了一些家长与孩子互动时可以遵循的指导原则。反思性养育的原则来源于一些可以帮助家长建立反思能力的科学理论，这些理论对孩子健康成长的各个方面都有帮助。以下 10 条原则旨在帮助家长在养育孩子时能够更轻松、自由。此外，这些原则能让家长明白自己可以为孩子做什么及家长可以为自己做什么。拥有牢固的亲子关系意味着家长可以安慰、共情、认可、理解、接纳和支持孩子，也意味着家长需要用同样的方式对待自己。换言之，为了给孩子所需要的东西，家长必须能够给自己同样的东西。对于孩子来说，家长非常重要。想照顾好孩子，家长必须首先照顾好自己。

（一）亲子关系高于一切

所有关系的经营都不能急于求成。家长务必慢下来，关注当下。心存疑问时，家长要坚持聚焦于"关系"这一核心议题。无论做什么，家长都应该把关系放在第一位。亲子关系比任何事情都重要，包括家长看重的学业成绩、特长班、限制和规则等。亲子关系是孩子根植其中并能够成长发展、开花结果的肥沃土壤。

（二）不存在“正确”“最佳”的养育方式

养育孩子的方式多种多样，每一种都有可能帮孩子做得更好。家长需要多想一想，找出属于自己的答案。家长最能判断出孩子的需要，要相信自己一定可以找到一种好的办法来解决问题。

（三）容忍模糊、不确定性和未知的状况

接纳误解和冲突是正常的，也是不可避免的事实。容忍、接纳这些状况的存在，家长可以减少做出僵化、条件反射式的反应。同一件事情可以有多种不同的理解。家长必须克制自己想要立即解决这些问题的冲动。

（四）同时从孩子和家长的角度看世界

孩子是一个拥有不同观点和动机的独立个体，其心智的运作方式与成年人有很大的不同。家长不要只从自己的角度看世界，可以试着走进孩子的精神世界，透过他们的眼睛来看这个世界。从孩子的角度思考问题和看待周围的一切能在很大程度上提升家长的同理心，也可以让孩子觉得自己被理解。这是孩子发展心智能力的基石。

（五）做一个充满好奇、思想开放、灵活自如的家长

家长可能希望知道所有答案，但没有人可以做到这一点。其实，孩子也不需要家长知道所有的答案。对于正在发生的事情感到好奇和疑惑是正常的。研究表明，人们如果可以用不同的方式看待世界，并且对如何行动有多种选择，就可以在生活中做得更好。这是一种更加适应的方式，请家长为孩子树立一个榜样。

（六）调节孩子的情绪状态且把握好边界

孩子需要家长帮助他们接纳自己的冲动，缓解自己的情绪。家长应该以一种平静的方式为孩子提供帮助。平衡意味着家长需要对孩子的情绪保持足够的敏感，同时设定明确的、与年龄相符的限制。根据孩子表达情绪的方式建立边界，有利于促进家长对孩子情绪的理解和认可。

（七）教会孩子成为有胜任力和复原力的人

孩子最终会越来越独立。孩子如果发展出胜任力和复原力，就可以顺利度过童年阶段。为了让孩子获得这些性格特质，家长需要确保自己持有一种所有困难都能被解决和处理的态度；同时让孩子感觉到，即便是强烈的负面情绪也会随着时间的变化而消失。此外，家长还需要帮助孩子制定策略，使他们变得坚韧并且可以独自应对挑战、挫折、失望和伤害。

（八）保持更加积极乐观的态度

研究表明，当困难面被缩小、积极面被放大时，孩子会做得更好。因此，家长需要更多地强调孩子做得好的部分和优势，以及那些会变得更好的部分。家长要注意表扬孩子付出的努力，而非最终获得的成就。

（九）关系破裂时需要家长修复

愤怒和冲突都是常见的现象，虽然处理这些不容易，但孩子一般都能处理好。只有当这些愤怒或冲突使关系破裂时，才会让他们难以处理。因为当关系破裂时，孩子会有一种孤独和被抛弃的感觉，而这些都超出了孩子应对的能力。此时，家长一定要花时间和精力来修复关系。

（十）调整养育方式以适应孩子的具体需求

世界上没有两个完全一样的大脑，同样也没有两个完全相同的人。每个孩子都是独一无二的。科学强调人类生活的多样性和变异性，因此，一种养育策略不可能适合所有孩子。家长会对孩子抱有各种期望，但请记住自己要养育的是所拥有的这个孩子，而不是所期待的那个孩子。因此，家长需要根据孩子的具体情况调整养育方式。

知识拓展

反思能力

反思能力被定义为一种心智技能。日常用语中，反思能力是指家长能明白孩子所做的一切都源于他内心经历的某个过程。同样，家长给予孩子的回应也源于自己心智中的某些东西。由于心智看不见、摸不着，家长对孩子行为背后原因的推断可能是对的，也可能是错的。基于此，反思能力有助于家长认识到：人类所有的行为都因每个人内在的心智状态而具有某种意义，这些决定行为意义的心智状态包括感受、愿望、意图、动机和信念；每个人的心智都具有主观、独立和个人化的特点；一个人头脑中的东西跟其他人头脑中的东西可能相同，也可能不同。

家长不仅需要反思孩子的状况，还需要反思自己的状况。反思能力的提高可以分解为5个步骤。

步骤1：停下来，慢下来。掌握有意识的技能要比掌握无意识的技能花费更多的时间。

步骤2：专注于当下。意识只发生在当下。

步骤3：观察孩子和自己的行为，并用语言来定义这些行为。

步骤4：反思孩子和自己行为的意义。

步骤5：利用从前面步骤中所获得的理解来指导自己对孩子的回应。

前2个步骤旨在提高有意识的反思能力，家长可以视情况在有意识或无意识的状态下完成后3个步骤。当家长正在努力改善关系或者不知所措、倍感困惑时，第2步、第3步是很必要的。当家长处于紧张或冲突的情况时，这5个步骤都应该被完整地执行。

三、反思性养育的科学基础

（一）大脑的心智化系统

在所有健康的人际关系及儿童的健康发展中，心智功能发挥着非常重要的作用。通过心智活动，人们得以觉察自己、他人及周围的环境。心智是对“我”的感知所在，包括所有的想法、感觉、意愿和信念，是理解所有行为意义的来源。当前研究普遍认为心智是大脑的产物，其特点是由大脑的功能决定的。家长理解孩子心智及理解自己心智的能力是孩子心智发展的重要基础。家长理解心智是如何运作的，既利于改善亲子关系，也利于提高有效回应孩子的能力。

1. 大脑感知心智的方式

心智是一个无法被看到的东西。反思能力可以让我们进入他人的内心世界，可以使我们自动地进行心理上的沟通。即使婴儿还不具有成熟的心智，家长也要和他交谈。把孩子当作一个拥有独特心智的人来对待，这是发展孩子心智的第一步。

心智也是主观的，每个人都以自己的方式看待这个世界，所以家长即使具备反思能力也不能确保自己总是能完全理解孩子。正因为这个原因，反思性养育一直强调家长对孩子的误解是可能发生且普遍存在的，通过反思，家长才有可能及时发现误解并与孩子进行沟通。

2. 心智在亲子关系中的作用

每对亲子关系中都包含了一个三角关系，就是“你—我—我们”这样的关系。“你”是指孩子的视角，“我”是指家长的视角，“我们”是指家长与孩子相互影响的视角。

情景案例

“你真的很生气，所以我现在不能和你说话。”——孩子的观点。

“我赶时间，所以我现在不能和你说话。”——家长的观点。

“当我匆忙赶时间不能和你说话时，你生气了，并冲着我大喊大叫。然后我也生气了，也冲着你大喊大叫。这让你感觉很糟糕，所以你哭了。”——家长与孩子的相互影响。

具有反思能力的家长力图从孩子的角度理解孩子，从自己的角度理解自己，同时重点理解自己和孩子之间是如何相互影响的。“你”和“我”的视角充分体现了反思性养育中采取的双向视角的方法。“我们”的视角则充分体现了反思性养育中对亲子关系的关注。在养育孩子过程中，家长需要始终密切关注亲子关系，这样更能促进孩子在家长关心的领域中健康发展。

家长通过这种方式与孩子交流沟通，就可以将他们的反思能力传递给孩子。孩子将这一过程内化到自己的心智中，就提高了自己的反思能力。

（二）社交大脑和镜像系统

社交关系对于人类来说至关重要，以至于大脑有专门的区域为这一目的服务。被称为“社交大脑”的大脑区域使人类可以具备建立依恋关系、共情、合作、与他人协作的能力。儿童发展专家认识到“养育性的、稳定而持久的关系对于孩子的成长、发展和学习至关重要”。家长的一个非常重要的任务就是帮助孩子成为一个可以建立社交关系的人。

1. 亲子关系和“社交大脑”

（1）婴儿不成熟的好处

在所有物种中，人类的认知能力最先进、行为最灵活。人类生来就非常善于学习多种行为，并且可以适应他们出生时的任何环境。

“社交大脑”可以让家长以一种在情感上足够敏感的方式来养育他们还不成熟、还不独立的孩子。这种方式可以促进孩子大脑的发展、学习和健康。同样，婴儿的“社交大脑”也使他们感到安全、被关心、被支持，并学会如何在所属的群体中建立社交关系。

（2）“社交大脑”如何工作

“社交大脑”的活动让我们能够成功地驾驭社交关系，涉及的能力有建立亲密关系、富有同理心、分享、轮流做事、与人交谈、玩耍、与他人合作等。“社交大脑”将我们和他人视为一枚硬币的正反面。大脑通过所谓的“共享回路”来再现他人的体验。

在亲子关系中，共享回路使家长可以理解孩子。共享回路也解释了为什么孩子喜欢模仿家长，以及为什么孩子可以体会家长的感受。由我们自己的体验而激活的大脑回路与那些由他人而激活的大脑回路并不完全相同，所以我们可以保持一种独立感。正因为如此，我们在了解他人体验的同时，还可以知道自己和他人的不同。孩子需要家长的帮助，家长也应鼓励孩子保持独立感。

- 触觉的共享回路

当我们被触摸的时候，大脑的躯体感觉区会被激活。看着别人被触摸也会激活我们的躯体感觉区，只是感觉的程度比自己被触摸时要小一些。这就是家长抚摸孩子的头时，自己也会感觉很舒服的原因。

- 疼痛的共享回路

大脑的前扣带回是我们体验痛苦的区域。当看到别人经历痛苦时，尽管我们体验到的痛苦程度会比较小，但大脑的痛觉区域也会被激活。我们可以通过痛觉的共享回路来共情他人的痛苦。

- 道德行为和痛觉的共享回路

道德和道德决策需要一定程度的理性思考，更重要的是有能力对他人的情绪和痛苦做到感同身受。许多道德行为都与防止他人遭受痛苦有关，而这一能力需要依靠大脑中与痛苦、情绪压力有关的共享回路。家长应该让孩子学会控制自己伤害他人或自私的冲动，帮助他们意识到、感受到自己的某些行为给他人带来的伤害。

家长可以通过激活孩子有关痛苦的共享回路来提升孩子共情他人的能力，但不用太多。孩子感受到太多的痛苦也会影响他们对这一能力的学习。每个孩子都是不同的。有些孩子在理解和共情他人方面需要额外的帮助，有些孩子能强烈地感受到别人的痛苦。在努力帮助孩子更好地共情他人时，家长也必须帮助孩子减少过多的共情。只有这样，他们才能更好地照顾自己。

知识拓展

大脑像一个巨大的积木

人类的大脑由数十亿个神经元细胞相互连接组成。在整个大脑中，神经元聚集形成不同的脑区，并专门服务于不同的大脑程序。例如，大脑皮质或皮质区有专门主管视觉、触觉和听觉的区域。大脑较深部分的皮质下区有主管包括情绪、记忆、习惯养成等其他功能在内的区域。大脑皮质和皮质下区有着高度的互联互通。

2. 行为的共享回路：镜像系统

镜像系统是行为的共享回路。观察他人行为时，我们会在大脑中重现他人的行为。我们的大脑会跟他人的行为相匹配，就好像我们正在做相同的行为。以此为基础，大脑才能识别他人正在做什么，部分地猜测到他们为什么这么做及有何感受。这种能力是我们实现这种行为匹配的基础。镜像系统可以让我们与他人建立起身体感觉的连接，可以感受到自己正在做别人做的事情。由于镜像系统与痛苦和情绪中枢有非常密切的联系，所以我们也可以感受到他人行为所表达的痛苦和情绪。

（1）镜像系统可以识别他人的行为

镜像系统还可以让人们在看不到他人的情况下通过声音来判断他人的行为。例如，家长听到隔壁房间有球类弹跳的声音时，就知道孩子正在干什么。

（2）镜像系统可以识别行为发生的原因

行为总是基于某种意图或目的。知道一个人在做什么非常重要，知道这个行为的意图和目的更重要。

反思性养育认为，家长在不断地对孩子的行为、言语的意图和目的做出解释，而较少地关注孩子的行为、言语本身，这是亲子关系一团糟的原因所在。只有很容易地从观察到的行为、言语中判断出一些意图时，镜像系统才可以推断出其目的。例如，一个人快速把水杯拿到嘴边，镜像系统会被这个行为激活，但如果这个人慢慢地把水杯拿到鼻子边，镜像系统可能就不会被这个行为激活。幸运的是，家长和孩子之间的连接方式就像锁和钥匙的组合一样，家长不需要每次都努力思考孩子行为、言语背后的原因，因为镜像系统会毫不费力地自动运行。也就是说，对于孩子的一些常规行为，家长不需要思考就可以很好地理解它们背后的意图和目的。

知识拓展

情绪 ABC 理论

情绪 ABC 理论由著名心理学家埃利斯创建。他认为诱发事件 A（Activating event 的首字母）只是引起情绪和行为后果 C（Consequence）的间接原因，而引起行为后果 C 的直接原因则是个体对诱发事件 A 的认知和评价而产生的信念 B（Belief 的首字母），即人的消极情绪和行为后果 C，不是由于某一诱发事件 A 直接引发的，而是经受这一事件的个体对它不正确的认知和评价所产生的错误信念 B 所直接引起的。错误信念也称为非理性信念。

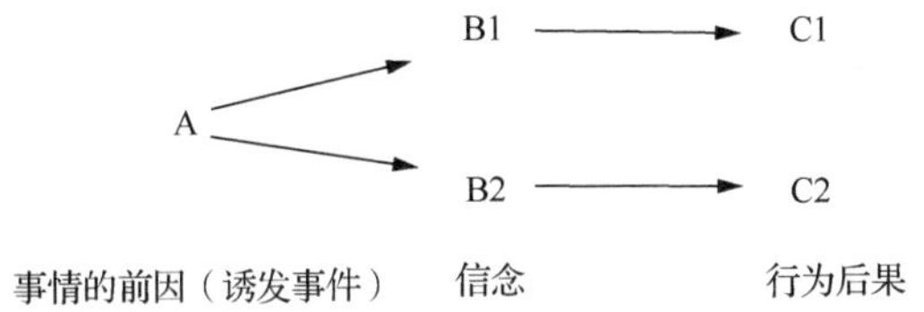

结论：事物本身并不影响人，人们只受对事物看法的影响。

3. 镜像系统与孩子的模仿行为

观察、模仿是孩子的主要学习方式。孩子从模仿他人的社交行为、非社交行为中学到的东西远比从别人的教导和告知中学到的东西多。孩子会观察并模仿周围人的所有社交行为和非社交行为。例如，穿袜子、刷牙、使用智能手机和电视遥控器等非社交行为，鼓掌、分享、排队、使用手势和面部表情等社交行为。

孩子是如此强大的模仿者，他们的镜像系统将观察到的动作转化为自己的动作。镜像系统在大脑中重现他人的动作和表情，便会唤起孩子对动作和表情所指向的对象的渴望。例如，当妈妈拍手时，14 月龄的孩子也会拍手；2 岁半的孩子拿着杯子玩，另一个孩子也会拿着杯子玩；两个 4 岁的孩子会模仿对方的声音和表情；3 岁的妹妹会模仿 10 岁的哥哥在餐桌上说的每一句话等。

儿童比成年人更擅长模仿，孩子越小越擅长模仿，因为他们的大脑还不太成熟，对镜像系统的活动缺乏足够的抑制。孩子的模仿是无意识的模仿，通过模仿，孩子学会了如何吃饭、如何开门、如何收拾玩具等。随着大脑的发育，孩子会越来越有能力抑制自己模仿他人的行为。

当孩子已经完全知道该如何系鞋带、分享、排队等，但并不总是照做时，家长通常会感到困惑、恼怒。知道怎么做却不做并不一定是孩子故意为之，此时孩子的前额叶皮质仍然不太成熟，尤其在感到疲惫、压力大、沮丧时，他们无法抑制自己的冲动，也无法总是让自己的行为与自己的能力相符合。所以家长应用更加平静的方式介入，通过手势、表情或语言来指导他们。

4. 镜像系统和共情

情绪一般会通过外显的行为表达出来，如表情、手势、体态和眼神。镜像系统通过将大脑的情绪中枢和感觉中枢连接起来，使共情成为可能。有较高共情能力的人更有可能去匹配和模仿他人的行为，所以更容易感受到他人的感受。

（1）镜映可以提高孩子的共情和社交能力

镜映是心理学领域的一个概念，顾名思义就是像镜子一样，平和、稳定地反射外物。

镜像神经元会“镜映”他人的言语、行为、情绪等，使个体自觉或者不自觉地模仿、重复这种行为。我们的大脑就是那面镜子，通过回想周围人的行为动作而进行模仿创造。可以说，我们无时无刻不在镜映周围的人。我们的言语、行为、情绪，甚至个性、信仰和价值观，都有可能是镜映他人的结果。10 岁的孩子已经拥有与成年人相同的镜像神经元活动能力。跟成年人在一起时，观察成年人的面部表情会使孩子的镜像系统把面部动作的匹配与面部情绪体验连接起来。这类反应发生的频率越高，他们的共情和社交能力就越强。

（2）共情表达需要适度

当家长运用共情来安抚孩子时，镜像系统会参与到这个过程中。孩子先表达自己的苦恼。家长的镜像系统先重现孩子表达苦恼的行为，继而会激活家长的情绪中枢，让家长可以感受到孩子的一些痛苦的感受，但这种感受会把孩子的情绪痛苦以缩减的方式表达出来。这样，孩子又会镜映家长缩减后的情绪痛苦，继而他们内在的情绪痛苦会减少。

具体的共情方法应因不同的孩子而有所不同。家长的共情需要以孩子的需要和利益为准。有些孩子可能会需要比别人更明确的共情，而有的孩子只需要简单低调的共情。按照“金发姑娘原则”①，过少或者过多的共情都是不好的。过少的共情会让孩子觉得他们不被关心，没有得到足够的安抚和慰藉，而过多的共情又会加剧孩子的情绪痛苦。当家长不能充分地体会孩子的痛苦时，他们的表情、声音和身体就不能表达对孩子体验的共情，孩子也就不能感受到被理解，痛苦自然也不会减轻。

大脑的不同区域之间有着高度的关联性。反思性养育是一个非常重要的方面，就是父母需要在孩子经验中的不同简单要素之间建立起联结，并在此基础上将这些要素与更为复杂的经验要素联结起来。例如，在具有反思性的亲子沟通中，家长通常对孩子说的“你正在做什么？为什么这么做？你这么做时有什么样的感受？”可以将孩子的这些经验要素整合起来的能力都源于家长从镜像系统的活动中所获取的知识。例如，一位爸爸可能会对孩子说：“跟妈妈分享你的面包，可以让妈妈知道你很爱她。”当家长通过语言把孩子的行为与其相应的意义、意图、目标、情绪及沟通的要素建立起联结时，就会联通大脑相关区域，增强孩子的自我调节能力。建立语言上的联结是非常有必要的，但太多的语言联结或者共情会让关系变得很不自然，适度就好。

知识拓展

正念觉察不同于反思能力

正念觉察（亦称正念）和反思能力（亦称心智化）对家长来说都是很有用的工具，它们可以减轻压力，提高共情能力，增加怜悯之心，还可以提升幸福感。人们通常会把两者混淆，然而，它们依赖于不同的大脑回路。正念觉察用一种提升当下意识的觉知，包括以一种非批判、冷静的方式，有意识地觉察和关注头脑中正在发生的事情。反思能力在有意识和无意识的情况下都可以运作。

① 在童话故事《金发姑娘和三只熊》中，迷路的金发姑娘未经允许就进入了房子，挨个品尝了桌上三个碗里的粥，又试坐了三把椅子，在三张床上躺了躺，最后认为小碗里的粥最可口，小椅子坐着最舒服，在小床上躺着最惬意，因为它们最适合她，不大不小刚刚好。此种选择事物的原则被称为金发姑娘原则。

正念觉察可以减轻那些当下对家长的反思能力造成干扰的压力和情绪反应。反思能力以心智化系统为基础，可以用来理解事物，理解随时间而变化的人际互动。反思能力乐于接受多种可能性，可以在自己的视角和孩子的视角之间切换，也可以在更深切的感受和超然之间切换。反思能力对于厘清误解或修复破裂的亲子关系尤为有用，因为家长能够在冲突发生的过程中谈论或讲述正在发生的事情。

思考与实践

1. 惩罚和骄纵为什么对孩子都不好，并且不管用？怎样用既不惩罚也不骄纵的正面管教方法培养让孩子受益一生的良好品质？

2. 如果家长的胜负欲太强，那么他们留给孩子的是什么？为什么和善与坚定并行很重要？

3. 你希望孩子出于恐惧而听从你的建议，还是出于爱戴和敬重而听从你的建议呢？请联系自身家庭教育实际谈谈你的观点。

4. 吼叫对孩子和成年人会有什么影响？减少吼叫的日常策略有哪些？

5. 反思性养育应遵循哪些原则？心智在亲子关系中有何作用？

6. 大脑镜像系统是如何影响孩子的行为和共情的？

04

第四章 学前儿童家庭教育的目的与内容

学习任务

1. 了解学前儿童家庭教育的目的。

2. 理解学前儿童家庭健康教育、认知教育、社会教育、艺术教育和劳动教育的内容。

3. 掌握学前儿童家庭健康教育、认知教育、社会教育、艺术教育和劳动教育的实施方法，全面提升科学进行学前儿童家庭教育的能力。

情景导入

用语言探索逻辑关系——一连串的“为什么”

“妈妈，我为什么要喝糖浆？”儿子边喝糖浆边问。

“因为你咳嗽了。”

“我为什么会咳嗽？”

“因为你着凉了，喝水也太少了。”

“我为什么会着凉？”

“因为你运动时出了很多汗，没有及时换干衣服。”

“我为什么会出很多汗？”

“可能是因为你蹦跳床时想蹦很高。”

“我为什么想蹦很高？”

“因为你觉得蹦很高会有成就感吧。”

“什么是成就感？”

……

相比有组织、有计划的幼儿园教育，学前儿童家庭教育具有较强的随机性、随意性，但同幼儿园教育一样，肩负着一定的教育目的，承担着一定的教育任务及相应的教育内容。学前儿童家庭教育是家庭教育活动的起点和依据，也是家庭教育实践活动的归宿。明确学前儿童家庭教育的目的是确定教育内容、选择教育方法、评价教育效果的重要依据。

第一节 学前儿童家庭教育的目的

教育活动是一种理性引导下的有目的的活动。学前儿童家庭教育作为一种教育实践活动，也应该有目的、有计划地进行，并与幼儿园教育、社会教育紧密结合，为国家培养全面发展的创新型人才。

教育目的是教育活动要达到的预期结果，即人们对受教育者达成状态的期望。不管学前儿童的家长是否意识到自己教育孩子的目的，家庭教育的目的都是客观存在的，只是有些家长比较明确，有些家长比较模糊。学前儿童家庭教育的目的是让学前儿童在身心诸方面发生变化。确定依据是多方面的，如社会诸因素的制约，家长的文化素养、职业、兴趣、社会阅历及家庭所处的社会环境影响，子女的个性特点和具体情况等。

我国重视学前儿童家庭教育目的这一关键性问题，在不同的历史时期提出了不同的要求。《中国儿童发展纲要（2011—2020 年）》的总目标是：“完善覆盖城乡儿童的基本医疗卫生制度，提高儿童身心健康水平；促进基本公共教育服务均等化，保障儿童享有更高质量的教育；扩大儿童福利范围，建立和完善适度普惠的儿童福利体系；提高儿童工作社会化服务水平，创建儿童友好型社会环境；完善保护儿童的法规体系和保护机制，依法保护儿童合法权益。”《中国儿童发展纲要（2021—2030 年）》总体目标是：“保障儿童权利的法律法规政策体系更加健全，促进儿童发展的工作机制更加完善，儿童优先的社会风尚普遍形成，城乡、区域、群体之间的儿童发展差距明显缩小。儿童享有更加均等和可及的基本公共服务，享有更加普惠和优越的福利保障，享有更加和谐友好的家庭和社会环境。儿童在健康、安全、教育、福利、家庭、环境、法律保护等领域的权利进一步实现，思想道德素养和全面发展水平显著提升，获得感、幸福感、安全感明显增强。展望 2035 年，与国家基本实现社会主义现代化相适应，儿童优先原则全面贯彻，儿童全面发展取得更为明显的实质性进展，广大儿童成长为建设社会主义现代化强国、担当民族复兴大任的时代新人。”《中国儿童发展纲要（2021—2030 年）》提出 70 项主要目标和 89 项策略措施，其中，儿童与家庭领域的主要目标是发挥家庭立德树人第一所学校作用，培养儿童的好思想、好品行、好习惯；尊重儿童主体地位，保障儿童平等参与自身和家庭事务的权利；教育引导父母或其他监护人落实抚养、教育、保护责任，树立科学育儿理念，掌握运用科学育儿方法；培养儿童成为好家风的践行者和传承者；增强亲子互动，建立平等和谐的亲子关系；覆盖城乡的家庭教育指导服务体系基本建成，指导服务能力进一步提升；支持家庭生育养育教育的法律法规政策体系基本形成；提升家庭领域理论和实践研究水平，促进成果转化应用。《家庭教育促进法》明确指出：“本法所称家庭教育，是指父母或者其他监护人为促进未成年人全面健康成长，对其实施的道德品质、身体素质、生活技能、文化修养、行为习惯等方面的培育、引导和影响……家庭教育以立德树人为根本任务，培育和践行社会主义核心价值观，弘扬中华优秀传统文化、革命文化、社会主义先进文化，促进未成年人健康成长。”

想让孩子在长大后拥有适应社会的能力，就必须让孩子从小跟上社会的节奏，具备能在“竞争中求生存”的本领。对于家长而言，育儿要沿着自强、自立、自主的思路，将一个“自然人”培养成一个能被社会接纳的“社会人”。综上所述，学前儿童家庭教育的目的是家长充分利用家庭优势和社区资源，创设良好的家庭环境，建立和谐的亲子关系，对学前儿童施以多种影响，培养其良好的生活习惯和自理能力，增强体质，激发认知兴趣，提高认知能力，掌握社会行为规范，形成良好个性品质，发展审美能力，塑造正确劳动价值观和劳动品质，促进学前儿童身心全面、和谐、健康发展。

第二节 学前儿童家庭教育的内容与实施

参照目前幼儿园教育的任务和内容，结合目前我国学前儿童家庭教育的发展现状，学前儿童家庭教育的主要内容包括学前儿童家庭健康教育、认知教育、社会教育、艺术教育和劳动教育。在不同的年龄阶段，学前儿童家庭教育的具体内容和基本要求也不尽相同。

一、学前儿童家庭健康教育的内涵与价值、内容及其实施

（一）学前儿童家庭健康教育的内涵与价值

《幼儿园教育指导纲要（试行）》（以下简称《纲要》）明确规定："幼儿园必须把保护幼儿的生命和促进幼儿的健康放在工作的首位。树立正确的健康观念，在重视幼儿身体健康的同时，要高度重视幼儿的心理健康。"

健康是学前儿童的幸福之源，不仅可以提高其生命质量，而且可以为其一生的发展打下良好的基础。学前儿童家庭健康教育是根据学前儿童身心发展的特点和要求，家庭成员对学前儿童进行的以身心健康为主要内容的系统性教育活动。其价值主要体现在以下几个方面。

1. 增强学前儿童的体质

家长为学前儿童创设和谐、舒适的家庭生活环境，提供丰富的营养、充足的睡眠、合适的衣物，还借助各种活动方式发展其爬、走、跑、跳等活动能力，保证学前儿童的健康发展。

2. 促进学前儿童认知的发展

多样的健康教育活动可以有效地促进儿童认知的发展。学前儿童认知经验少、自理性差、自我保护意识相对欠缺，家庭健康教育活动可以让学前儿童在积极主动的探究活动中真正地理解和掌握健康知识。关于怎样把球踢得更远、踢得更精准的探讨和尝试，不仅可以提高学前儿童的身体协调能力和自控能力，而且可以提高学前儿童的注意力、观察力、想象力等。

3. 促进学前儿童社会化的进程

学前儿童家庭健康教育对学前儿童社会化的发展具有积极的影响。在特定的生活方式下，健康教育无论劝阻还是鼓励哪种行为，都必须把力量集中到习惯形成的最早场合。家庭是儿童实现社会化的最初场所，儿童早期的社会化行为首先是在家庭中产生的。家庭成员之间的交往方式会对学前儿童产生潜移默化的影响。比如家长之间常常积极沟通，学前儿童遇到问题时也会积极通过交流、协商解决。

4. 促进学前儿童审美能力的发展

学前儿童在健康教育过程中通过持续努力习得良好的生活习惯、学会自理，能够表现出意志美；关心社区环境，能够表现出公德美；与他人和谐相处，能够表现出情感美等。因此，学前儿童家庭健康教育不仅有助于学前儿童创造和体验身体美，还能发展其审美能力。

5. 促进学前儿童劳动能力的提升

学前儿童家庭健康教育帮助学前儿童学会自己吃饭、穿衣、如厕等基本生活技能，掌握自我服务的本领，习得自己整理玩具、图书等良好的生活习惯，这不仅有助于学前儿童形成独立做事的劳动观念，懂得珍惜劳动成果，还有助于他们在劳动过程中增强责任感、发展自信心，从而不断提升劳动能力。

（二）学前儿童家庭健康教育的内容及其实施

1. 为学前儿童创设良好的家庭生活环境

家庭是学前儿童成长的摇篮，也是他们主要的生活场所。学前儿童具有较强的可塑性，家庭生活环境对其身体发育、行为习惯、心理健康等影响都极为深刻。因此，家长应特别注重为学前儿童创设一个良好的家庭生活环境，以提高家庭教育质量，促进他们全面、和谐、健康地发展。家庭生活环境主要包括家庭物质生活环境和家庭精神生活环境两个方面。

家庭物质生活环境涉及衣、食、住、行，在一定程度上影响学前儿童生理及人格的健康发展。

学前儿童身体生长发育迅速、可塑性强，但抵抗力较弱，这就需要家长精心照顾他们，其中一个极为重要的方面就是为其创设良好的家庭物质生活环境，如室内空气流通，温度、湿度适宜。另外，家庭物质生活环境对学前儿童良好生活习惯的养成和健全人格的发展也具有重要影响。例如，干净、整洁、有条理的环境不仅有利于他们从小养成良好的生活习惯，还可以使他们感到心情愉悦。相反，污浊、杂乱的家庭物质生活环境会使他们心情烦躁，容易使其养成懒惰、不爱干净等不良习惯。

家庭精神生活环境主要指家庭成员的品德修养、行为规范、家庭成员关系、兴趣爱好等。对北京、黑龙江、江西和山东等地区的 2 万名家长和 2 万名小学生进行家庭教育状态调查的结果显示，成绩优秀学生的家庭大多采用协商、民主的亲子互动模式。可见，良好的家庭精神生活环境非常有益于学前儿童的身心健康，因此，家长应为其创造有利于健康成长的家庭精神生活环境，使他们拥有一个温馨、健康、快乐的成长氛围。

家长为学前儿童创设的居住条件要整洁，家庭氛围要愉悦。家庭成员之间应该相互尊重、关爱，家长既不要在学前儿童面前大声争吵，也不要在他们面前过分亲密；家长要尊老爱幼、团结邻里。家长对学前儿童应当严爱有度，在情感上给予爱抚、鼓励，又要有所节制。学前儿童由于自我调控能力差，常会犯下许多“过错”，这时家长应该理解、体谅他们，帮助他们分析原因，让他们知道以后应该怎么办，而不是简单粗暴地批评、埋怨，甚至恐吓他们。比如学前儿童帮忙扫地，但越扫越脏时，家长应该示范正确的扫地方法，并尽可能提供适合其身体发育水平的清洁工具，而非禁止他们参加家务劳动。

2. 培养学前儿童良好的生活和卫生习惯

学前期是身心发展的重要时期，也是生活习惯形成的关键期。良好的生活习惯对学前儿童的健康成长十分重要，“五岁成习，六十亦然”。良好的生活习惯不仅会影响学前儿童的身体健康，而且对其自信心、意志力及交往能力等方面的培养具有重要的影响。

生活习惯包括饮食、睡眠、劳动等习惯。良好的饮食习惯主要包括：正确使用餐具、独立进餐、文明进餐（如细嚼慢咽、不咂嘴等）；不挑食、不偏食、不剩饭；定时、按量喝水等。良好的睡眠习惯主要包括：按时睡觉、起床；独立入睡；掌握正确的睡姿等。良好的劳动习惯包括自我服务、适当参加家务劳动和参加公益性劳动。

良好的卫生习惯主要包括饭前便后正确洗手；早晚刷牙，饭后漱口；勤剪指甲、勤洗头发、勤洗澡、勤洗屁股；不吮手指，不将不干净的物品放入口中；及时大小便，不憋尿；不乱丢果皮、纸屑；不在地上、墙壁上、家具上、床单上乱写乱画；不爬、不踩桌椅；不随地吐痰等。此外，家长还要让学前儿童树立保护器官的意识：保持正确的读书、写字、绘画姿势，连续看电视的时间不超过 0.5 小时且每天看电视时间不超过 2 小时，不用脏手揉眼睛；不高声喊叫、不尖叫，唱歌后不要马上喝凉水，正确朗读，声音洪亮；不用硬物挖耳朵，洗澡、洗头、游泳时要注意保护耳朵，听到噪声后要用手捂住耳朵；每天早晚各刷一次牙，用正确的方法刷牙，不将异物放入口中，不吞咽异物；用正确的方法擤鼻涕，不抠鼻孔，不将异物塞入鼻孔。

家长在培养学前儿童良好的生活和卫生习惯时，应注意以下两个方面。

（1）学前儿童自理能力的培养和劳动习惯的初步形成完全取决于家长的做法和要求。家长既要结合学前儿童身心发展特点悉心照顾其生活，重视和满足他们被保护、被照顾的需要，也要学会放手，尊重和满足学前儿童不断成长的独立需要，鼓励并指导他们自理、自立，在日常生活中多做力所能及的事情。即使学前儿童一开始做得不够好，家长也要鼓励他们坚持下去，并根据学前儿童的实际情况提出具体的要求和做法等，培养他们独立生活的能力。

（2）学前儿童的视力保健和牙齿保健与其生活和卫生习惯密切相关。家长要避免让学前儿童长时间地看电视、玩电子游戏；要多带孩子进行户外运动；要保证阅读活动的场所有足够的照明，引导学前儿童保持正确的阅读姿势，不过近、过远或躺着看书；要定期检查学前儿童的视力，并及早矫正不良视力；要教育学前儿童适当地摄入甜食，睡前不吃糖。

3. 培养学前儿童坚持体育锻炼的兴趣和能力

坚持体育锻炼不仅可以增强学前儿童的体质，提高他们的免疫力，还可以培养他们坚强、勇敢的性格，促进其身心健康、和谐发展。因此，家长应尽可能多地让学前儿童接触阳光、新鲜空气，并利用上下楼梯、走路等多种方式锻炼身体，与他们一起进行跑、跳、游泳等活动，锻炼其速度、耐力、协调性、灵敏性等。

家长在与学前儿童一起开展体育锻炼时应注意以下四个方面。

（1）根据学前儿童的生理特点，有计划、有步骤地开展。由于学前儿童的运动系统、呼吸系统、神经系统的功能尚未完善，因此，家长应注重积极锻炼和适当保育的结合。

（2）根据家庭特点、家庭所处的环境等条件，为学前儿童创设适宜的体育锻炼环境。例如，居住在海边的家长可以多带学前儿童去海边玩水、沙；北方的家长可以多带学前儿童玩冰雪。

（3）持之以恒。身体必须经过多次反复刺激，才能在大脑皮质产生兴奋灶。家长必须坚持带学前儿童进行体育锻炼，不能因为天气情况、家长心情等而随意中断。

（4）注意体育锻炼时的安全问题。家长要确定运动器械牢固；周围环境安全，无废气、噪声等污染源。

4. 注重学前儿童心理的健康发展

学前儿童的心理健康是指儿童的心理发展水平达到相应年龄组儿童的正常水平，情绪积极、性格开朗、无心理障碍、能较快地适应环境。心理健康是学前儿童全面、和谐发展的保障。早期家庭教育是影响学前儿童心理健康的重要因素之一，家长对其心理健康发展起着至关重要的作用。因此，家长应特别注重学前儿童心理发展的家庭辅导。儿童成长的每一阶段都有相应的心理发展目标，家长要懂得儿童心理发展的阶段特点，并给予正确的引导，以促进其心理的健康发展。对学前儿童心理发展的辅导不仅包括帮助他们具备适应社会的良好心理品质，还包括帮助他们充分发挥潜能和创造性，使其个性得到良好发展。

（1）学前儿童心理发展的家庭辅导内容

- 人格辅导。此辅导的内容包括培养学前儿童对爱的感受能力，接受愉快的情绪体验，在与同伴、成年人交流时懂得基本的交往原则，对尊重、合作、宽容、帮助等良好交往品质有初步的体验；喜欢自己，乐于自我体验和自我探索；拥有日渐发展的对真、善、美的感受能力和判断能力；拥有自主选择目标并努力去实现的倾向和能力等。
- 生存辅导。此辅导的内容包括引导学前儿童养成良好的生活习惯，同时逐步形成积极健康的生活方式；乐于探索、体验多方面的生活，并从中发现生活的美好；能平静地接受生活的复杂性，有相对正确的判断和选择，并有自我保护意识和自主自立意识；拥有初步的责任感等。
- 学习辅导。此辅导的内容包括激发学前儿童对周围世界的强烈好奇心，在日常生活中了解事物现象间的简单关系；培养学前儿童的口头表达能力，形成主动与别人交流的良好习惯；为学前儿童提供丰富的游戏材料，激发他们的求知欲等。

（2）做好学前儿童心理发展的家庭辅导工作

学前儿童心理健康发展的家庭辅导只能由家长来承担，在引导儿童发现世间万物，包括发现自我的同时，建立起一种积极健康的态度和看法。学前儿童正处于心理发展的重要时期，家长必须尽早地承担起这个神圣的职责，做到充分认识环境、认识孩子和认识自己。

- 认识环境。人是在与环境的相互作用中发展起来的。家长要对学前儿童的生长环境有较为全面、正确、深入的了解，如学前儿童身边的传统文化哪些是健康的，哪些是不健康的。学前儿童所处的时代特点、生存环境的变化，都要求学前儿童心理发展的家庭辅导工作在动态中进行。
- 认识孩子。学前儿童是一个发展的主体，家长要认识他们的身心发展规律和个性特点，按照成长规律科学引导他们，使他们在原有的基础上得到更好的发展。
- 认识自己。作为学前儿童心理发展的家庭辅导实施者，家长对自己的认识非常重要。家长不仅要明确自己的职责，增强教育意识，时刻注意自己的言行，还要不断提高心理素养，结合实际情况选择经过努力可以实现的目标，并付诸行动，以提高对学前儿童心理发展辅导的实效性。

二、学前儿童家庭认知教育的内涵与价值、内容及其实施

学前期是个体智力发展、智能开发的黄金时期。学前儿童对外界的刺激特别敏感，也容易接受外界信息。家长应把握这一重要时机，给予学前儿童适时、适当的教育，充分发展他们的智力，激发他们的潜能。

（一）学前儿童家庭认知教育的内涵与价值

学前教育具有基础性、启蒙性的特点。《3—6 岁儿童学习与发展指南》（以下简称《指南》）指出：幼儿期是语言发展，特别是口语发展的重要时期；幼儿在运用语言进行交流的同时，也在发展着人际交往能力、理解他人和判断交往情境的能力、组织自己思想的能力；通过语言获取信息，幼儿的学习逐步超越个体的直接感知；幼儿的语言能力是在交流和运用的过程中发展起来的，家长应为幼儿创设自由、宽松的语言交往环境，鼓励和支持幼儿与成年人、同伴交流，让幼儿想说、敢说、喜欢说并能得到积极回应；幼儿的语言学习需要相应的社会经验支持，家长应通过多种活动扩展幼儿的生活经验，丰富语言的内容，增强理解和表达能力；家长应在生活情境和阅读活动中引导幼儿自然而然地产生对文字的兴趣，用机械记忆和强化训练的方式让幼儿过早识字不符合其学习特点和接受能力。学前儿童家庭认知教育主要是丰富学前儿童的知识经验，激发其求知兴趣，培养其动手、动口、动脑能力，促进其认知能力发展的教育。

1. 促进学前儿童智力的发展

3 岁孩子的脑重量已经和成年人的脑重量比较接近，家长要多对这个阶段孩子的视觉、触觉、肢体动作 3 个方面进行良性刺激。3～6 岁是大脑发育的第二个高峰期，家长要用科学、正确的方式培养这个阶段孩子的专注力、记忆力、观察力等，如鼓励他们自主探索，多与他们聊天，借用绘本故事让他们学会表达等。学前儿童家庭认知教育应依据学前儿童的生理和心理发展特点，培养他们的注意力、观察力、记忆力、想象力、思维能力等，进而促进其智力的发展。

2. 促进学前儿童社会性的发展

学前儿童家庭认知教育在对学前儿童进行科学启蒙、语言训练的同时，也有效地促进和发展了学前儿童的社会适应能力。相比那些因为不善于表达自己意见而退缩或通过“武力”表达自己情感和态度的学前儿童，语言能力比较强的学前儿童往往通过协商、说服的方式提出请求或化解双方的矛盾，这使他们更容易受到同伴的接纳和喜欢。

3. 促进学前儿童审美能力的发展

发展学前儿童的审美能力必须从感知美、认识美开始，因而在家庭认知教育中，家长可以有意识地渗透审美教育，通过巧妙的点拨引导学前儿童认识语言、科学、数学等各类知识中所蕴含的美，从而增强他们对美的事物的感知能力。同时，家长要引导学前儿童在认知活动中欣赏美、表现美、创造美，在潜移默化中不断提高他们的审美能力。

4. 促进学前儿童健康劳动观念的形成

“生活即教育”是陶行知生活教育理论的核心。从生活的横向展开来看，过什么生活也便是在受什么教育；从生活纵向的发展来看，生活伴随人生始终。陶行知把教育和社会生活联系起来进行考察，认为“生活教育是生活所原有，生活所自营，生活所必需的教育”。生活与教育是一回事，教育不能脱离生活。教育不仅改造着社会生活，也改造着每个个人的生活。因此，生活决定教育，教育改造生活，相辅相成。学前儿童家庭认知教育应依据学前儿童的身心发展特点，围绕其生活进行，尤其是吃饭、穿衣、如厕等自我服务方面，以及参与力所能及的家务劳动，由此激发学前儿童的劳动兴趣。家长可以通过讲解、示范等言传身教地将劳动融入认知教育，为他们提供适宜的劳动机会，从而促进他们形成健康的劳动观念。

（二）学前儿童家庭认知教育的内容及其实施

学前儿童家庭认知教育的主要内容是激发学前儿童的认知兴趣，丰富学前儿童的知识储备，发展学前儿童的认知能力。

1. 激发学前儿童的认知兴趣

兴趣反映着个体对客观事物积极的认识倾向。学前儿童对感兴趣的活动常常表现出极大的积极性、主动性，以及长时间的专注；对于不感兴趣的活动往往不能或难以进入状态，探索更是无从谈起。学前儿童的天性中原本有无数个“为什么”，所以学前儿童家庭认知教育应依据学前儿童的生理、心理发展特点，创设问题情境，激发其兴趣。家长可以围绕学前儿童生活中熟悉的物品玩猜谜游戏，也可以带他们到大自然中，培养他们的观察能力和思维能力。

学前儿童认知兴趣的激发应注意以下两个方面。

（1）家长应特别关注学前儿童的兴趣，并迎合其兴趣，以充分调动他们参与认知活动的积极性。同时，家长还要注意激发学前儿童的新兴趣，引导他们参与多种认知活动，获得多方面的认知发展。例如，学前儿童喜欢梅花鹿，家长可以带学前儿童去动物园近距离地观察梅花鹿，引导学前儿童仔细观察梅花鹿皮肤的颜色、鹿角的形状、爱吃的食物、进食方式等，并进一步引导他们思索梅花鹿喜欢生活在什么地方，都有哪些朋友，还可以陪学前儿童一起在动物园里找一找，看一看，进一步激发他们对其他动物的兴趣。

（2）家长要善于给学前儿童创造良好的认知环境。家长可以利用社区周边的各种资源，为学前儿童提供一个丰富多样、富于变化的认知环境，满足其好奇心和自主探索的需要，因势利导地激发和培养他们多角度、多层面的认知兴趣。家长还可以通过榜样示范的方式为学前儿童创造良好的认知氛围，家长的认知态度会极大地影响学前儿童的认知兴趣，家长爱学习、喜欢探索，学前儿童在潜移默化中也会对外部世界表现出很大的兴趣。

2. 丰富学前儿童的知识储备

学前期是个体知识储备迅速增长的时期，也是认知能力迅速发展的时期。实践证明，学前儿童对其生活环境的认识越多，其自信心就越强，探索欲望就越高，对周围环境的感知、理解、分析和判断能力也就越强。家长应为学前儿童创造一个丰富多彩而又富有教育意义的日常生活环境，让学前儿童多接触社会，扩大生活空间，实现家庭认知教育生活化。

丰富学前儿童的知识储备应注意以下三个方面。

（1）家长应因地制宜创造一切机会开阔学前儿童的眼界，丰富他们的知识。家长可以引导学前儿童观察周围的自然环境，认识简单的自然现象，如白天黑夜、四季变化、晴天雨天；认识常见的动植物，如虫鱼鸟兽、花草树木等。家长还可以引导学前儿童进行社会常识方面的认知，如小区周边的商场、书店、公园、博物馆，公路上常见的汽车、三轮车、自行车，以及家庭生活中的日用品等。

（2）家长要尽可能地让学前儿童亲身感知周围的人、事、物。就思维发展特点而言，学前儿童的思维发展趋势是从直觉行动思维发展到具体形象思维，再发展到抽象逻辑思维。家长除了引导学前儿童观察周围的人、事、物之外，还要鼓励他们在亲自摸一摸、看一看、做一做、玩一玩中认识物体的基本特征、形状及用途。例如，摆放餐具时，家长让学前儿童给每人准备一个碗、一双筷子、一把勺子，就可以让他们在认识各种餐具的同时，还学会了数量及一一对应的科学知识。

（3）家长要注重语言交流。家长在日常生活中要启发学前儿童多提问、多思考。学前儿童请求家长解答诸如“为什么会下雨？”“太阳去哪儿了？”的问题时，是激发学前儿童兴趣、丰富学前儿童知识储备的好机会。家长不要急于回答学前儿童的问题，可以鼓励学前儿童主动思考，也可以和学前儿童一起寻找答案。这个过程既可以增进亲子感情，又可以帮助学前儿童逐步了解、掌握解决问题的方法。

3. 发展学前儿童的认知能力

家长丰富学前儿童知识储备的目的是发展他们的认知能力，引导他们在已有认知能力的基础上主动地学习新知识，进一步增强认知能力，实现知识与能力之间的良性互动。学前期是语言学习、计数能力、整体记忆能力等发展的关键期。学前儿童的认知是在个体和环境的相互作用中，尤其是在人与人的交往实践中发展起来的，人际交往越频繁，学前儿童练习的机会就越多，认知能力的发展就越快。

学前儿童认知能力的发展应注意以下两个方面。

（1）家长要在日常生活中培养学前儿童的认知兴趣、扩大认知范围、发展认知能力。学前儿童是生活的主体，对日常生活十分熟悉，从日常生活中得来的知识也是学前儿童感兴趣、容易理解和接受的。例如，学前儿童喜欢富于变化的食物，家长可以在包饺子、蒸馒头时引导学前儿童观察面和水是怎么揉到一起的，各自的比例是多少，还可以给学前儿童一块面团，让他们在自由操作的过程中发展注意力、观察力、记忆力和想象力。又如，家长可以充分利用自然资源，经常带学前儿童去踏青、采摘等。

（2）家长在生活中要多为学前儿童提供人际交往的机会，让他们在人际交往中接受各种认知的熏陶和培养。家长可以在和学前儿童的交流过程中因势利导，开展随机教育；可以多带学前儿童走出家门，让他们在与更多人的交往中丰富体验，增加认知学习的机会。

知识拓展

抓住学前儿童的敏感期，实现家庭认知教育生活化

学前儿童具有吸收性心智，其学习热情和毅力是惊人的。敏感期到来时，学前儿童会不分时间、地点，一直做他感兴趣的事，家长此时的及时引导和教育会起到事半功倍的效果。

《纲要》指出："语言能力是在运用的过程中发展起来的，发展幼儿语言的关键是创设一个能使他们想说、敢说、喜欢说、有机会说并能得到积极应答的环境。"儿童在生活中常常把文字、语言与它们指称的对象联系起来，如处于识字敏感期的学前儿童走在街上时会主动读店名、路标等各种文字，且会主动问："这是什么啊？"学前儿童读时，家长一定要留心听。读音正确时，家长要及时给予赞扬、鼓励；读音不正确时，家长要及时读出标准的读音，并让学前儿童跟读正确的读音。一段时间后，学前儿童就会学会很多字和词。

《纲要》指出："引导幼儿对周围环境中的数、量、形、时间和空间等现象产生兴趣，建构初步的数概念，并学习用简单的数学方法解决生活和游戏中一些简单的问题。"《指南》指出："引导幼儿感知和体会生活中很多地方都用到数，关注周围与自己生活密切相关的数的信息，体会数可以代表不同的意义……鼓励和支持幼儿发现、尝试解决日常生活中需要用到数学的问题，体会数学的用处。"因此，学前儿童家庭中的数字认知教育也要贴近他们的生活实际。

《纲要》指出：学前儿童的科学教育是科学启蒙教育，重在激发他们的认识兴趣和探究欲望；家长要尽量创造条件让学前儿童实际参加探究活动，使他们感受科学探究的过程和方法，体验发现的乐趣。《指南》指出："幼儿科学学习的核心是激发探究兴趣，体验探究过程，发展初步的探究能力。成年人要善于发现和保护幼儿的好奇心，充分利用自然和实际生活机会，引导幼儿通过观察、比较、操作、实验等方法，学习发现问题、分析问题和解决问题；帮助幼儿不断积累经验，并运用于新的学习活动，形成受益终身的学习态度和能力。"

三、学前儿童家庭社会教育的内涵与价值、内容及其实施

学前儿童家庭社会教育主要是对学前儿童进行社会认知、社会情感、社会行为等方面的教育。作为社会中的一员，学前儿童必须认识周围的环境，与他人进行各种社会交往，学习社会所认可的行为方式、价值取向等，并使其逐渐内化为自身行为准则，成长为社会所需要的人。

（一）学前儿童家庭社会教育的内涵与价值

学前儿童家庭社会教育是指家长对学前儿童进行的以发展学前儿童的社会性为目标，以增进学前儿童的社会认知、激发学前儿童的社会情感、引导学前儿童的社会行为为主要内容的教育。家庭教育的重要目标之一就是培养学前儿童适应社会。学前儿童家庭社会教育有助于推进学前儿童社会化的进程，为其成为未来社会的合格公民奠定基础。其价值主要有以下三点。

1. 有助于学前儿童正确价值观的形成

学前儿童家庭社会教育的过程是向学前儿童传递正确的价值观的过程。在此过程中，学前儿童可以从家长的言传身教中学习社会的基本价值观念，如责任感、尊重他人、合作意识、分享意识等。例如，家长平时和朋友经常联系、互相关心，学前儿童在潜移默化中不仅会学会人际交往的方式，也会明白人与人之间应和谐相处、互相体贴。

2. 有助于学前儿童良好情感的陶冶

情感是人的社会化的一个重要方面，对学前儿童进行社会教育可以丰富其情感内容，帮助

他们与人和谐交往，懂得关心、爱护、体谅、宽容、同情、尊重他人等，从而使其更好地适应未来社会，在逆境和挫折中都能充满自信并积极进取。家长应创设民主、和谐的家庭氛围，培养学前儿童自信、乐观、勇敢、诚实、正直、富有同情心等良好品质，并引导他们逐渐学会控制自己的情绪。

3. 有助于学前儿童社会性的发展

学前儿童处于以自我为中心和真正社会化之间的阶段，具备与同伴进行有效协作的能力后，才能进入社会化阶段。在家庭社会教育过程中，学前儿童不仅可以学会与他人进行社会交往的技能，建立融洽的人际关系，还可以把社会知识和社会规范内化为自己的行为准则，逐步形成符合社会需求的情感和态度，做出适当的行为，促使社会性得到良好发展。家长在日常生活中要多运用表扬让学前儿童更好地学习或做他们应该做的事，也要让他们学会鼓励或表扬别人，以便得到他人更多的帮助。

情景案例

有一次，卡尔想用木块搭建一座宏伟的城堡，但是他独自一人无法完成，便请爱伦维茨来帮忙。可是，爱伦维茨的表现很不好，不仅帮不了卡尔的忙，反而经常把已建好的部分弄坏。为此，卡尔非常气恼。在爱伦维茨又一次不小心弄垮一根柱子时，卡尔大声嚷嚷起来："你怎么这么笨啊？我刚刚修起的柱子，你就这么把它弄垮了。"这时，爱伦维茨难过极了，再也无法为未完工的小城堡上增添一块木块。没有了爱伦维茨的帮助，卡尔只能放弃当天完工的计划。

吃饭时，卡尔爸爸告诉卡尔他的这种做法不正确，因为这样责备他人只会使自己渐渐失去他人的帮助。卡尔爸爸对卡尔说："虽然爱伦维茨有时不那么机灵，但出发点是想帮你，你应该鼓励他。"卡尔问："难道鼓励就能改变他的笨手笨脚吗？"卡尔爸爸解释道："爱伦维茨之所以笨手笨脚是因为没有自信心，你再对他大呼小叫，他就更加找不到感觉了。如果你能容忍他的失误，并不失时机地表扬他一下，他一定会做得很好的。"卡尔将信将疑地问："表扬真有这样的作用吗？"卡尔爸爸笑着说："当然。"

第二天，卡尔为前一天的粗鲁行为向爱伦维茨道了歉，并向他保证以后不再那样说他。在搭建城堡的过程中，卡尔不时地对爱伦维茨的帮助给予肯定，还常常夸奖他做得好。事情正如卡尔爸爸想象的那样，爱伦维茨不仅不再笨手笨脚，而且做得相当出色。

爱伦维茨回家后，卡尔对卡尔爸爸说："真没想到，我也没有做什么，只是说了一两句表扬的话，爱伦维茨就像变了一个人。说实在的，他做得真棒！"

（二）学前儿童家庭社会教育的内容及其实施

学前儿童在与成年人和同伴的交往过程中，不仅可以学如何与人友好相处，也可以学如何看待自己、对待他人，不断发展适应社会生活的能力。学前儿童家庭社会教育的内容丰富，综合起来主要有以下三点。

1. 帮助学前儿童树立正确的自我意识

自我意识是一种认知心理结构，组织、调整、综合个体自身的行为。自我意识是学前儿童社会化的重要组成部分。积极、正确的自我意识是个体进步不可缺少的内在动力，对学前儿童认知的发展和健全人格的形成具有重要作用。

自我意识主要包括自身定位、情绪调控和自我抉择三个方面。

（1）自身定位即正确认识自己、评价自己、接纳自己。每个学前儿童都是与众不同的，家长应引导学前儿童正确认识自己，知道自己的身体特点；明白自己性格的优缺点，对自己有一个相对全面的认识；在全面认识自己、评价自己的基础上，不仅明白自己的优点，也正确看待并接纳自己的缺点。

（2）情绪调控即学会调控情绪。学前期是个体情感发展的关键期，家长应该帮助学前儿童形成初步的情绪调控能力。一方面，家长应该做好榜样，让学前儿童在潜移默化中明白每个人都有喜怒哀乐，都可以表达自己的情绪情感；另一方面，家长要明白学前儿童和成年人一样也有自己的喜怒哀乐，应在尊重他们的基础上科学地疏导其不良情绪，引导他们用恰当的方法表达自己的情绪。

（3）自我抉择即学会自由选择、自我决断等。这是学前儿童独立、自主的重要表现，家长应尽可能地为其创造学习自我选择、自我决断的机会。

2. 帮助学前儿童认识他们所生活的社会环境

社会环境是学前儿童生活游戏的场所，也是学前儿童建立“秩序感”的场所，家长应丰富他们的社会经验，增进他们对社会环境的认识，引导他们关心和了解社会事物和社会人员，发展其社会认识能力、社会知觉能力、移情能力和道德判断能力，提高他们对美丑、善恶、是非、对错等的辨别能力，以及在社会生活中解决某些实际问题的能力。同时，家长还要注重培养学前儿童积极的社会情感，引导他们认识并理解人与环境之间的依存关系，培养他们爱护环境、保护环境的意识，引导他们关注并参与周围社会生活，萌发各种社会意识。传统节日是中华民族文化的有机组成部分，每一个节日都有其历史渊源、独特情趣和广泛的群众基础，家长向学前儿童介绍传统节日可以增强他们对本民族文化的认同感。

家长在帮助学前儿童认识所生活的社会环境时应注重正面教育。

（1）树立正面的榜样。学前儿童的社会认知水平不高，辨别是非能力较差，家长要特别注重为他们树立正面的榜样，让他们形成正确的世界观、人生观、价值观。

（2）以积极的方式提出要求。家长要直接告诉他们具体应该怎么做，而不是告诉他们不要做什么。例如，教育学前儿童爱护环境时，家长应该告诉他们的是“把垃圾扔到垃圾桶里”，而非“别到处乱扔垃圾”。

3. 帮助学前儿童提高社会交往能力

社会交往能力对于学前儿童心理的健康发展和健全人格的塑造具有重要作用。社会交往能力是指人在与人交往及参加社会活动时所表现出来的行为能力。学前儿童可以在与不同人打交道的过程中逐步形成待人接物的态度，获得社会交往的能力，实现社会性行为的发展。家庭是学前儿童生活的主要场所，家庭成员之间的互动方式对学前儿童有潜移默化的影响，他们在观察、学习及与家人交往的过程中逐渐建立符合社会要求的行为方式，并能初步根据社会规范来调整自己的行为。

家长在帮助学前儿童提高社会交往能力时应注意以下三点。

（1）创设良好、适宜的社会教育环境。就环境创设而言，家长要同时关注物质环境和精神环境，前者对学前儿童的行为会有较大的影响，后者会直接影响孩子的情感、交往行为和个性的发展。

（2）鼓励学前儿童与同伴交往。家长应鼓励学前儿童走出家庭，多接触外部世界，在与同伴的交往中提高抗压能力和应变能力，习得尊重、分享、合作、同情、谦让等社会行为，提高社会交往能力。家长可以让学前儿童邀请同伴到家中做客，也可以让学前儿童去同伴家里玩。家长要引导学前儿童和不同类型的同伴交往，发现同伴的长处。此外，家长要关注学前儿童的同伴，观察学前儿童在与同伴交往时的行为表现，并在学前儿童与同伴发现冲突时，提供正面的调节方法。

（3）为学前儿童提供与成年人交往的机会，并给予引导和帮助。学前儿童总会有长大的一天，需要用聪明的头脑和积累起来的智慧面对社会生活，这是他们立足社会的重要条件，所以，从小培养其成年人化素质也是家庭教育必要的内容。

情景案例

晚饭时，卡尔兴奋地对爸爸说："爸爸，这几天我在做一件能让人称赞的事。"有什么事能让卡尔感到如此自豪呢？原来，这几天，卡尔一直在帮助农夫卡里莱恩斯收割麦子。

帮助他人当然是一件好事，但卡尔所做的这件事并没有得到卡尔爸爸的表扬和鼓励。因为卡里莱恩斯是一个狡猾的人，卡尔如此热心地帮助他一定有某种原因。

事实上，帮助卡里莱恩斯的孩子不止卡尔一个。卡尔爸爸从卡尔的讲述中得知，几天前，卡里莱恩斯找到卡尔和他的小伙伴们，问他们愿不愿做一件能让人称赞的事。当然，这件事就是帮他收割麦子。孩子们一是觉得好玩，二是觉得自己能够做帮助他人的善事，便一口答应了。可是，单纯的孩子根本没有意识到他们掉进了一个圈套。有了孩子们的帮助，卡里莱恩斯就用不着雇人干活了。这是一种无耻的做法，因为他利用了孩子们的善良。

面对这样的情况，卡尔爸爸并没有直接去找卡里莱恩斯理论，而是首先向卡尔讲清了其中的道理，又教给卡尔一种争取自己权益的方法。

第二天，卡尔和小伙伴们仍然和往常一样去为卡里莱恩斯工作。将近中午时，天忽然阴了下来，乌云笼罩的天空预示一场暴风雨即将到来。当时卡里莱恩斯已将麦子装上马车，看见天气突变，便着急了起来。这些已经晒干的麦子如果被雨淋湿，对于他来说可是一笔不小的损失。卡里莱恩斯立刻叫孩子们来帮助他，但孩子们不但放下了手中的农具，而且都冷冷地看着他，根本没有想帮他的任何表示。"怎么啦？孩子们，为什么不干活？"卡里莱恩斯问道。这时，卡尔走到他的面前，以成年人的口吻说道："卡里莱恩斯先生，只要你付清我们这几天为你干活的工钱，我们会帮你的。""怎么？"卡里莱恩斯诧异地说，"你还要工钱？这太不像话了吧。帮助他人是一种美德呀！""对的，帮助他人是一种美德，可是我们不帮你这种人。"卡尔向小伙伴们挥了挥手，"走吧，看来卡里莱恩斯不愿付工钱。"

天已经开始下雨，无可奈何的卡里莱恩斯只好付给孩子们应得的报酬。

四、学前儿童家庭艺术教育的内涵与价值、内容及其实施

艺术是人类感受美、表现美和创造美的重要形式，也是表达自己对周围世界的认识和情绪态度的特有方式。当前，越来越多的家长意识到艺术教育在开发学前儿童智力、陶冶其情操、激发其自信、锻炼其意志方面所起的重要作用。

（一）学前儿童家庭艺术教育的内涵与价值

学前儿童家庭艺术教育是指家庭成员对学前儿童进行的以感受美、表现美、创造美、追求美为主要内容的教育。学前儿童对美的事物的感受带有直觉性，虽显幼稚，但已经具有初步的审美意识。艺术教育不仅可以培养学前儿童感受美、表现美和创造美的能力，而且可以培养他们自主、自律、尊重、合作、创新等多方面的主体性品质。学前儿童家庭艺术教育的价值主要体现在以下四个方面。

1. 有助于学前儿童审美能力的发展

通过日常生活、大自然及音乐、美术、舞蹈等，家长要积极引导学前儿童亲自体验和感受美，发现外部世界中的对称、节奏、韵律、疏密、缓急、错综等各种美的样态，培养学前儿童发现美、感受美、欣赏美、表现美、创造美的能力。自然界中的花草绿植、鸟鸣虫叫、雨后彩虹等，各有特色、各具魅力，学前儿童徜徉其中，其审美能力也会逐渐提高。

2. 有助于学前儿童情感的良好发展

通过旋律、节奏、绘画构图等艺术要素，艺术教育可以让学前儿童产生强烈的情感体验。从学前儿童的接受能力来看，艺术教育在培养其良好的情感方面具有独特的效果。当然，学前儿童对艺术的接受能力也存在个体差异，这就需要家长在全面观察了解的基础上依据学前儿童的个性特点采取相应的教育方式。

3. 有助于学前儿童规则意识的培养

心理学家认为，学前儿童社会化的发展终结在他们善于协调各种关系，并在一定社会秩序中达到相对自治之时。艺术本身包含许多规则。只有严格遵循这些规则，才能表现出艺术自身的美。通过艺术活动所获得的规则意识会影响学前儿童对社会规则的认识。家长可以有意识地引导学前儿童在感受艺术、表现艺术的活动中理解并遵守这些规则，从而增强其规则意识。

4. 有助于学前儿童语言的发展

艺术教育具备了促进学前儿童语言发展的诸多因素。优美的歌词能使学前儿童积累许多精练、优美、富有感情色彩的词汇。动听的歌曲不仅易于吸引学前儿童的注意，而且容易被其记忆、诵唱，在潜移默化中促进其语言的发展。同时，家长应当抓住学前儿童音乐发展的关键期，有意识地为其选择动听的歌曲，并鼓励他们自编自唱，使其在反复聆听、自编自唱中丰富词汇，感受语言的魅力，促进语言组织和表达能力的发展。

（二）学前儿童家庭艺术教育的内容及其实施

《指南》指出：“幼儿艺术领域学习的关键在于充分创造条件和机会，在大自然和社会文化生活中萌发幼儿对美的感受和体验，丰富其想象力和创造力，引导幼儿学会用心灵去感受和发现美，用自己的方式去表现和创造美。幼儿对事物的感受和理解不同于成年人，他们表达自己认识和情感的方式也有别于成年人。幼儿独特的笔触、动作和语言往往蕴含着丰富的想象和情感，成年人应对幼儿独特的艺术表现给予充分的理解和尊重，不能用自己的审美标准去评判幼儿，更不能为追求结果的“完美”而对幼儿进行千篇一律的训练，以免扼杀其想象与创造的萌芽。”基于此，学前儿童家庭艺术教育的主要内容是引导学前儿童感受周围环境和日常生活中的美，发展其审美情趣和享受美的能力；鼓励学前儿童用不同艺术形式大胆地表达自己的情感、理解和想象，发展其表现美、创造美的能力；指导学前儿童利用身边的物品或废旧材料制作玩具、手工艺品等来美化自己的生活或开展其他活动，提高其艺术素养。

1. 引导学前儿童感知、欣赏日常生活中的美

学前儿童的可塑性强，以具体思维为主，因此家长对学前儿童实施艺术教育时应注重运用他们可以具体感知的、生动鲜明的形象。日常生活中有许多美好的事物，也是学前儿童十分熟悉且容易感知的，家长应引导他们感知、欣赏日常生活中的美。学前儿童的审美能力也是在日常生活中熏陶出来的。

（1）家长要善于引导学前儿童留意美、欣赏美，抓住各种教育契机进行艺术教育。例如，家庭和社区里的花草树木、公园的楼台亭阁、街头上色彩缤纷的广告牌等。

（2）家长要在日常生活中实现对学前儿童的审美教育。家长要让学前儿童理解整洁美，衣服整整齐齐是美的，头发梳整齐了才漂亮，玩具玩完后要摆放整齐，图书看完后要放回书架等；通过日常生活中的着装引导他们感知各种色彩的搭配等。

2. 升华学前儿童对自然美的理解

苏霍姆林斯基很重视大自然所蕴含的艺术教育的价值，他经常带着学前儿童到大自然中感受美、欣赏美。大自然具体、直观、生动形象，容易为学前儿童所感知、体验、理解，并且容易引起他们情绪情感上的共鸣。

家长应多带学前儿童接触大自然，春踏青、夏游泳、秋远足、冬赏雪，让他们投入大自然的怀抱，感受、欣赏大自然的美。例如，家长带学前儿童认识秋天的银杏树，可以先引导学前儿童感受银杏大道金黄色的意境美，再具体观察一棵银杏树，端详一片银杏叶的形状、色彩、纹理，体验小脚踩过落叶的奇妙。在学前儿童享受绚烂多彩的大自然时，家长可以让他们把感受最深、感觉最美的景色表现出来，如鼓励他们用优美的文字语言、丰富的肢体语言、神奇的画笔再现他们看到的形状多样、变化奇特的云朵。接触千变万化、生机勃勃的大自然不仅能满足学前儿童的好奇心和探索欲望，也能使其获取多方面的经验和能力。

3. 关注具体直观、鲜明生动的艺术形式美

音乐、美术、舞蹈等艺术形式美具体直观、鲜明生动、富有表现力，容易被学前儿童接受，引起情感上的共鸣，对发展他们的审美能力具有很大的促进作用，因此，艺术形式美既是艺术教育的重要手段，也是艺术教育的重要内容。歌德说过："鉴赏力不是靠观赏中等作品而是要靠观赏最好作品才能培育成的。"家长可以引导学前儿童学会欣赏本民族和全世界优秀的艺术作品，通过艺术熏陶促进他们审美能力的发展。

（1）培养学前儿童的艺术兴趣。艺术教育应该关注兴趣培养。学前儿童的兴趣具有偶然性、不稳定性，往往停留在"好玩"的水平上。因此，家长应注重调动学前儿童的积极性和自信心，还应注重其满足感和成就感的获得。学前儿童具有喜欢被肯定、被称赞的心理，家长积极的评价对发展学前儿童的艺术兴趣也是非常重要的。

（2）创设良好的艺术环境。艺术教育是一种培养儿童手、眼、脑协调活动的操作教育。在艺术活动中，学前儿童要用脑去想象、理解、加工审美意念，用手操作材料等。家长应为学前儿童提供充分的操作机会和相对充足的物质材料，让他们自由探索、大胆想象。同时，家长应创设宽松的心理环境，为学前儿童提供自由发展的空间，让他们在放松的状态下接受艺术的熏陶。

（3）鼓励学前儿童进行艺术创造。学前儿童对外部世界有自己的认识和理解，也有不同的表现手法，家长要为他们创造轻松、自由、愉悦的环境，鼓励他们在艺术创造中表现出首创性、互异性和多样性，充分发展其艺术潜能。当学前儿童的表现手法与众不同时，家长不要急于对他们富有创造性的思维、行为予以评判，要认真倾听他们的想法并进行启发，使他们有充足的时间进行想象和创造。对学前儿童来说，想象和创造的过程通常比结果更有意义。

五、学前儿童家庭劳动教育的内涵与价值、内容及其实施

2020 年 3 月 20 日，中共中央、国务院正式发布《关于全面加强新时代大中小学劳动教育的意见》（以下简称《意见》），明确要求将劳动教育与德育、智育、体育、美育相融合。教育与生产劳动结合可以实现人的全面发展。

（一）学前儿童家庭劳动教育的内涵与价值

劳动教育可以促进人的全面发展。学前儿童劳动教育不仅是学前教育实践体系的重要组成部分，也是实施学前教育的重要手段，对于人的发展起着重要的作用，可以为促进人的全面、和谐发展奠定基础。

1. 学前儿童家庭劳动教育的内涵

2020 年 7 月，教育部印发的《大中小学劳动教育指导纲要（试行）》指出“劳动是创造物质财富和精神财富的过程，是人类特有的基本社会实践活动。劳动教育是发挥劳动的育人功能，对学生进行热爱劳动、热爱劳动人民的教育活动。”

劳动教育是德育的一部分，其目的在于让学前儿童端正劳动态度和形成良好的劳动习惯，建立热爱劳动、尊敬劳动者的情感，能主动爱惜劳动成果并掌握一定的劳动技能。《纲要》认为幼儿园应“与家庭、社区合作，引导幼儿了解自己的亲人以及与自己生活有关的各行各业人们的劳动，培养其对劳动者的热爱和对劳动成果的尊重”。《指南》给出了“引导幼儿生活自理或参与家务劳动，发展其手的动作。如练习自己用筷子吃饭、扣扣子，帮助家人择菜叶、做面食等”“懂得尊重工作人员的劳动，珍惜他们的劳动成果”等教育建议。

综上，学前儿童劳动教育可界定为通过游戏、集体活动等多种方式开展，贯穿学前儿童的一日生活，目的在于让学前儿童树立正确的劳动观念、意识，养成热爱劳动、珍惜劳动成果、尊重劳动人民的劳动习惯和劳动品质，提高生活自理等劳动技能的教育活动。

2. 学前儿童家庭劳动教育的价值

强化学前儿童家庭劳动教育，不仅能培养其劳动习惯与生活自理能力，还能增强其身体素质，促进智力发育及道德品质、审美能力的发展。

（1）有助于促进学前儿童的身心健康

劳动能够促进学前儿童身体的发展。在劳动的过程中，学前儿童需要调动全身的大小肌肉，让身体始终处于活跃状态。同时，劳动教育还有助于培养学前儿童的劳动习惯和提高学前儿童的生活自理能力，使其在自我服务中增强自信心。

（2）有助于促进学前儿童的智力发育

陶行知先生的“生活即教育”思想强调解放学前儿童的双手和头脑，通过切实的劳动实践使学前儿童实现自主创造。劳动教育给学前儿童提供了亲自动手的机会，是创造力发展的源泉。学前儿童可以在劳动过程中经由观察学习、独立思考、总结经验，提升劳动能力，促进智力的发育。

（3）有助于塑造学前儿童的道德品质

爱劳动是一种优秀的品德，也是生存的重要条件。劳动教育可以促进学前儿童道德的发展，帮助其从小就树立正确的劳动观念，培养热爱劳动、热爱劳动人民的品质。教育学家洛克说过：“事实上，一切教育都归结为养成儿童的良好习惯，往往自己的幸福都归于自己的习惯。”教育学家乌申斯基认为：“良好的习惯是人在其神经系统中所存放的‘道德资本’；这个资本会不断地在增长，

一个人毕生就可以享用它的利息……”劳动习惯的养成是学前儿童今后幸福的重要保证。

（4）有助于促进学前儿童的审美发展

劳动有助于促进学前儿童意志品质的发展。任何劳动都需要学前儿童克服困难坚持完成。亲自动手实践、出力流汗，接受锻炼、磨炼意志，可以培养学前儿童的责任心、意志力，发展其劳动美、意志美。

（二）学前儿童家庭劳动教育的内容及其实施

劳动教育的最终目的是促进学前儿童获得全面和谐的发展。根据维果茨基的最近发展区理论，要想促进学前儿童的发展，劳动教育的内容就应该在学前儿童的能力范围内，但又需要他们付出一些努力、克服一定困难才能完成的劳动。《意见》提出：“根据教育目标，针对不同学段、类型学生特点，以日常生活劳动、生产劳动和服务性劳动为主要内容开展劳动教育。”因此，学前儿童家庭劳动教育的内容主要是从学前儿童的年龄特点和心理发展阶段出发，围绕其生活实际，逐步从自我服务劳动发展为群体服务劳动，提高劳动的要求与质量，并有目的、有计划地实施劳动，培养学前儿童良好的劳动习惯。

1. 自我服务劳动教育内容及其实施

学前儿童情感生活首先源于学前儿童的劳动，学前儿童的幸福感、愉悦感在劳动时迸发，他们的劳动力也会大大提升。婴幼儿肌肉发育不完全，能力差，其劳动教育重心应在自我服务上，家长可以让他们尝试自己穿脱不含纽扣的衣物，使用坐便器，使用勺子吃饭，独立取放毛巾，以及把玩具、图书等放回原处。4～5 岁的孩子已经具备一定的自我服务技能，但肌肉发育仍不完全，其劳动教育应在继续巩固自我服务的基础上增加一定的为他人服务的内容，如学会将自己穿脱后的衣物进行整理，主动收拾碗筷并将其放在合适位置，使用筷子吃饭，清洗自己的小毛巾等。5～6 岁的孩子要自觉地早晚刷牙，能熟练地使用筷子吃饭，能分门别类地将物品进行摆放整理，还要能主动为他人服务。

学前儿童在刚尝试劳动时常常很积极，时间长了一般就很难再集中注意力，需要家长想办法吸引他们的注意力。

（1）与学前儿童的日常生活相联系

生活中的自我服务劳动教育有助于增强学前儿童的生活自理能力。学前儿童在 3～4 岁时就可以开始接受自我服务劳动教育，培养基本的生活自理技能，如自己吃饭喝水、穿脱衣服和鞋袜、独立大小便、正确地使用厕纸、刷牙洗脸、取放毛巾等。生活中的自我服务劳动教育可以增强学前儿童“我长大了”“我可真能干”等自信心和自豪感。

（2）激发学前儿童劳动的兴趣

学前儿童天生好动、爱表现、对一切事物都充满好奇，家长应鼓励他们积极参与劳动，并给予劳动方法方面的指导。当学前儿童对劳动产生兴趣时，他们就会积极主动地劳动，并享受劳动的过程。家长在家庭生活中要抓住劳动教育的机会，在劳动过程中多让他们自己尝试动手解决，严格执行“自己的事情自己做”，使他们学会自我服务、自我管理。在他们学会自我服务自我管理时，家长要及时给予他们一定的奖励与表扬。被充分激发出劳动乐趣后，学前儿童会因为任务完成的满足感而进一步增强劳动兴趣。陈鹤琴先生认为“积极的鼓励比消极的刺激好得多”。鼓励是刺激学前儿童行为倾向的一大因素。家长对学前儿童的劳动行为给予及时鼓励，他们的劳动积极性就变高，劳动经验会更加丰富，动手能力也会变强。反之，家长的批评或者忽视会间接导致学前儿童劳动积极性降低，劳动能力减弱。另外，对于学前儿童在劳动过程中无意产生的破坏，家长要耐心地帮助他们分析物品损坏与不当行为之间的联系。“小孩子弄坏东西，做父母的去责罚他，并不是因为可惜东西，是因为要改正他的行为。”学前儿童完成劳动任务时，家长首先要肯定他们的积极行为，满足其成功的体验及分享劳动的自豪感和喜悦；其次要有足够的耐心纠正学前儿童的错误行为，激励他们继续努力，在不断尝试错误中改进，寻求解决的办法，促进他们健康、全面发展。

2. 群体性服务劳动教育内容及实施

学前儿童为他人进行的服务可以延伸至家庭、幼儿园和社区，这有助于他们产生尊重劳动和劳动者的情感，养成关心集体、服务他人的责任感。劳动的内容及完成每一项劳动任务所需的时间应该适合学前儿童的年龄和能力。在家里，学前儿童能做的事情包括把玩具从房间地板上捡起来、整理桌子、倒垃圾、给花儿浇水、帮忙洗碗、扫地等。在社区，家长可带学前儿童做社区清洁志愿者、看望社区的老年人等。在幼儿园，教师可以引导学前儿童整理班级活动室的玩具和图书、清扫地面等。学前儿童的良好劳动习惯不是一朝一夕就能养成的，劳动技能也需要在日常生活中慢慢提高，家长要注意劳动教育的时间和方法，以保障学前儿童参与家庭劳动实践活动的持续性、主动性、有效性。

（1）创设合适的劳动活动环境

家长应为学前儿童提供积极参与家庭劳动的条件，选择的劳动内容应与学前儿童的发展实际相符。家长可以引导学前儿童对家庭的绿植进行松土、浇水、采摘等，观察它们的生长变化，记录其生长发育的全程，以此培养学前儿童的耐心、细心、观察力等学习品质，使其习得关心、爱护动植物的崇高人格；为学前儿童提供一起与家人劳动的机会，通过“我会帮妈妈择菜了”“我能帮妈妈擦桌子”等体验劳动的乐趣，培养他们为他人服务的意识和责任感，增强他们的自我价值感。劳动教育不只需要付出体力，也需要思维参与。家长要让学前儿童在劳动中学会思考、比较、发现，这样不仅可以使他们掌握劳动技能，也能让他们体验探索、发现与解决问题的乐趣。

情景案例

早晨起来，爸爸看着地板笑嘻嘻地问丽丽：“你能扫地吗？”丽丽听了爸爸的话，不高兴地说：“扫地有什么难的！”扫完地后，丽丽说：“爸爸，你看我扫得怎么样？”爸爸看她十分得意，又说：“你再拖拖地板。”丽丽很好胜，就去拿拖把并把它放到水盆里浸了浸。拖把本来就重，浸过水后就更重了。丽丽费了好大劲才能拿起来，此时，她的脸上已经没有扫完地时的喜悦。

（2）家长言传身教激发学前儿童劳动的积极性

模仿是学前儿童的一种学习方式。班杜拉认为观察学习是人通过观察他人的行为及其结果，从而习得新行为的过程。观察学习的对象即榜样或示范者。

家长要以身作则，通过劳动观念培养和习惯养成营造良好的家庭氛围。例如，家长希望学前儿童养成整理房间、吃饭前摆碗筷等良好的劳动习惯，最好的方法就是家长以身作则，并有意识地引导学前儿童观察、模仿家长，和学前儿童一起制订劳动计划，并且共同完成。同时，家长应正视劳动者的劳动，利用身边的小事和细节教育学前儿童，使学前儿童深切体会到劳动的光荣。

家长要提供劳动机会，讲授劳动方法。“教育学之父”夸美纽斯指出家长要造就学前儿童心灵深处的智慧，就要在给学前儿童提供生活的基础上，让学前儿童可以尽可能多地参与劳动。《纲要》强调在保护、满足学前儿童身体健康需要的同时，也要给学前儿童留有一定的独立自主空间，给学前儿童提供足够的亲身劳动机会，学前儿童的自理、自立行为应该得到大力支持。因此，劳动教育不能只停留在口号上，要落实到具体行动上。当他们产生好奇并希望自己动手洗衣服时，家长可以通过适当的方式鼓励这种行为，并对他们提出表扬。同时，家长也要给予及时的劳动指导，帮助学前儿童学会正确的劳动技能。例如，叠被子时，家长不仅要教他们如何叠好被子，还要启发他们如何才能把被子叠得更加美观；洗碗筷时，家长不仅要教他们清洗的方法和步骤，还要教会他们如何在最短的时间里洗好，提高劳动效率等。

游戏是实施劳动教育的重要途径，家长可以根据学前儿童的兴趣和能力创设不同的游戏环境，并引导他们动手操作等。引导学前儿童扮演给“病人”看病的医生、给“学生”上课的老师、照顾宝宝吃饭穿衣的“妈妈”等角色，可以使其体会劳动者工作的辛苦。

（3）家庭与幼儿园、社区合作丰富劳动教育活动的机会

《纲要》指出，家庭、社区与幼儿园三方须密切合作，共同促进学前儿童劳动价值观的形成。《意见》强调劳动教育必须贯穿家庭、学校（幼儿园）和社会的各个方面，与德育、智育、体育、美育相融合。陈鹤琴先生在谈到劳动教育时十分强调系统一致性。系统一致既指家庭内部成员的教育一致，也指家园教育的一致。

家园合力促使学前儿童由内而外地养成劳动自觉的行为习惯。幼儿园要给予家长思想意识上的指导与帮助，明确劳动教育对于学前儿童全面发展的意义与价值，可以利用微信、QQ 等工具实现信息的双向通信，使双方对学前儿童在园所内和家庭中的劳动情况有所了解；通过家长会、开放日等活动对家长进行学前儿童家庭劳动活动开展的指导。例如，家长配合幼儿园的要求，坚持让学前儿童自己背书包、提水杯等。家长只有从意识观念上有所改变，才能真正促进劳动教育的发展。

情景案例

爸爸带领孩子们开辟了一个花园，还建了一个葡萄园。每个孩子负责照管一棵树、一朵花。孩子们要关心这些花木，为它们出力，对它们负责。在这里，孩子们的第一身份是一个劳动者，而不是爸爸妈妈照看的对象；他们将在每天的工作中充分地了解劳动，体验劳动的快乐。

鼓励学前儿童参与社区劳动服务。社区丰富的教育资源能够为学前儿童家庭劳动教育的开展提供有力支持，使他们从真实的劳动实践中获得劳动体验。家长可以带学前儿童在社区捡垃圾，使其养成保护环境的良好习惯；鼓励学前儿童参加社区义务劳动、志愿者服务工作等，在参加义务劳动和志愿服务的过程中充分理解劳动的意义。

知识拓展

不同国家和民族的劳动教育

很多国家和民族都非常重视对学前儿童实施劳动教育，特别强调家长要在家庭中及早施教，从幼儿时期就应该培养学前儿童的劳动意识和生活自理能力。

德国从法律上规定了学前儿童在家中的劳动教育，首先要求学前儿童承担家务劳动，协助家长完成家庭中的劳动内容。学前儿童自蹒跚学步时就要有意识地帮助家长承担些许

家务，家长可以为学前儿童创造条件，却不能全权包办。幼儿晚期的学前儿童要帮助家长完成打扫房间等难度较高的家务。这些规定使学前儿童自小便习惯了劳动，长大后也就自然有了更强的责任心和义务感。

犹太人认为学前儿童无论聪明早慧还是大器晚成，他们所取得的成绩都和环境有直接的关系，所受的教育也与个人的勤奋努力有直接的影响。因此他们把培养学前儿童爱劳动作为其全面发展的一种重要手段，当作早期幼儿教育的重要组成部分。他们利用幼儿期这个重要阶段对学前儿童进行早期劳动教育，让他们在轻松愉快、多种多样的劳动中获得全面发展。他们让学前儿童从小就明白“自己能做的事自己做”，增强他们动手做事、克服困难的信心和能力，培养独立意识。随着学前儿童年龄的增长，家长还会培养他们为大家做事的良好意识，这样既可以使学前儿童的身体得到锻炼，也能够使学前儿童具备良好的社会公德。

思考与实践

1. 如何确立学前儿童家庭教育目的?

2. 学前儿童家庭健康教育、认知教育、社会教育、艺术教育和劳动教育的内容有哪些?

3. 结合当前社会发展实际，你认为应当如何科学地实施学前儿童家庭健康教育、认知教育、社会教育、艺术教育和劳动教育?

05

第五章

学前儿童家庭教育的原则与常见现象分析

学习任务

1. 理解学前儿童家庭教育各个原则的含义和要求。

2. 能够运用所学知识科学分析学前儿童家庭教育的常见现象，结合学前儿童身心发展特点选择适宜的家庭教育方法。

3. 理解家庭教育普通教导法，主动提升自身家庭教育问题的分析与解决能力。

情景导入

淘淘快三岁了。每当小朋友来家里玩，正在玩其他玩具的淘淘只要一看到小朋友拿起自己的玩具，就会立刻丢开手里的玩具，抢夺小朋友手里的玩具，并说："这是我的，我的。"小朋友自然不给，争抢间，小朋友哭了。妈妈让淘淘把玩具让给小朋友玩，淘淘不从。妈妈感到有些尴尬，就从淘淘手里硬拿走玩具给小朋友。这时，小朋友不哭了，可淘淘哭了。小朋友走后，妈妈生气地说："你这孩子，怎么这么不懂事啊！再这样，以后就什么都不给你买了！"

教育的目标是帮助孩子学会应对生活中的困难，并找到解决困难的方法。学前儿童家庭教育的方法多种多样，一些家长教育孩子的成功经验是有价值的，家长可以了解一下，学一学，但不要全盘照搬，因为每个家庭都是特殊的，每个孩子都是特殊的。赵忠心老师认为教育孩子应顺其自然，循循善诱，因材施教。

第一节 学前儿童家庭教育的原则

学前儿童家庭教育的原则是指家长在实施家庭教育时必须遵循的基本要求和基本准则，它是根据我国社会主义教育目的的要求和我国学前儿童身心发展特点和个性、品德形成的规律，以及学前儿童家庭教育的任务、家庭教育过程的规律制定的，是学前儿童家庭教育经验的总结和概括。学前儿童家庭教育原则有明确的目的性和实践性，对确定家庭教育内容、选择教育方法、组织和实施家庭教育过程都具有指导作用。正确理解、掌握和贯彻学前儿童家庭教育原则，是科学进行家庭教育的重要依据，是提高学前儿童家庭教育质量的重要保证。

一、理智性原则

（一）含义

理智性原则是指家长在教育孩子时，既要感性地关心和疼爱孩子，也要理智地严格要求孩子。只有两者结合，才能更好地促进孩子的健康发展。爱孩子是教育孩子的前提。家长只有爱孩子，才能积极主动地教育孩子。孩子只有在真切地感受到家长的爱时，才会从感情和行动上接受家长的教育，朝着家长期望的方向发展。会爱才是爱，不会爱是伤害。家长必须理智地爱孩子，使孩子健康成长。

（二）要求

1. 理性施爱

爱孩子是家长的天性，也是教育的基础。家长通过无私的爱感化孩子，针对孩子的身心发展水平与特点对其进行教育，既不拔苗助长，也不放任自流；既不一味地溺爱、放纵孩子，也不过分地限制、压迫孩子，而是将感情与理智结合起来施爱，助力孩子健康成长。当前，有些家长过分宠爱孩子，事事依着孩子，让孩子变得任性、骄横、不讲道理。

法国教育家卢梭反对家长对孩子百依百顺，他曾经告诫年轻的家长：造成孩子不幸的最可靠的方法就是他要什么便给他什么。在百依百顺环境中长大的孩子步入社会后，容易表现出明显的不适应，甚至可能失去独立生活的勇气。

2. 要求适度

“没有要求就没有教育”，有严格的要求才是认真有效的教育。严格的要求不等于苛刻的、不合理的要求，而是从教育目标出发，符合学前儿童年龄特点和身心发展水平的要求。一方面，家长要正确看待孩子的成长。每一个孩子都是独一无二的，都有鲜明的个性，都有自身潜在的各种能力，都会呈现出独特的成长特点。另一方面，家长要了解孩子的成长与发展，给他们提供适宜的教育，不要盲目攀比，切忌用一把尺子衡量所有的孩子，要理性地对待孩子的未来。孩子的成长谁也代替不了，家长应该相信他们可以选择自己未来发展的道路，不能越俎代庖，更不能苛求他们尽善尽美。家长应该理性地对待孩子，尊重他们的兴趣、选择和发展，在生活中发掘他们的天分，用平常心对待他们的成长。

3. 严爱结合

严爱结合即家长要把理性施爱和要求适度结合起来对待孩子。爱孩子是家长的本能，立规矩是家长的责任。在教育孩子上，家长应该做到严爱结合，对孩子要爱护，但不可溺爱。反对娇惯孩子是对的，主张“棍棒之下出孝子”则有失偏颇，因为过于严厉会使孩子变得胆小、自卑。“严爱结合”的“严”并不是指板起面孔严厉地对待孩子，而是指在教育孩子时要坚持原则。严要出于爱，爱要寓于严，严要合理，爱要适当，该严则严，该爱则爱。在学前儿童家庭教育实践中，真正做到严爱结合并不是一件容易的事，很多家长知道应该将“爱”与“严”结合起来，但遇到问题时，尤其是当孩子哭闹不止时，就会动摇严格教育的决心，不能坚持严爱结合，因此要做到严爱结合还需家长有坚强的教育意志。

情景案例

（一）

妈妈送 5 岁的女儿去幼儿园时，把女儿送到大门后就让女儿自己去教室。其实，妈妈一直都悄悄地跟在女儿后面。

（二）

一天下午，幼儿园某班组织游泳活动。小明的爸爸妈妈在午餐前就来到了幼儿园，一个帮忙端饭，一个帮忙拿菜，忙得不可开交；快到游泳时间时，他们又是给小明换泳衣，又是给小明戴泳帽，忙前忙后……

二、主体性原则

（一）含义

在学前儿童家庭教育过程中，家长要尊重孩子的主体地位，发挥孩子的主体作用，调动孩子的积极性。家长应认识到孩子是独立的个体，有做人的尊严和价值，有自己的想法和特点，渴望得到家长的尊重和理解。因此，家长要尊重孩子的人格，把孩子当朋友，尊重他们的选择，使其真正成为自我发展的主体。

（二）要求

1. 尊重并平等地对待孩子

（1）尊重、平等是创造良好家庭氛围的基础。“蹲下来，与孩子平视”是每个家长和孩子沟通交流时所应该遵循的原则。家长应该尊重孩子的意见、兴趣，保护其自尊心，不能忽视孩子的地位，不能轻视、压制孩子的正确意见，而应该鼓励孩子发表自己的见解。只有保持人格平等，家庭成员之间才不会产生心理隔阂。

“‘妈妈，我想洗菜。’‘这不是你该做的，一边玩去吧！’”我们常常听到这种不平等的对话。在成年人眼里，孩子的想法实在是幼稚可笑，没有必要当真。古往今来，设计、安排孩子的一生已成为许多家长的责任，但这种做法会使孩子的理想和愿望逐渐淡化，甚至消失。在家长的高度控制和约束下，孩子学到的是依赖和服从。

（2）尊重孩子并平等地对待孩子是家庭教育的首要问题。家长应该把握好爱与严的“度”，要爱而不娇，严而有格，宽松而不放任，自由而不放纵。只有尊重孩子，以理服人，才能使孩子形成健康的心理。

情景案例

妈妈每天都督促6岁的甜甜练习书法。虽然妈妈的督促有一点儿成效，但她也发现甜甜在练习时总是提不起精神。于是，妈妈便和甜甜谈话。甜甜说自己想学小提琴。妈妈没有训斥她，反而尊重她的选择。正因为有兴趣，甜甜每天都非常自觉地拉小提琴，并且在练琴时融入了自己的情感。

2. 尊重孩子的人格

人格是指个体在对人、对事、对己等方面的社会适应中行为上的内部倾向性和较稳定的心理特征的总和。一个人的人格表现在知、情、意等心理活动的各个方面，包括个体认知能力的特征、行为动机的特征、情绪反应的特征、人际关系协调的程度、态度和信仰的体系、道德价值的特征等。一般说来，人格是在一定社会历史条件下，通过社会实践活动形成和发展起来的。人格的形成也和人的遗传因素有关，因为人与人的个别差异从他们诞生的那一天起就有所表现。

（1）培养孩子良好的个性。做家长的不可常常用命令式的语气指挥孩子，而应与孩子相互尊重。孩子年龄再小，也是一个独立的、有生命的个体，家长的威信应该建立在对孩子的尊重上。孩子有自己的意志，只有感到被尊重时，他们才会尊重家长，才会接受家长的教育。家长一旦习惯用一种居高临下的目光看孩子，就常常会出现怎么看都不顺眼的感觉。同样，家长如果用成年人的理想塑造孩子，得到的结果也往往事与愿违。家长与年幼的孩子出现沟通问题的主要原因就在于总认为“孩子小，什么都不懂”，与孩子沟通时常用的语言是“不许……”“你应该……”等。这种对话是单向地传递信息，对孩子成长的积极作用不大，长此以往还会使其产生逆反心理。

受到尊重、经常与他人进行平等交流的孩子才能发展独立健全的个性。尊重孩子，把孩子看成是一个独立的个体，而不是成年人的附属品和玩具，孩子才能像花朵一样自然地绽放。例如，孩子贪吃，总是偷偷吃食物，家长就把食物藏起来，这种方法只会伤害孩子的人格和自尊，是不尊重孩子的表现，也是无效的。

（2）允许孩子与家长进行平等的探讨和辩论，不仅是一种互爱的体现，而且能够培养孩子的自信心、是非分辨能力，以及丰富的想象力、创造力。孩子对这个世界掌控的东西本来就少，如果家长不能为其创造一个可以平等探讨和辩论的家庭环境，他们就容易对这个世界失去信心，进而变得孤僻内向、行为消极。

知识拓展

人的性格

社会依恋关系从童年早期就开始产生，这种关系是由婴儿与母亲之间的爱与信任构成的。婴儿有了安全感后就能进行学习了。如果缺乏适当的连接，无所依附的婴儿就会产生怀疑和愤怒，对别人没有积极的情感，无法建立人际关系，无法学习爱与关心。一位医生说过：“一个孩子在小时候跟看护者建立起来的联结构成了他将来心理发展和人际关系的基础。”孩子要学会做人就得有一个真正具有人性的环境，也就是要有爱和关怀，以及跟自己的看护者建立起来的稳固而持久的联系。培育良心，区分对错善恶，选择正确的方法，摒弃生活中恶劣的方面，这些都是孩子从家长那里学来的。

童年早期的烙印对一个人的一生来说都具有持久深远的意义。婴儿可能会有一些难以确诊的肚子痛，如果看护者不想办法减轻婴儿的这种持续的疼痛，婴儿就可能会有产生人格障碍的倾向。婴儿不相信自己能够承受这种持续的疼痛，如果持续的疼痛得不到缓解，婴儿就会恐惧不安，无法学习。即使成年人有非常强烈的改变自己性格的意愿，改变一个成年人的性格也是非常困难的。虽然在关爱他的人们的努力和帮助下，他仍有可能改变自己性格的某些方面，但也需要时间。

3. 尊重孩子的生存和发展

孩子的成长是谁都代替不了的，其生存与发展的权利是属于他们自己的。家长由于对孩子不够了解，认为孩子是弱小的、无知的，在家庭教育实践中会出现一些偏差，如对孩子的尊重往往是表面的，甚至认为尊重孩子就是不约束孩子。当前，家庭教育中不尊重孩子的问题主要表现为家长常常剥夺孩子应有的权利，如替孩子穿衣、喂他们吃饭、限制自由游戏的时间等。这些“包办”与“限制”是对孩子应有权利的侵犯，会使他们的潜在能力退化。

“苦什么也别苦了孩子”，一味地迁就、娇惯、放纵孩子，让孩子在溺爱中成长。其实，这样的教育观念易导致孩子长大以后经不起风雨，不能承受挫折，在成长的道路上四处碰壁，难以适应社会生活。因此，这类家长和孩子需要得到正确的引导：尊重是要把孩子看成一个独立的个体，学会放手，宽容其“错误”。

4. 使孩子成为发展的主体

家长要注重孩子的内心需求。学前阶段是一个有特殊需求的人生阶段，该阶段的孩子好动、爱玩，喜欢游戏、畅想，更需要家长的陪伴。家长做到的已经很多，但相比之下，他们较少了解孩子内心世界的需求。为了让孩子将来能够更好地适应社会，家长应该理性地对待他们，使他们真正成为自我发展的主体。家长要注意培养孩子的责任感，使其学会约束自己，懂得遵守社会的道德行为准则。随着年龄的增长，孩子还要学会控制、调整自己的欲望，锻炼自己的意志，养成勇敢坚强的品质。

“一切为了孩子，为了孩子的一切，为了一切孩子”的教育思想就体现了主体性原则。能否正确认识孩子的主体性，树立孩子主体性观念，并在家庭教育实践中充分体现出孩子的主体性，关系到孩子的发展权利能否得到充分实现，也关系到孩子的积极性、主动性和创造性能否得到充分发挥等一系列问题。陈鹤琴先生反复强调：“凡是儿童能够想的，让他自己想；儿童能够做的，让他自己做，必要时，才给他指导。”家长的责任是帮助孩子生活、自立和做人，给他们关心和爱护，帮助而非代替他们做事，否则不仅会剥夺他们身体肌肉发展的机会，也会使他们养成怠慢、懒惰的习惯，还会抑制他们自主、独立发展的精神。

三、一致性原则

（一）含义

学前儿童家庭教育应当有目的、有计划地把对学前儿童的各种教育要求加以统一，使其互相配合、协调一致、前后连贯，以保证促进学前儿童的全面发展。家长要认识到影响孩子的因素是多方面的，只有各方面的教育力量协调一致，才能形成一种合力，取得最佳的教育效果。

（二）要求

1. 家长对待孩子的态度和要求应一致

家长（父母、祖父母等长辈）要在孩子面前持同一态度，即在某一时、某一事的教育上，家长要态度一致、互相配合，使孩子的品德和行为按统一要求发展。家长之间不要对立，也不要意见不一致，即一方过于严厉、苛刻，另一方过于温和、宽容，这对孩子的发展是很不利的。

（1）父母双方在教育孩子的态度上要协调一致，并相互配合，宽严适度。父母需要注意，步调不一致无形中会削弱父母的威信，为孩子的不良行为制造温床。父母步调一致，才能使孩子朝着统一的方向发展。

（2）主干家庭中，祖辈之间、祖辈与父辈之间对待孩子的态度要一致。家庭成员越多，越容易出现意见不一致的状况。家庭成员在认识和要求上的不一致必然会以不同的情绪、不同的态度、不同的做法呈现在孩子面前，这不仅会影响家庭和睦，而且不利于教育孩子，会使孩子无所适从或有机可乘。

情景案例

军军一家和爷爷、奶奶一起住。一次晚饭时，妈妈叫军军洗手吃饭。军军正痴迷地看动画片，就像没听到妈妈的话。妈妈只好走到军军面前，再次叫他吃晚饭，军军不从。妈妈严厉地说：“军军，如果你继续看动画片，等会儿我们吃完饭，你没东西吃就得饿肚子了。吃完饭，你还可以接着看。”军军选择了继续看动画片。妈妈和爸爸、爷爷、奶奶吃完饭后，把餐桌收拾得干干净净。动画片结束后，军军感觉肚子饿了，就站起来找吃的，看到餐桌上什么都没有了后，就开始哭闹。奶奶听见了，赶忙从房间里走出来，一边安慰军军，一边给他拿吃的。

2. 家、园对待孩子的态度和要求应一致

家庭教育与幼儿园教育在孩子的成长中都具有重要的作用，两者必须一致，才能取得理想的教育效果。有时候，家长和教师对学前儿童认知教育方面的教育观念分歧较大，幼儿园教师注重培养孩子的学习态度、学习品质等，家长则更看重学习结果，不太认可教师煞费苦心所取得的成果；也有一些家长很注意教育，但不了解幼儿园的教育情况，无法使孩子将在家里学的和在幼儿园里学的融合起来。家庭与幼儿园应转变观念，加强联系和合作，相互促进，形成教育合力，共同促进孩子的健康发展。一方面，家长要了解幼儿园的日常教育活动，如果对幼儿园的教育方法有疑惑，应该主动与园方沟通，以免产生家园教育冲突，使孩子无所适从。另一方面，幼儿园要主动和家长合作。孩子与家长感情深厚，相处时间长，更易受到家长的影响。幼儿园教师作为专业化的教育工作者，应加强与家长的沟通、交流，指导家长科学育儿。《家庭教育促进法》明确规定："中小学校、幼儿园应当将家庭教育指导服务纳入工作计划，作为教师业务培训的内容。"

情景案例

幼儿园大班开学第一天，萌萌妈妈送萌萌上学时对老师说："我家这个孩子比较内向，脾气有点儿古怪，也不爱多说话，希望老师能多关心、多教育她。"一次，小朋友一起玩时，一个小朋友不小心踩到了萌萌的脚，只见萌萌使劲推了一下小朋友，还踢了小朋友两脚。老师批评了萌萌，萌萌委屈地说："我妈妈说的，别人打了你，你就使劲地打他。"

3. 家长对孩子的要求应一以贯之

好习惯是孩子终生的财富。学前儿童家庭教育中，有时家长对孩子的要求会出现前后不一致的情况，朝令夕改，变化无常。这样的教育态度与方式不利于孩子良好行为和习惯的养成，也会让他们无所适从，孩子不知道要听从家长的哪种要求。教育孩子是一项很重要也很难的工作，只要要求正确且适合孩子发展，家长就应坚持。

四、从实际出发原则

（一）含义

从实际出发原则也叫因材施教原则，指家长教育孩子时要从实际出发，根据他们的年龄特征和个性差异进行教育，采用适当的教育形式和方法。由于遗传素质、生活环境和教育影响的不同，每个孩子在身心发展的可能性、方向和水平上都存在着差异，因此，家长要从孩子的实际出发，因材施教。

（二）要求

1. 根据孩子的年龄特征和个性特点开展教育

了解孩子是教育的基础。家长要想教育好自己的孩子，必须了解他们。每个孩子都是一本书，一本家长必读的书。要教育好孩子，家长必须掌握一定的科学育儿知识，读懂孩子这本书，即了解孩子的年龄特征、个性特点与发展水平，了解孩子的所思、所想及兴趣、潜能。例如，对于年幼的孩子，身体肌肤的接触比语言更能让他们感到温暖和安全；对于年龄稍大的孩子，家长要了解其个性特点。有的孩子自信心强，家长应在保护其自信心的同时，让他们看到自己的不足；有的孩子自卑退缩，家长应帮助他们看到自己的优势与潜力，并为其创造获取成功的机会，及时给予适当的鼓励，使其增强自信心。

2. 抓住时机开展教育

家庭教育需要智慧，家长要抓住教育的有利时机。每个孩子都是不一样的，家长应鼓励孩子最大限度地发挥自己的潜能。抓住时机开展教育，能够激发孩子的好奇心、求知欲。

情景案例

妈妈正在厨房忙，听到儿子在院子里跳个不停。妈妈好奇地问："你在玩什么呀？"孩子回答："我跳到月球上了！"妈妈愣了一下，随后温和地说："喔，千万别忘了回来呀！"许多年后，这个孩子成了第一个登上月球的人，他的名字叫阿姆斯特朗。

3. 因势利导发展特长

当前，有的家长为了实现自己的追求与梦想，完全凭自己的主观愿望和意志，把自己的兴趣和爱好强加给孩子；有的家长为了让孩子"赢在起跑线上"，在孩子很小时就给他们定下了发展方向；有的家长希望把孩子培养为"全才"，绘画、音乐、舞蹈、书法、围棋等，恨不得在学前阶段让孩子什么都学会。

"揠苗助长"不仅无益，还会严重地影响孩子的健康成长。家长的正确态度应是：让孩子的生活充满快乐，尊重孩子的选择，对孩子的兴趣加以引导，发展其特长。

情景案例

5岁的恬恬学习钢琴已有两年，双休日基本在钢琴前度过。当她用羡慕的眼光望着在院子里奔跑的同伴时，妈妈总会提醒她要专心练琴。渐渐地，恬恬对钢琴产生了厌恶情绪——"就是因为它，我连玩的时间都没有了"。恬恬做梦都在想办法砸碎这架让她备受折磨的钢琴。

知识拓展

家长本身才是孩子的"起跑线"

家长的价值观、人生态度、生活方式、眼界学识等无不对孩子的成长产生直接的影响。

1. 家长的品格影响孩子的品格

孩子拥有良好的性格与教养，就会具备面对困难的勇气和能量，既不悲天悯人，也不自暴自弃。

2. 家长的眼光和毅力利于发现孩子的优势

每个孩子都有自己的优势，家长要善于观察，及时、准确地发现孩子的优势。家长对孩子保持中立而准确的认知，将带给孩子理性的思维，让孩子在自己的人生路上更加清晰地看待自己和他人。

3. 父母的经济能力和资源是孩子的“肩膀”

通常，家庭经济能力强的孩子眼界会比较开阔。父母的资源对孩子的人生发展会产生一定的助力，孩子站在资源的“肩膀”上会看得更远。

在孩子成长过程中，家长需要发展自己的品格、眼光及能力。带孩子出去旅游，能够拓宽孩子的视野，转变孩子的思维方式；带孩子一起工作，有助于培养孩子忍耐、坚毅的品格。给予孩子更多的精神财富，有利于孩子的健康成长。

五、正面教育原则

（一）含义

学前儿童家庭教育中，家长要以正面的事实、道理、榜样等对孩子进行启发、引导，调动孩子自我教育的积极性。孩子的心思比较单纯，容易对接受的事物产生深刻的印象，要使他们将来成为符合社会道德规范的人，家长就应该对其进行正面教育。

（二）要求

1. 通过正面疏导提高孩子的自我教育能力

有的家长平时很注意教育孩子，在教育上花费大量精力，但效果不好，甚至出现越教越糟的现象。例如，有的家长平时总盯着孩子的缺点，整天数落孩子，这种做法不仅不利于孩子改掉缺点，反而会进一步强化孩子的缺点。幼小的孩子具有认同心理，往往是通过成年人的评价来认识自己的。孩子有了缺点，家长怎么做才是正确的呢？

首先，家长要通过讲故事、讲道理等方式耐心教育孩子。家长在讲故事时应对故事进行审查，选择编得好的故事，孩子最初听到的应该是优美、高尚的故事。其次，当孩子有了进步时，家长要多进行肯定、鼓励、表扬，引导孩子的行为朝着家长所期望的方向前进。一个经常得到家长正面教育的孩子，总会充满信心地、愉快地成长。陈鹤琴先生主张对孩子多给予积极的鼓励和引导，多用言语来激励他们，使他们居于自觉、主动的地位，而且很高兴地去做事情。

2. 通过正面榜样和实例激励孩子

榜样的力量是无穷的，对于孩子来说更是如此。孩子的年龄越小，榜样的感染力就越大。孩子出生后，接触的最多的人便是家长。在还没有掌握语言的时候，他们受教育和受影响的方式主要借助于具体形象。一方面，家长必须注意自己的行为习惯，全面提高自身素质，从各个方面给孩子树立正面的榜样。另一方面，家长用生活中的实例对孩子进行正面引导和教育。例如，家长可以引导孩子学习身边小朋友所表现出来的良好行为习惯，从而实现直接教育，激发其上进心。

情景案例

一次回家的路上，孩子高兴地告诉妈妈：“老师今天表扬我了！”妈妈急忙问：“老师为什么表扬你呢？”孩子说：“因为吃苹果时，我挑了一个最小的。”妈妈听后生气地说：“你真傻！我们家交的钱和别人家交的钱一样多，下次吃苹果时，你一定要挑最大的！”

六、言传身教原则

（一）含义

在学前儿童家庭教育中，家长不仅要善于说理，也要用自己的行为给孩子做出榜样。在家庭教育中，孩子往往会听家长所言，观家长所行。因此，家长不仅要重视对孩子的教育，更要以身作则，真正把两者结合起来。

（二）要求

1. 善于说理

孩子由于缺乏生活经验和社会知识，在生活中遇到问题时，需要家长的指点。家长要给孩子讲清道理，让他们明确应该做什么和不应该做什么。一方面，家长给孩子讲道理时，不要无休止地“唠叨”，要注意方式方法。“随风潜入夜，润物细无声。”孩子如果年龄小，很难听懂一些道理，家长可以从身边具体的事说起，如教育孩子爱祖国，可以从爱爸爸妈妈，爱幼儿园的老师和小朋友等身边的人做起。另一方面，家长要转变“棍棒出孝子”的思想，营建“爱”的家庭。研究表明，家庭的情感关系对孩子个性的形成有较大影响。怒斥打骂、体罚羞辱，只会使孩子形成孤独、抑郁、执拗的性格。

情景案例

孩子喜欢用平板电脑看动画片，妈妈用平板电脑工作时孩子就会走过来嚷嚷着也要看。虽然妈妈讲自己是在工作，但孩子不相信。这时，妈妈只好暂时放下工作，和孩子一起看书、玩游戏，告诉孩子平板电脑有辐射，看多了会伤眼睛。

2. 以身作则

单靠说理难以达到教育目的，因为孩子从早到晚看到的是家长鲜活的形象。相比言传，身教更有影响力。每一个孩子都具有模仿的天性，家长的一言一行、一举一动，甚至连站立、走路、说话，孩子都会不加选择地模仿。因此，要提高学前儿童家庭教育的效果，家长以身作则尤为重要。

要求孩子做到的，家长应做好。一位儿童故事专家曾说，孩子的眼睛是照相机，脑子是录音机，家长的一言一行都刻在他们的心上，要做好榜样啊！给孩子做榜样，就是以身作则，身体力行。例如，要求孩子讲文明、懂礼貌，家长就要谈吐文雅，见到熟人主动打招呼。

3. 身教和言传相结合

无身教的言传是没有力度的，是不具体的；无言传的身教也是不充分的。在实施学前儿童家庭教育的过程中，家长要根据孩子的年龄特点和接受程度，将身教和言传相结合，循循善诱，让他们可以由无意识的模仿发展到有意识的模仿。孩子具有极强的可塑性，而家长是他们的第一任老师，他们的许多习惯都是从家长那里学来的。因此，家长要规范自己的行为，不断加强自身修养，用爱心培育孩子，用细心照顾孩子，将言传和身教相结合，帮助孩子养成良好的习惯。

知识拓展

一分钟母亲

斯潘塞·约翰逊把教育归结在 3 个“一”上，即一分钟目标、一分钟称赞、一分钟批评。她把真挚的情感渗透到表扬之中。当孩子做了好事、成绩优异达到既定目标时，她给予孩子的是拥抱和亲吻，还有那温柔慈爱的目光。当孩子表现不佳时，她首先用沉默来表示自己的态度，继而用低沉的话语来责备孩子，当孩子对她的教育心服口服、彻底承认错误并努力完成目标时，她会再次用拥抱来表示对孩子的鼓励。

第二节 学前儿童家庭教育常见现象的分析与处理

家庭教育受家长自身素质、教养态度与方式、家庭生活环境、时代背景及孩子自身特点所限，每个家庭在对学前儿童实施教育时都会有自身特定的问题，也会出现所有家庭普遍存在的问题。

一、习惯养成现象的分析及其处理方法

好习惯的养成并非一日之事，需要家长的信任和引导。如果说对孩子放任不管的家长浪费了孩子宝贵的生命，那么过分呵护孩子的家长给孩子的人生布下了充满诱惑的陷阱。有的家长已深深认识到这一点对孩子的重要性，就要求孩子从小学会自己洗衣服、洗碗、铺床叠被。有的家长宁愿自己受苦也不让孩子帮着做事，让孩子在不知不觉中丧失了动手的能力，而这种能力丧失的后果是直接损害了孩子的自信心。一个处处受到保护的孩子，一个永远也没有机会尝试成功和失败的孩子，也就永远无法体验到成功的喜悦。孩子需要一个空间去成长，需要一个空间去试验自己的能力，需要一个空间去利用自己的能力面对社会。

（一）生活习惯的分析及其处理

1. 依恋母乳

对孩子来说，断奶不单是吃不到妈妈的乳汁了，还是和妈妈分离的标志。孩子到了该断奶的年龄，妈妈尽量不要使用强硬的手段给他断奶，最好给孩子一个过渡期，遵循必要的程序，以免伤害孩子。

情景案例

儿子乐乐出生后，年轻的妈妈小梅一直采取母乳喂养的方式。乐乐已经 1 岁多，到了断奶的时候，但他还是很依恋母乳，每次吃奶都要吃一两个小时，晚上还要妈妈抱着才能安睡。为了给乐乐断奶，小梅采取了很多方法，但成效都不显著。最后，小梅在乳头周围抹了辣椒油。这次，乐乐真的不吃母乳了，却对妈妈产生了畏惧情绪，不敢接近妈妈了。

1 岁多的乐乐还不肯断奶，不是因为还需要母乳的营养，而是不想和妈妈分离。妈妈小梅用抹辣椒油的方式强行给乐乐断奶看似达到了预期的效果，却伤害了乐乐的感情，其做法不符合学前儿童家庭教育的理智性原则和正面教育原则。

2. 畏惧吃饭

对于孩子来说，吃饭是一件美好的事。孩子饿时，自然会对食物产生渴望；吃饱之后，也会

自然而然地放下碗筷。孩子吃饭时，家长要尽量营造轻松愉快的氛围，让他们感到“吃饭是一件幸福的事”。家长要帮助孩子理解人是因为饿了才吃饭，而不是为了吃饭而吃饭。

情景案例

真真2岁半了，长得特别瘦小。妈妈怕她营养不良，每次吃饭时都让真真吃很多食物。当真真不想吃时，妈妈会说：“来，宝贝，再吃两口就不吃了。”真真还不肯时，妈妈就会说：“你不把这些饭吃完，就不给你吃零食了！”在妈妈的压力下，真真总是勉为其难地把饭全部吃完。慢慢地，真真对吃饭产生了恐惧，只要看到妈妈往餐桌上端饭，她就会变得不安，并试图从椅子上爬下来。看到妈妈端起饭想喂她时，她就开始哭闹。无论妈妈用什么办法，她都会哭闹不停，直到妈妈把她带离餐桌。

真真不想再吃饭，就说明她已经吃饱，这时妈妈再用恐吓的方法逼她吃饭，在一定程度上伤害了真真对吃饭这件事的好感，让她觉得吃饭是一件十分可怕的事，从而对吃饭产生了恐惧。妈妈的做法不符合学前儿童家庭教育的理智性原则、正面教育原则和从实际出发原则。

面对孩子不想吃饭的问题，家长一定要弄清楚原因，再对症下药。孩子不想吃饭，如果是因为零食过量，家长就要限制孩子对零食的摄入量；如果是因为边吃边玩造成的，家长就要限制孩子吃饭的时间；如果是因为吃饭时间不规律，家长就要固定孩子的三餐时间，让他们定时、定点、定量地吃饭。

3. 不讲卫生

《纲要》指出“教育幼儿爱清洁、讲卫生，注意保持个人和生活场所的整洁和卫生。”在对孩子进行生活卫生习惯教育的过程中，家长一定要慎重使用语言，简明扼要，切记不要反复唠叨。重复的讲话内容缺乏语言刺激的新鲜感，会使孩子心生厌烦。家长在生活中对孩子进行教育时要遵循“越强化，越放大；越关注，越持续”的心理学法则，尽可能地做到正向强化、反向创造。

情景案例

小男孩天天十分聪明，很招人喜欢，但有一个坏习惯，就是特别不讲卫生，经常把衣服弄得脏兮兮的。妈妈为了让天天改掉这个坏习惯，几乎每天都叮嘱他讲卫生。刚开始时，天天还比较听话，会主动要求换下脏衣服。可是，天天发现妈妈每天还是会嘱咐自己要这样、要那样。后来，一听到妈妈说话，天天就烦得很。再后来，无论妈妈说什么，怎么说，天天就像没听见一样，而且又回到了以前脏兮兮的样子。

案例中妈妈的做法不符合学前儿童家庭教育的理智性原则、主体性原则、从实际出发原则和正面教育原则。天天的行为其实是学前儿童对反复出现的某类刺激所产生的一种习惯性倾向。在妈妈长期的唠叨下，天天对这种语言刺激就会变得反应迟钝或弱化，甚至不起反应。

对于孩子反复出现同一个错误的问题，家长要根据孩子的年龄特征采取相应的措施。0～3岁的孩子反复出现同一个错误时，家长不要批评他们，而应制止这种行为，为其提供一个安全的环境。因为，任何形式的批评和训斥对于0～3岁的孩子都是不适合的。4～6岁的孩子如果反复出现同一个错误，家长就要直接告诉他们这样做的结果，让他们自己体会这种行为的后果。例如，孩子经常不洗手就吃东西，家长就可以告诉他："细菌会随着食物进入身体，不洗手就吃东西是会生病的。"对于再大一些的孩子，家长可以对其进行适当惩罚，但一定要提前约定规则。例如，孩子经常晚回家，家长就可以和他约定好不按时回家的惩罚措施。

4. 不敢独睡

对于孩子来说，和家长分床睡也是一次"断奶"的过程，甚至比断奶更难，因为和家长分床睡更多的是心理上的"断奶"。

情景案例

卡卡快6岁了，但还是不敢自己睡觉。每天晚上，如果妈妈不陪在身边，他就会又哭又闹，有时还会扔被子、摔东西。一次，妈妈出差了，只有爸爸在家，卡卡怎么也不肯自己睡觉，一直缠着爸爸。爸爸见卡卡这么胆小，生气极了，强行把卡卡带回了他自己的房间，还锁上了门。这可把卡卡吓坏了，他不停地敲打房门，并哀求爸爸打开房门，但爸爸还在气头上，说什么也不肯打开房门。卡卡看爸爸不给自己开门，只好上床睡觉。由于是第一次自己睡觉，他害怕极了，做了一夜的噩梦，第二天便生病了。看到病恹恹的卡卡，爸爸只好放弃了让他单独睡觉的念头。

案例中爸爸的做法不符合学前儿童家庭教育的理智性原则、主体性原则和正面教育原则。卡卡不敢自己睡觉，与爸爸和妈妈的教育方式有很大关系。孩子在尝试独立睡觉期间的情感是非常脆弱的，需要家长的耐心引导。其间，家长一定要随时关注孩子的举动，并做好沟通，找出他们不敢自己睡觉的真正原因。

培养学前儿童独立睡觉的教育要点包括：创造环境、放松心情、找替代物、打开房门。培养孩子独立睡觉期间，家长可以为孩子创造舒适的环境，如和孩子一起布置孩子的小房间、小床铺；给入睡前的孩子读本书或讲个故事，或者和孩子一起听轻柔、舒缓的音乐，使其放松心情；给孩子找个替代物，如让孩子抱着自己喜欢的毛绒玩具睡觉；打开自己卧室的门，不关闭孩子卧室的门，让两个空间保持交流，给孩子足够的安全感。

5. 乱丢玩具

玩具不仅可以开发孩子的智力，还能培养孩子的想象力。家长可以根据孩子的具体情况置办几件适合孩子身心发展的玩具。孩子通过娃娃、餐具等形象玩具可以模仿周围的人、事、物，体会人与人之间的和谐关系；借助皮球、跳绳等体育玩具可以有意识地发展动作的灵活性、手脚的协调性和身体的平衡性；通过积木、橡皮泥、黏土等建构玩具可以提高观察力、想象力，训练认识、分析和比较物体结构的能力，以及操作能力；借助小喇叭、电子琴等音乐玩具可以培养乐感和节奏感，增强音乐感受力；通过拼图、七巧板、魔方等智力玩具可以丰富知识面、发展思维能力。

情景案例

牛牛生日时收到了很多玩具。面对堆积如山的玩具，牛牛妈妈特别苦恼。更让牛牛妈妈苦恼的是，以前玩具少时，牛牛能把一件玩具玩上半天；现在玩具多了，牛牛却越来越不知道珍惜，四处乱丢玩具，甚至不会玩玩具了。牛牛经常对着自己的玩具山发呆，因为他不知道自己要先玩哪件玩具，即使拿起一件玩具，也只是摆弄两下。

家长为孩子准备一些玩具是理所当然的，也是必要的，但不宜过多。研究表明，过多的玩具或不适当的玩具会损害孩子的认知能力。家长要让孩子在 2 岁以前养成整理自己身边东西的习惯。遵循学前儿童家庭教育的主体性原则和从实际出发原则，家长要做好两个方面的工作。一方面，家长要在孩子够得着的地方放一个整理架，让孩子把容易整理的玩具放在架子上。家长可以在整理架上贴上红、黄等颜色的纸带，以提示孩子分类放置各种玩具；也可以给玩具贴上颜色标签，并告诉孩子要将贴有红色标签的玩具整理到贴有红色标志的整理架上。另一方面，家长不要让孩子一次拿出很多玩具，要让孩子养成整理好一件玩具再拿出另一件玩具的习惯。需要注意的是，玩具整理习惯的养成最初需要家长给一些强制性的指导；孩子养成自己整理玩具的习惯后，也会将长大后的生活打理得井然有序。

6. 不懂节约

勤俭节约是中华民族的传统美德。家长一定要让孩子从小懂得勤俭节约，帮助他们树立正确的金钱观、经济观。

情景案例

爸爸妈妈每年都会给萍萍买一个生日蛋糕。去年生日，萍萍看中了一个大蛋糕，即使明知全家人都吃不完，爸爸妈妈也满足了萍萍的要求。今年生日，爸爸妈妈带萍萍去买蛋糕，萍萍又看上了一个两层的大蛋糕。妈妈对萍萍说："咱们吃不完那么大的，选个小的吧。""我就要这个大的！"萍萍说。"去年那个蛋糕没吃完，都浪费了，这次不能买这么大的！"听到妈妈不给买大蛋糕，萍萍开始大哭。爸爸见状，只好答应萍萍买她看中的两层大蛋糕。

案例中，萍萍的爸爸妈妈的做法不符合学前儿童家庭教育的理智性原则、正面教育原则和言传身教原则。萍萍第一次要求买一个根本就吃不了的大蛋糕时，爸爸妈妈就应该制止她，向她讲述勤俭节约的必要性。

"奢侈让人放纵，节俭才能踏实。"让孩子从小学会节俭的教育要点包括：灌输理念、理性购物、变废为宝、学会理财。家长可以给孩子讲一些伟人节俭的故事，在孩子心中埋下节俭的种子，随时提醒孩子所有的一切都是来之不易的，要珍惜自己的物品；应与孩子制定购物单，只买需要的物品，避免一次购买很多物品；教孩子充分利用身边的废旧物品，如用空纸箱给孩子制作玩具等，既能节省生活开支，又能增添生活情趣；帮助孩子学会存钱，指导孩子学会花钱，随时记账。

（二）学习习惯的分析及其处理

1. 常说儿语

有些家长在孩子小的时候，为了让孩子学会表达自己所看到的东西，便教他们使用一些儿语。其实，孩子语言的发展都有其自身的阶段性，通常会经历单词句（用一个词表达多种意思）、双词句（使用叠词）、多词句（用两个以上的词表达意思）、说出完整句子四个阶段。家庭中的语言教育应遵循这一规律，家长通过标准的语言引导学前儿童准确地表达自己的意思，切不可因其年龄小而过多地让其使用儿语。

情景案例

星星经常说一些儿语，如车车、饭饭、抱抱等。爸爸妈妈觉得孩子这样说话特别好玩，就一直没有纠正，还经常用这样的儿语和星星说话。星星上幼儿园后，爸爸妈妈依旧用儿语和他交流。一次，老师让小朋友们看图说话，小朋友们都能准确地表达出自己看到的东西，并能清楚地告诉老师他们看到了一只可爱的小鸟。轮到星星时，他毫不犹豫地说："是飞飞，是飞飞。"小朋友们听了，都哈哈大笑起来。星星看到小朋友们都笑自己，"哇"的一声大哭了起来。

案例中的星星用"飞飞"来表达自己看到的小鸟，这与家庭语言环境有很大关系。星星小时候，爸爸妈妈指着鸟儿说"飞飞"，他也跟着说"飞飞"。长大一点儿后，星星看到小鸟依旧说"飞飞"，爸爸妈妈也没有及时纠正，让星星错误地以为他的表达是正确的。星星父母的做法不符合学前儿童家庭教育的理智性原则、一致性原则、从实际出发原则和言传身教原则。

孩子学说话时，家长应避免五大误区：一是认为孩子听不懂，具体表现为家长几乎不和孩子交流，或在孩子面前口无遮拦，以致孩子语言能力发育迟缓；二是过分满足孩子的需求，具体表现为家长在孩子还没有表达出自己的意愿时就主动满足其需求，以致孩子失去说话的机会；三是用儿语和孩子对话，具体表现是家长不纠正孩子的儿语，并用儿语与孩子交流，以致孩子不会完整地表达自己的想法，停留在语言发展的低级阶段；四是重复孩子的错误语音，具体表现是在孩子发错音时，家长以同样的错误回应孩子，以致孩子不能正确地分辨各个语音的区别，发音含糊不清，错误语音过多，难以纠正；五是认为语言环境越复杂越有利于发展孩子的语言能力，具体表现是家人使用不同的方言进行交流，或让孩子时常处于变化的语言环境中，以致孩子语言能力发育迟缓。

2. 不会表达

《纲要》指出："鼓励幼儿大胆、清楚地表达自己的想法和感受，尝试说明、描述简单的事物或过程，发展语言表达能力和思维能力"。0～6 岁是学前儿童语言发展的重要阶段。0～6 月龄，孩子能咿呀学语，不时会发出"啊""喔"等比较简单的"语言"；7～12 月龄，孩子的发声明显增多，已经能用简单的语言及较为清晰的发声表达自己的意思，如"爸""妈""打"等；1 岁时，孩子的语言能力开始由单双词句向完整句发展，经过练习可以背诵儿歌或短诗；2 岁时，孩子的说话内容开始丰富，能完整地描述事件，能使用礼貌用语，并对语言有一定的理解，会故意重复一些自认为有意思的词，如"五彩缤纷""愚蠢"等；3 岁时，孩子开始具备比较成熟的语法知识，可以纠正别人的语法错误，会询问抽象词语的意义并尝试运用，能使用语言描述过去和未来的事情。有的孩子不善于表达自己，很多家长认为是性格问题，其实，这可能与周围的环境和家庭教育有很大关系。

情景案例

兵兵已经 2 岁多，可是不知道怎样和人交流，也不会表达自己的想法。他看到想要的东西或不喜欢的东西时，只会哇哇大叫。一次，兵兵想大便，但不知道如何表达，就一个劲地哭。妈妈试图弄明白兵兵的想法，可是问了好几种情况，兵兵还是一个劲地哭。妈妈生气了，大声呵斥："你到底想干什么？你不会说话啊！"听到妈妈的呵斥，兵兵更紧张了，委屈得连哭闹都不敢大声了，更别提说话了。妈妈以为兵兵已经没事，就离开了。结果兵兵把大便拉在了裤子里。妈妈为此大发脾气。

案例中的兵兵想大便时，一个劲地哭本来就是一种表达方式。在着急时，孩子不会用语言表达自己的想法也是情理之中的事，妈妈对兵兵哭闹的误解及训斥扼杀了兵兵表达的勇气，导致他把大便拉在了裤子里。妈妈的做法不符合学前儿童家庭教育的理智性原则、从实际出发原则和正面教育原则。

家长要为孩子提供一个相对宽松的表达环境。当孩子不知道如何表达自己的想法时，家长要以一种平和的态度引导孩子，不断地鼓励孩子表达自己的意愿。即便孩子不能正确地表达自己的意愿，家长也不要为此大发脾气，给他们造成心理阴影。反复是孩子学习语言的方式，一遍又一遍地说可以加深他们的记忆。家长在日常生活中经常性地和孩子交流，往往会有意想不到的收获。孩子还不能记住完整的长句，但能记住一些多次出现的词语。孩子在学习语言的过程中总是会说一些莫名其妙、谁也听不懂的话，这也是一种常见的现象。例如，小禾在 3 岁左右，常会有模有样地拿起一本书来读，三字一句地读很长时间，实际上，他读的内容与手中的书一点儿关系都没有。家长应该努力领会孩子的意思，积极地和他们交流，并借此机会教他们正确地发音。

学前儿童语言能力发展会经历学听话、学说话、学认字和学写字 4 个阶段。学听话阶段即接受信息期，需要家长从孩子出生开始就让孩子大量地听取各种简单或复杂的语音和句子，进行语言的储备。学说话阶段即表达信息期，需要家长先教孩子发出单音、双音，说出简单句、复杂句，再通过和孩子一起读书、听歌、对话等方式让孩子随时随地学习、练习使用词语。学认字阶段即接受信息期，需要家长多与孩子一起读书，引导他们注意字的形状，耐心地回答孩子主动问起的关于字、词的问题；学写字阶段即表达信息期，需要家长引导孩子锻炼手部小肌肉的协调能力，让他们学会书写文字。

3. 排斥数学

数学知识比较抽象。教学前儿童学数字还算轻松，但真正让他们弄清数字和数量的关系，认识并喜欢数学却很困难。《纲要》指出：“引导幼儿对周围环境中的数、量、形、时间和空间等现象产生兴趣，建构初步的数概念，并学习用简单的数学方法解决生活和游戏中一些简单的问题。”学前儿童的数学学习应从兴趣入手，家长可以结合生活中常见事物的相关数字，采取有趣的方法来指导他们学习。例如，家长可以将数学学习转换成有趣的游戏，结合苹果、橘子等实物引导学前儿童弄清数量间的关系，让他们在游戏中习得知识，并体验到数学学习的乐趣。

情景案例

诺诺的妈妈是一位小学数学老师。从诺诺 2 岁半开始，妈妈就有意识地教诺诺学习数学。最初，诺诺对数字感到好奇，学得很认真，很快就能从“1”数到“10”了。接着，妈妈开始教诺诺认识数量，反反复复地教了很多遍，但诺诺总是出错。妈妈为了让诺诺学得快一点儿，就给诺诺讲了一些关于数字的逻辑关系。让妈妈懊恼的是，诺诺依然不认识数量。更让妈妈担心的是诺诺对学习数学变得越来越排斥。

案例中的妈妈向诺诺灌输关于数字的逻辑关系，其实是不明智的行为，其做法不符合学前儿童家庭教育的理智性原则、主体性原则和从实际出发原则。3 岁左右的孩子根本不理解什么是逻辑关系，家长带他们学习的目的应是让他们从学习中获得快乐。一旦学习不能让他们感到快乐，他们就会本能地排斥学习。

家长可以使用以下 4 种游戏方法引导学前儿童轻松学习数学：借助实物认数字、联系生活学数数、创设情境学加减、餐桌游戏学乘除。家长带孩子外出玩耍时，可以让孩子收集一些树叶，再让孩子把树叶分成 10 组，第 1 组放 1 片树叶，第 2 组放 2 片树叶，以此类推，让孩子借助树叶能够直观地学会数字“1～10”，并能够了解数字和数量之间的对应关系。家长带孩子外出玩耍时，也可以边走边玩数数游戏，如路边停放着几辆汽车、经过了几棵大树等。家长还可以创设情境让孩子学习数学，通过创设的情境一步一步地引导孩子学会使用加减法。例如，“老爷爷种了一棵大白菜，怎么都拔不动，老奶奶来帮忙，请问现在有几个人在拔这颗大白菜？老爷爷的两个女儿也来帮忙拔大白菜，请问现在有几个人在拔这棵大白菜？”在家庭生活中，家长可以给孩子布置分配碗筷的小任务，如先让孩子去给家里的 5 口人拿碗。如果孩子拿对了，家长就要及时鼓励孩子，并进一步引导孩子：“现在我们来摆筷子，5 口人需要几根筷子呢？”这种一配一的概念很快就会延伸到乘除的概念。

4. 讨厌学习

学前儿童的生活与游戏密切相关。他们在玩耍的过程中发展了各种能力，知道了很多东西。家长不能以成年人的标准要求懵懂无知的孩子。当孩子出现厌学情绪时，家长不要对其采取强硬的态度，可以采取游戏化的方式引导孩子爱上学习。

情景案例

悠悠 5 岁了，读幼儿园中班，但她一点儿都不喜欢学习。为了让悠悠好好学习，妈妈每天从幼儿园接悠悠回家后都会给她辅导功课。每次，妈妈都让悠悠规规矩矩地坐在椅子上，逐字逐句地教她学习，可是悠悠总是心不在焉。一次，妈妈教悠悠学习拼音，领着她读了很多遍。见悠悠还是不会读，妈妈生气地说：“别的小朋友都爱学习，为什么就你不好好学习？！”悠悠委屈地说：“别的小朋友回家就可以玩，就我要天天在家学习。我讨厌学习！”

案例中的妈妈为了悠悠的学习付出了很多，但由于学习方法不够有趣，使悠悠觉得学习是一件枯燥无味的事情。又因为知道其他小朋友都在玩，悠悠开始感到心理不平衡，以至于讨厌学习。妈妈的做法不符合学前儿童家庭教育的理智性原则、主体性原则、从实际出发原则和正面教育原则。

家长应根据不同年龄段孩子的身心发育特征引导孩子进行游戏化学习。1 岁以内的孩子的动作发展速度较快，学会了抬头、坐、爬、走、抓握东西，能发出一定的语音，对成年人的语音也能做出回应。针对这些特点，家长可为孩子设计一些以训练感官和动作为主的游戏，如和孩子做摇铃游戏，既可摇给孩子听，也可将摇铃放在孩子伸手够得着的地方，引导孩子去拿摇铃，以便孩子在“觉得好玩”中学会握住与放手。1～2 岁的孩子已会独立行走，并会跑、跳，双手动作也有了很快发展，语言发展迅速，会用词和简单的句子表达一定的意思。针对这些特点，家长可设计一些练习行走和学习说话的游戏，如设计追球、打电话、逛超市、词语接龙等游戏。3～6 岁孩子的行走更加协调，双手的精细动作有了一定的发展，智力发展迅速，会用完整的句子连贯地表达意思。针对这些特点，家长可设计一些跑、跳及练习精细动作的游戏，也可设计一些智力游戏，如捡豆子、串珠子、做手指操等。

5. 注意分散

在发展学前儿童兴趣爱好的过程中，除了尽可能地尊重他们的意愿外，家长还要让他们学会合理地安排自己的时间，处理好学习与发展兴趣爱好之间的关系。不同年龄段的孩子，专心做一件事所坚持的时间也不同。

情景案例

嘟嘟最近想去学电子琴，妈妈为此感到特别无奈。嘟嘟的好朋友乐乐学习围棋时，嘟嘟吵着也要学，妈妈认为孩子有个兴趣是件好事，就给嘟嘟报了围棋班。可嘟嘟学了没几天，听到幼儿园小朋友在学绘画，就吵着学绘画，妈妈又给嘟嘟报了绘画班。就这样，嘟嘟报了很多兴趣班，还经常为此耽误正常的学习。每次妈妈让嘟嘟做功课，嘟嘟都会说："我有那么多东西要学，哪有时间啊！"妈妈也发现，嘟嘟每天都很忙，却一件事情也没做好。

案例中的妈妈在嘟嘟的要求下，给他报了好几个兴趣班。嘟嘟不仅什么都没有做好，还耽误了正常的学习，主要原因就是嘟嘟并不知道如何合理地安排自己的时间，每天都处在忙乱中。妈妈的做法不符合学前儿童家庭教育的理智性原则和从实际出发原则。

家长一定要根据学前儿童自身的情况合理安排学前儿童的学习时间。0～2 岁孩子的注意力很容易发生转移，家长应多带孩子观察运动的物体，如行驶的汽车、飘落的树叶等。3～4 岁孩子能短暂地维持注意力，家长可以将几张不同的图片放在桌子上的四个角上，让孩子看一会儿后就将图片收起来，再让孩子说出每张图片的位置，以锻炼其注意的范围。5～6 岁孩子的专注力有所增强，家长可以给他们营造一个良好的环境，让他们专心地做一件事，期间不要打扰他们。

6. 不愿思考

学前儿童年龄小，遇到问题时总是希望得到家长的帮助，想直接获得答案。家长一定不要让孩子养成这种习惯，否则时间长了，他们就会对家长产生依赖心理，难以养成独立思考的习惯。

情景案例

小燕正在做幼儿园老师布置的任务，看见自己不会的题目，急忙喊道："妈妈，快来帮我！"妈妈听见后，忙走到小燕身边，看了一下题目就详细地告诉小燕应该如何做。小燕按照妈妈所说的完成了任务，就高兴地找小伙伴玩耍去了。后来，这样的事情几乎天天发生，小燕遇到不会的问题就找妈妈帮助。有一次，妈妈发现小燕问的问题是前一天才讲过的问题，有点儿生气，就让小燕先思考一下。小燕马上说："我不会想，还是妈妈告诉我吧。"

案例中小燕妈妈的做法违背了学前儿童家庭教育的主体性原则和从实际出发原则。妈妈在小燕遇到问题时马上就把答案告诉了她，剥夺了小燕独立思考的机会，导致小燕在学习上对妈妈产生了强烈的依赖心理。

家长培养学前儿童的独立思考能力时，要注意以下事项：不要直接告诉他们答案，和他们一起讨论，鼓励他们发言，增加互动。

孩子问问题时，家长不要直接告诉孩子答案，应教给孩子解决问题的方法，使其学会独立思考。培养孩子独立思考的能力要从生活中的小事开始，鼓励他们多动手、多参与。家长决定要做什么事情时，也要多征求孩子的意见，鼓励他们说出自己的决定。当孩子向家长提出问题时，家长要积极地和孩子一起讨论，帮助孩子解决问题，鼓励孩子提出更多的问题；还可以问孩子一些开放性的问题，使其大脑处于活跃状态，能够突破常规，发表独到的见解。家长可以创设民主、和谐的家庭氛围，鼓励孩子发表自己的见解。哪怕孩子发表的意见是错误的，家长也要让他们说完，然后给予适当的指导。如果孩子的见解正确，家长应该及时肯定孩子，并给予孩子一定的表扬，增强其主动表达的意愿。家长可以给孩子讲益智故事，通过讨论他们感兴趣的话题培养他们的思维能力；也可以和孩子一起玩益智类游戏，教他们学会思考，运用推理、比较、概括的方法促进思维的发展。此外，家长还要鼓励孩子多动手、多动口，全面训练孩子的思维能力。

7. 奇思怪想

每个孩子都有丰富的想象力，只是有的被家长注意到了，有的被家长忽视掉了。《纲要》提出：“引导幼儿对身边常见事物和现象的特点、变化规律产生兴趣和探究的欲望。”4 岁以下的孩子的脑袋里经常装着许多奇妙的东西，他们的想象多是无意想象。4～5 岁是孩子想象力最丰富的阶段，随着该年龄段孩子的活动日益丰富，无意想象中出现了有意想象的成分。在日常生活中接受那些适合自己的教育内容后，孩子会以自己的方式进行消化、吸收，并使之内化为自己知识经验的一部分。该年龄段孩子可以将新知识经验与自己已有的知识经验联系起来，通过新知和旧知之间的联结进行想象。5 岁以上的孩子的想象开始带有明显的创造性，想象内容进一步丰富，且出现了新颖性。新颖性的出现表明该年龄段孩子已经具有对各种内容进行处理，并在此基础上结合所要解决的问题展开多方面想象的能力。

情景案例

5 岁的珂珂是个好奇心很强的小姑娘，小脑袋瓜里总是装着很多奇怪的问题。一次晚饭后，妈妈带珂珂外出散步。珂珂忽然问：“妈妈，太阳去哪里了？”妈妈听后，心不在焉地说：“太阳去另一个国家了。”珂珂又问：“另一个国家在哪里啊？”妈妈听后，感到很好笑，就说：“另一个国家在外国。”“外国在哪里呢？”珂珂接着问。妈妈不耐烦地说：“在很远很远的地方。你咋这么多问题啊！快走吧，不要再问了。”珂珂委屈地跟在妈妈身后，再也不敢多问了。

案例中的珂珂正处于好奇心强烈、想象力丰富的年龄段。她能主动问妈妈“太阳去哪里了？”本来是一件值得惊喜的事情，因为她开始独立思考问题了。妈妈却没有意识到珂珂的变化，敷衍之后便是斥责，其做法不符合学前儿童家庭教育的理智性原则、主体性原则和正面教育原则。当孩子喋喋不休地问问题时，家长要尽可能地鼓励他们发挥自己的想象力，引导其主动寻找问题的答案，多说一些“你觉得呢”“你再想想”等。当孩子的回答让人哭笑不得时，家长也不要嘲笑、斥责孩子，多给孩子一些肯定和鼓励，使其体会到想象的快乐。

在充分了解不同年龄段孩子想象力发展特点的基础上，家长可按照以下要点培养孩子的想象力：一是鼓励孩子独立思考；二是允许孩子实践；三是给予孩子一定的自由。独立思考是孩子丰富想象力的前提。随着孩子年龄的增长，家长要给孩子足够的时间去思考问题，鼓励他们自己去面对问题，并用自己的智慧和能力去解决问题。想象力只是存在于头脑中的想法，只有将它们付诸实践时，孩子才能得到真正的锻炼，才能增加对表象认识的积累，才能对事物本质进行思考。当孩子做一些令人费解的事时，家长一定不要制止或约束其行为，要鼓励他们去实践，哪怕是错误的。孩子需要充足的自由时间和空间来整理思维、发挥想象，家长可以提供一些玩具让孩子随心所欲地玩，或让他们自由地绘画或表演。

知识拓展

家庭早期阅读

早期阅读主要是成年人根据学前儿童生理发展的特点，通过向学前儿童提供与视觉刺激有关的阅读材料的方式让学前儿童凭借变化的色彩、图像和成年人的形象描述来理解阅读材料，引导学前儿童对阅读产生兴趣，培养自主阅读能力的认知活动。根据学前儿童的认知发展特点和水平，早期阅读应是家庭成员共同参与的阅读形式。家长良好的阅读行为会起到榜样的作用，直接影响学前儿童的阅读习惯。家庭早期阅读可界定为在轻松、愉快而和谐的家庭气氛中，家长和孩子一起通过诵读、游戏、讨论、提问、表演等各种方法，围绕幼儿读物进行共同交流的阅读活动。要提高家庭早期阅读的有效性，家长可从以下五个方面着手。

1. 树立正确的阅读观念

实施家庭早期阅读的关键在家长。家长只有树立正确的阅读观念，提升对早期阅读价值和意义的认识，才能和孩子在共同阅读中产生良好的互动。实施家庭早期阅读的目的并不是让孩子在阅读中学到多少知识，认识多少字，而是让孩子在与家长的互动过程中爱上阅读，从而养成良好的阅读习惯。

2. 灵活选择科学的指导方法

家长与孩子的共读是集自由、灵活和创造于一体的活动。在阅读互动的过程中，家长可根据孩子的认知发展特点和语言发展特点施以不同的方法，如朗读法、游戏表演法、观察法、讨论交流法、创编情节法等。

3. 选择适合的阅读材料

选择适合的阅读材料是实施家庭早期阅读的重要条件。孩子的阅读兴趣与家长选择的阅读材料有很大的关系。只有符合孩子年龄特点和思维能力发展水平的幼儿读物，才能迎合他们的兴趣，满足他们的阅读需要。对于 4 岁以下的孩子，家长可选择一些形象突出、浅显易记、朗朗上口且装订牢固、纸质厚韧、便于翻阅、一页一画的故事类图书，如《猜猜我有多爱你》《逃家小兔》等。4～5 岁的孩子处于书面语言发展关键期，表现出对美好事物的喜爱，家长可选择一些情节稍微曲折、人物形象善恶分明、画面生动活泼且与他们生活经验密切相关的幽默欢快的故事丛书，如《青蛙弗洛格的成长故事》《花婆婆》等。对于 5 岁以上的孩子，家长可选择每页有多幅画面、故事情节相对复杂、文字较多、语言诙谐幽默的益智百科类图书，如《神奇校车》《法布尔昆虫记》等。另外，家长要真正在思想上和行动上尊重孩子的个人兴趣和爱好，主动带孩子到书店看书，鼓励他们自主选择喜欢的图书，通过观察及时了解他们的阅读需求，对其阅读行为进行积极、正确的引导。

4. 创造良好的家庭阅读环境

创造良好的家庭阅读环境是让孩子爱上阅读的行之有效的方法。家长可根据家庭条件尽力为孩子创设一处光线充足、环境舒适的阅读角。家长最好每天与孩子共读，在阅读时间、时长和地点的安排上要有计划性。在与孩子共读的时间里，家长要努力成为孩子阅读的好伙伴，与孩子交流感受，并鼓励孩子自主阅读。

5. 有效利用外部支持

有效利用社会资源拓宽家庭早期阅读的信息渠道，获取良好、开放、多样的外部支持尤为重要。家长可以为孩子办一张图书馆借阅证，带孩子去图书馆阅览图书，让孩子阅读自己喜欢的图书，在培养孩子阅读兴趣的同时，还能让他们感受求知的氛围；在节假日有意识地带孩子去感受不同场合的书面语言，走进大自然、大社会去感知缤纷的色彩语言，让孩子在真实的社会生活中提升阅读愿望。

二、性情塑造现象的分析及其处理方法

（一）胆量太小

“孩子胆量太小”是令很多家长感到头疼的问题。其实，孩子胆小是正常现象，家长要先弄清楚孩子胆小的具体原因，再对症下药。

情景案例

球球已经是读幼儿园大班的孩子，但还是很胆小，人越多球球越不敢说话。有一次，幼儿园组织了一次亲子活动，让小朋友和爸爸妈妈一起上台唱歌或跳舞。为了这次表演，球球和妈妈练习了好几个星期，球球在练习过程中演得很好，妈妈对这次表演特别有信心。比赛那天，小朋友在台上开心地和爸爸妈妈表演。等到球球表演时，他很紧张，怎么也不肯在台上展现自己，无论妈妈如何鼓励，球球就是一个动作也不肯做。妈妈觉得很丢人，就对球球说：“台下那么多人看着咱们呢，你这样傻站着多丢人啊！”听到妈妈的话，球球往台下一看，真的很多人在盯着自己，吓得吧嗒吧嗒掉眼泪。

《纲要》指出：“在支持、鼓励幼儿积极参加各种艺术活动并大胆表现的同时，帮助他们提高表现的技能和能力。”案例中的球球看到台下有很多人时，紧张得不敢表演是十分正常的。妈妈鼓励球球不成，便将“你这样傻站着多丢人”的感觉传给了球球，加深了球球的恐惧心理。球球妈妈的做法不符合学前儿童家庭教育的理智性原则、正面教育原则和言传身教原则。

家长让学前儿童积极地表现自己的教育要点包括：一是引导孩子强化自己的优点；二是鼓励孩子勇敢地表现自己；三是为孩子提供表现的机会；四是鼓励孩子勇敢地参与一些竞赛性活动。家长要有意识地鼓励、培养孩子的表现欲，为其储备表现自己的能量。当孩子有表现欲时，家长要及时地对其进行表扬、鼓励，增强他们的自信心。即使孩子表现得不理想，家长也要肯定他们能“站出来”的勇气，为其提出一些可行的建议，并坚信他们可以有更好的表现。家长要根据孩子的实际情况，在生活中创造机会对其进行锻炼，并在他们展示时给予掌声，鼓励他们大胆地表现自己，成为一个勇敢的人；也可以让孩子为家庭活动出谋划策，鼓励他们清晰地说出自己的建议和想法，只要孩子的建议和想法合理，家长就应予以采纳，以使其从中感受到“表现”的成功与满足。家长在根据孩子的性格特点对其表现欲进行引导时，要把握好“度”，以免他们产生虚荣、浮躁的心理。

（二）遇事着急

在孩子的成长过程中，家长一定要让他们明白“欲速则不达”的道理。

情景案例

希希是个急脾气，干什么事情都毛毛躁躁的。一次，妈妈让希希和希希的表姐比赛画画，规定画画时间是20分钟。两个人认真地画了起来，希希由于画得很认真还得到了妈妈的表扬。还剩5分钟时，妈妈对希希和希希的表姐说："还有5分钟，你俩要加快速度啊！"听到妈妈的话，希希特别着急，看到表姐马上就要画完后就更加着急了。她握着笔使劲儿地涂颜料，想赶紧画完，但越着急就越容易出问题，一会儿画笔断了，一会儿又涂错了颜色。时间到了，希希不但没画完画，而且把画弄得一团糟。

案例中的希希本来画得很好，但听到妈妈说要加快速度后，她就开始焦躁，不能静下心来画画，还由于着急弄断了画笔，涂错了颜色。学前儿童一着急，就容易把简单的事情做得很糟糕。家长要让孩子学会控制自己的情绪，心平气和地处理自己遇到的事情，不要因为一时的着急而把原本简单的事情弄得很糟糕。如果孩子始终被情绪控制，家长就可以给孩子一个暂停的机会，等孩子平静下来后，再鼓励他们继续做之前的事情。在这期间，家长一定要注意自己的情绪，要平心静气，不要火上浇油。事后，家长可寻找适当的时机对孩子提出希望，教给他们正确应对自己情绪的方法，促进其情绪调控能力的发展。

（三）任性哭闹

很多家长不愿意让孩子感到失望，会想方设法地满足孩子的需求。其实，家长应鼓励他们勇敢地面对失望，让他们懂得失望是无法避免的事情。在这个过程中，家长可以对孩子进行适当的引导，使他们学会如何寻找合理的帮助来解决自己遇到的问题。

情景案例

爸爸妈妈特别疼爱敏敏，无论她想要什么东西都会尽量满足她。一天晚上，爸爸带敏敏去朋友家玩，临走时朋友送给敏敏一袋椰子糖，可回到家后，怎么也找不到那袋椰子糖了。敏敏看到椰子糖没有了，就哭闹起来。妈妈拿出家里的其他糖给她，可敏敏不但不吃，还把它们都扔在地上，边哭边喊："我就要椰子糖，我就要叔叔给的那一袋！"爸爸妈妈拿她没办法，只好拿着手电筒到处找那袋椰子糖，可是找了很久也没找到。看见爸爸妈妈没有找到那袋椰子糖，敏敏哭闹得更凶了。无奈之下，爸爸只好又去朋友家给敏敏又要了一袋椰子糖。

案例中敏敏爸爸妈妈的做法未遵循学前儿童家庭教育的理智性原则和正面教育原则。他们虽然通过再向朋友再要一袋椰子糖终止了敏敏的哭闹，却助长了她的任性。面对情绪激动的孩子，家长可采取的应对措施包括：一是让孩子知道什么是可以改变的，什么是不可以改变的；二是让孩子知道无理取闹并不能带来他们想要的东西。在此过程中，家长切不可因为孩子的坏情绪而影响了自己，更不可以用简单粗暴的方式对待孩子。

（四）没有耐心

英国教育家赫伯特·斯宾塞主张快乐家庭教育，认为只有在轻松、快乐的状态下，孩子才能有较高的学习效率。积极的暗示，尤其是来自亲人、朋友或老师的积极暗示，会对孩子的心理发展和心智发展产生良好的作用，会使孩子的身心始终处于愉快的状态。有益的暗示出现得越早，意义越深远。

情景案例

晚饭后，妈妈准备了带有苹果、香蕉、花朵、小鸟、小狗等可爱图案的卡片，教玲玲涂色。玲玲选了带有小狗图案的卡片，并开心地涂了起来，但玲玲没有耐心，总是乱涂，妈妈看了哭笑不得。妈妈没有责怪玲玲，而是把自己涂好的卡片拿给玲玲看：“玲玲，你看这个卡片，好看不？”玲玲看看妈妈的卡片，又看看自己的卡片，一声不吭。这时，妈妈把给玲玲看的这张卡片贴在书桌旁的墙上。见此情景，玲玲若有所思。妈妈依旧不说话，并给了玲玲一张新的涂色卡片。玲玲不像开始那样乱涂乱画了，而是认真地挑选画笔，仔细地涂起来，并不时看看墙上的卡片。过了一会儿，玲玲兴奋地把自己涂好的卡片拿给妈妈，妈妈高兴地摸了摸玲玲的头，和玲玲一起将作品贴在了墙上。玲玲开心地笑了。

案例中妈妈的做法符合学前儿童家庭教育的理智性原则、主体性原则和言传身教原则。玲玲后来能够静下心来涂色，是因为妈妈把涂好的卡片贴在了墙上，这是一种激励行为，暗示玲玲只要她涂得好，作品也能被贴在墙上。玲玲领会到了妈妈的意思，于是改掉了乱涂乱画的行为，专心涂色，最后得偿所愿。

暗示提醒法是指在家庭教育中，家长用间接的、含蓄的方式对孩子的心理施加影响，从言语上提示、感情上感染和行为上引导孩子的方法。这种方法充分体现了家长对孩子的了解、信任和尊重，有利于调动孩子的积极性和自觉性。因为暗示提醒的影响是间接的、内隐的，是孩子在无心理对抗的情况下不自觉地接受的，所以更容易为孩子所接受。当“三令五申”的明示教育不起作用时，家长不妨试试暗示提醒法。积极的暗示能够产生积极的效果。家长对孩子进行积极暗示的教育要点包括：一是肯定孩子积极的想法；二是在其他人面前说出对孩子的期待；三是用自己的言行举止给孩子树立一个典范；四是借助神态表情鼓励孩子。孩子说他想当科学家时，家长应一边赞赏一边说：“我们相信你一定行！”家长去幼儿园接孩子时，如果老师问家长孩子在家爱不爱吃蔬菜的问题，即使孩子不爱吃蔬菜，家长也可以和老师说孩子知道蔬菜有营养，即使不爱吃，也会吃一点儿。这种做法可以让不爱吃蔬菜的孩子开始主动吃蔬菜。孩子礼貌地和别人问好时，家长应微笑地看着孩子，用满是赞许的表情对孩子进行鼓励。

（五）不够自信

自信是孩子成功的前提条件。一个缺乏自信的孩子，即使脑袋聪明、反应灵敏，在生活中遇到困难和挫折时也会出现问题。童年期是孩子树立自信的重要时期，家长一定要创造良好的机会和条件让孩子去尝试和发现，并鼓励其点滴进步，发现他们身上的闪光点，及时表扬、肯定，让他们充分体验到成功的喜悦，产生积极愉快的情绪体验，树立强大的自信心。

情景案例

莎莎正在读幼儿园中班，每天都闷闷不乐。妈妈有些担心，于是向老师询问莎莎最近发生了什么事情。老师说：“莎莎平时在幼儿园的表现都很好，就是不够自信，遇到一点儿困难就退缩。一次，小朋友们一起玩捉迷藏。找小朋友们时，莎莎找了很长时间都没有找到一个小朋友，小朋友们等烦后就自己出来了。该莎莎藏起来时，她根本不知道自己要藏在哪里，一下子就被小朋友抓住了。后来，莎莎说什么也不肯再玩捉迷藏了。”

莎莎正是因为缺乏自信，才会遇到一点儿困难就退缩，这很可能与家庭教养方式有关。家长帮助学前儿童树立自信心的教育要点包括：一是正确引导；二是及时纠正；三是营造氛围；四是真情流露；五是鼓励赞扬。家长不要总是对孩子说不要怎样做，要多说可以怎样做，使其朝着积极的方向努力。当孩子对自己失去信心时，家长一定要及时纠正其错误观念，如孩子因做不好某件事而认为自己很笨时，家长可以告诉他："其实你很聪明！只要多加练习，就一定会做好。"家长应时刻注意孩子的情绪情感变化，营造良好的家庭氛围，使家庭成为孩子温暖的港湾。如果家长经常争吵或经常打骂孩子，孩子就会缺乏安全感，对自己失去信心。家长要经常诚恳地肯定孩子，不仅在孩子做得好的时候表扬孩子，也要在孩子付出努力但未达到预期目标时及时鼓励孩子。

（六）自律自控

孩子的自律不是天生的，是家长后天培养起来的。没有"不"的教育看似自由，实则令人不安；正因为有稳定可见的原则，探索才变得充满底气。

情景案例

4岁的年年最近总是和妈妈作对。睡觉时，年年不断发出各种喊叫声，妈妈让他安静，他就说："妈妈是坏蛋。"妈妈假装睡着不理他，他就捉弄妈妈。妈妈问年年为什么要这样，他回答："好玩儿。"妈妈没办法，只好说："我们读故事吧，读完就睡觉。"他开始很高兴，一会儿就不耐烦起来。妈妈对此很生气，呵斥他："你这孩子！你再这样就下去，不要睡觉了！"年年被吓到后，一下子就安静了下来。

案例中年年妈妈的做法不符合学前儿童家庭教育的理智性原则和正面教育原则。年幼的孩子没有时间观念，自我控制能力弱，需要家长的帮助；通常不知道自己犯了错，一旦意识到，就会自省。孩子是在犯错误和改错误中成长的。家长爱孩子，就应该清楚地告诉孩子什么是正确的行为和正确的做法。

培养学前儿童的自律性和自控力时，家长应做到：一是为孩子营造独立的环境；二是帮助孩子进行时间管理；三是帮助孩子树立遵守规则的意识；四是严格执行规则。孩子玩积木时，家长不要一会儿给孩子递水，一会儿让孩子吃水果，否则会打断孩子自律性的培养。家长可以给孩子制定作息表，让孩子按照作息表上的时间点做事，把日常生活中常态化的事情设为标签，更方便孩子理解。同时，家长要和孩子约定好他们的回家时间（如和小伙伴玩30分钟后就要回家），并提醒他们要经常留意时间，以提升他们的时间管理能力。在帮助孩子树立遵守规则的意识方面，家长可以告诉孩子不遵守规则的人不仅得不到大家的喜欢，还会影响将来的工作和生活。年幼的孩子天性爱玩，做事没有定性，家长既要带头遵守规则，也要要求孩子遵守规则，以让孩子理解并遵守日常生活中基本的社会行为规则。

三、品质培养现象的分析及其处理方法

（一）不懂分享

"人之初，性本善，性相近，习相远。"家长作为孩子的第一任老师，要让孩子学会感恩、分享等美好的品性。《纲要》指出，要让孩子"乐意与人交往，学习互助、合作和分享，有同情心"。

情景案例

晶晶快3岁了，特别喜欢吃虾仁。奶奶疼爱孙女，就经常炒虾仁给晶晶吃。一次吃饭时，爸爸夹了几个虾仁放进嘴里。晶晶看到后，嘟着小嘴冲爸爸嚷："这是我的虾仁，你怎么吃我的虾仁？！"爸爸看着气呼呼的晶晶，没说话却拿起桌上的勺子舀了两大勺虾仁。反应过来的晶晶放下手中的筷子，踮起脚开始和爸爸抢虾仁。晶晶抢不过爸爸，眼睁睁地看着虾仁被爸爸吃掉，气得吧嗒吧嗒掉眼泪。爸爸见状，边帮晶晶擦眼泪边和蔼地说："晶晶，没什么东西是你一个人吃的，谁都可以吃，好东西要和大家分着吃才香。"晶晶看着爸爸，若有所思地点点头。从那天起，晶晶会主动地把自己喜欢吃的东西分给爸爸、妈妈和奶奶，也得到了大家的感谢和表扬。从晶晶快乐的神情上，爸爸明显地感觉到了她正在体会分享的喜悦。

案例中的晶晶在爸爸的教育下，学会了分享，也体会到了分享的快乐。爸爸的做法符合学前儿童家庭教育的理智性原则、主体性原则和正面教育原则。在道德、意志、品质方面，孩子非常容易受到外部的影响，文明有爱的家庭会在潜移默化中使孩子成为品行良好的人。

家长培养学前儿童学会分享的做法包括：一是放下架子，尊重孩子，将选择权交给孩子，鼓励孩子自己做决定，培养和锻炼孩子独立自主的意识；二是耐心地倾听孩子，充分了解孩子不想分享的原因，消除误解和负面情绪的干扰；三是和孩子讲道理，可借助实际情景教孩子一些道理，引导孩子站在别人的角度想问题，明白自己不愿意分享的行为对他人会造成的影响；四是在保证孩子安全的情况下，尝试让孩子体会"自然惩罚"的滋味，让他们明白分享是相互的，从而学会分享；五是对孩子抱有合理的期望，不能急于求成，要向正处于性格形成期的孩子提出合理要求；六是真诚、和气地对待孩子，这既能使孩子乐意接受家长的教育，也利于亲子沟通，建立良好的亲子关系。

（二）不愿吃苦

孩子不愿吃苦，遇到问题就退缩，是令很多家长苦恼的问题。人在一生中会遇到无数的难关，家长如何教育孩子面对这些难关呢？不同的家长会有不同的答案。家长如果一直牵着孩子的手，就会让孩子产生依赖性而难以自立；如果把孩子抱过去，就会让孩子更难立足于社会。让孩子吃点儿苦，让孩子学会独立渡过难关，才更利于孩子的健康成长。

情景案例

妈妈牵着刚学会走路的航航来到公园的广场前。航航试图挣开妈妈的手要自己爬台阶，妈妈也没有抱他上去的意思，就放手让航航自己爬。航航爬上两个台阶后，回头看了一眼妈妈，似乎在说台阶有点儿高。妈妈没有伸手去扶他，只是用充满慈爱和鼓励的眼神看着他。航航又抬头看了看台阶，便放弃了让妈妈抱他上去的想法，开始手脚并用地向上爬。他爬得很吃力，脸蛋通红，身上沾满了尘土，小手也脏乎乎的。终于，他爬上去了。妈妈这才上前拍拍航航身上的土，微笑着朝他竖起大拇指，并亲了亲他通红的脸蛋。

案例中妈妈的做法遵循了学前儿童家庭教育的理智性原则、主体性原则和从实际出发原则。陈鹤琴先生说："凡是儿童能够想的，让他自己想；儿童能够做的，让他自己做，必要时，才给他指导。"孩子自己的事情一定要让他亲自做，哪怕完成得不好，终归也是他自己动手的结果。

孩子在一次又一次的练习中才能提升能力，才能学会沟通，才能适应周围环境的变化。

（三）缺乏毅力

坚持才会胜利，这个道理对学前儿童来说同样适用。年幼的孩子很难坚持去完成一整件事情。出现这种情况时，家长一定不能纵容孩子，要适时地引导孩子，使其懂得坚持的重要性，并通过各种方式让孩子养成坚持的好习惯。

情景案例

下个月，幼儿园大班就要进行跳绳达标测试了，娟娟还不会跳绳，妈妈为此感到很头疼。一个周末的下午，妈妈带娟娟到公园的广场上教她跳绳。在妈妈的指导下，娟娟能连续跳好几下了。为了让娟娟通过跳绳达标测试，妈妈和她约定：每天下午都来这里练习跳绳。刚开始的几天，娟娟非常配合，每天下午都和妈妈到公园练习跳绳，而且跳得越来越好。可是第 4 天时，娟娟就开始不配合妈妈了，不管妈妈怎么催，她都不肯到公园练习跳绳。由于妈妈还有其他事情，也就没有坚持带娟娟去练习。之后的几天，妈妈一说要带娟娟去练习跳绳，她就找各种理由推脱。娟娟最终也没有通过幼儿园的跳绳达标测试。

学会跳绳不是一朝一夕的事情，娟娟在练习跳绳时，缺乏一种坚持到底的精神。妈妈的做法也不符合学前儿童家庭教育的理智性原则、主体性原则、正面教育原则和言传身教原则。

家长让学前儿童学会坚持的家庭教育要点包括：一是把事情拆开做；二是为孩子准备备忘贴；三是给孩子讲与坚持相关的故事；四是学会对学前儿童放手。既然孩子很难坚持完成一整件事情，家长就可以把大事情拆成一件件小事情，并及时肯定完成一件小事情的孩子。孩子把小事情全部完成后，家长可以告诉孩子："每天做好一点点，就能把整件事情做完了。只要坚持，任何事情都难不倒你！"家长可以在一张贴纸上写上孩子要完成的一件事情，并提醒孩子完成贴纸上的事情就可以拿到自己想要的奖品。孩子每次拿到奖品时，家长要及时称赞孩子，鼓励孩子继续完成其他事情。家长要帮助孩子树立"放弃就绝对没有希望"的观念，引导孩子勇于面对挑战，努力坚持。家长要先调整自己的心态，接受"生活中难免会遇到挫折"，树立"对孩子放手"的观念，不要帮孩子"事先处理"其可能会遇到的挫折，避免使其成为温室里的花朵。

（四）故意说谎

孩子说谎的动机很可能是害怕被责怪和惩罚。家长要平静、沉着地处理孩子说谎这件事，耐心地向孩子解释说谎的危害性，使其理解说谎的坏处，主动改正自己的错误。家长切记不可用责备或恐吓的方式处理孩子说谎的问题，更不要给他们贴上爱说谎的标签。

情景案例

一天，妈妈带帅帅去公园玩。帅帅跑去玩滑滑梯，玩滑滑梯的队伍很长。帅帅站在坤坤的后面，乐乐站在帅帅的后面，乐乐为了能早点玩到滑滑梯，就故意推了坤坤一下。坤坤没站稳就从滑梯上摔了下去，被吓到的坤坤大哭了起来。帅帅妈妈赶紧走过去，帅帅忙解释道："妈妈，不是我推的！"妈妈听后，还是很严厉地对帅帅说："真的不是你推的吗？你不是站在他后面吗？你要是不敢承认错误，妈妈就不要你了。"听到妈妈说不要自己，帅帅害怕极了，哭着对妈妈说："是我推的，妈妈别不要我！"

案例中的帅帅本来没有推坤坤，但在妈妈的质问和恐吓下，“承认”是自己推了坤坤。妈妈的做法不符合学前儿童家庭教育的理智性原则和正面教育原则。

在学前儿童家庭教育中，家长一定要弄清楚孩子说谎背后的原因，再有针对性地进行教育。孩子如果是害怕受到惩罚而说谎，家长就要先反思以往对孩子错误行为的处罚是否得当。孩子主动说出实情时，家长要及时表扬孩子的诚实，再妥善处理其错误，切记不能因孩子主动承认了错误而严厉地惩罚他。孩子如果是受身边成年人的影响而说谎，家长就要以身作则，时刻注意自己的言行。孩子如果是为了达到某种目的而说谎，家长一定要及时、明确地指出孩子撒谎行为的错误所在，并制止这种行为，不要大事化了，否则会强化孩子的撒谎行为。孩子如果是为了取悦家长而撒谎，家长切不可大惊小怪，也不能置之不理，而应思考是不是自己不当的教养方式给孩子造成了压力。

（五）口出脏话

3～5 岁的孩子开始模仿同伴或成年人说脏话。其实，孩子并不懂得这些脏话的含义，他们只是发现他们说到这些词语时，家长的反应会比较大，这让他们觉得好玩、有意思。

情景案例

4 岁的康康是一个活泼的小男孩，近期忽然有了语言“暴力”的倾向，经常把“臭屁”“小屁孩”“臭妈妈”等挂在嘴边。今天康康刚到幼儿园，小鲁就高兴地跑过来说：“康康，看！这是我妈妈昨天给我买的百变机兽，可厉害了。”小鲁边说边摆弄手里的玩具，急切地想展示给康康。康康看到小鲁的新玩具，高兴地说：“太好了！能给我玩一会儿吗？”“不行！这是我妈妈给我新买的，不能借给你玩。”小鲁说完就继续摆弄手中的玩具。“那我们能一起玩吗？”康康又问。“不行，我只想自己玩。”小鲁回答。收到一系列拒绝后，康康把头一扭，摆出一副不屑一顾的表情：“有什么好看的，都过时了，要是我早就扔掉了，你还玩呢！”康康最后还大声地补充了一句：“小屁孩，一点儿都不好！”小鲁气得直跺脚。

案例中的康康处于语言诅咒敏感期，说脏话更多的是一种试验和模仿。一段时间后，这种语言“暴力”就会自动消失。孩子发现语言的力量后，便开始没轻没重、快乐地使用。家长不必过度反应，否则会强化孩子的这种行为。

家长发现孩子出现说脏话的现象时，大可放松一些，对孩子说：“你这样的说话方式会令周围人感到困扰，因为大家并不喜欢你这样的说话方式。”家长给予的关注越少，孩子就越有可能对说脏话失去兴趣。如果孩子持续说脏话，家长需要确认孩子是否理解这些脏话的含义，以及他们是否意识到说这些脏话会冒犯别人，并向他们解释为什么这些脏话会冒犯别人，询问他们是不是真的想那么做。

四、依赖电子产品现象的分析及其处理方法

当前，学前儿童与互联网“相伴成长”，学前儿童的思维方式和行为方式也深受互联网的影响。他们利用互联网娱乐、学习，一方面丰富了日常生活、开阔了眼界，另一方面容易受暴力、色情等不良网络内容的影响。

（一）基本原因

研究表明，受家庭、学校和社会环境的影响，学前儿童依赖电子产品的原因虽千差万别，但基本原因主要有以下四个。

1. 在现实生活中的成就感太差

孩子需要得到家长和社会的肯定，如果在生活和学习中无法得到肯定，就会到虚拟网络中寻求肯定。

2. 社会交往圈有问题

一个人长期和什么样的人相处，就会被什么样的人影响。孩子如果经常和勤奋、充满正能量的人在一起，就不容易变懒惰；如果孩子身边都是优秀的人，那么孩子多半也会变得越来越优秀。另外，孩子的社会交往圈对其影响最大的就是是非观。“是非观”是人们对事物“正”“反”两面的判断和取舍。站在不同的角度观察同一事物，会让人得出不同的结论，并做出不同的选择。家长在关注孩子智力发展的同时，一定要了解孩子的朋友及其家庭情况，为孩子营造良好的社交环境。

3. 受“网瘾”家长的影响

家长使用电子产品时如果做不到自律、节制，就很容易诱发孩子对电子产品的兴趣。孩子思想不够成熟，他们只会看到家长使用电子产品时的自在、惬意，却看不到家长为家庭的辛苦付出，从而对家长的形象产生错误的认识。家长需要在家使用电子产品处理工作时，一定要注意使用电子产品的场合与时长，避免对孩子产生不良影响。

4. 生活太单调

目前，兴趣班、动画片、网络游戏等占据了孩子日常生活的大部分时间，他们缺少过去爬树、翻墙、和泥巴等快乐的体验。单调的生活让他们感到孤独，会让他们沉溺网络世界。

（二）处理方法

国外某儿科协会推荐：除了视频聊天以外，0～18 月龄的孩子不应使用电子产品；家长要选择高质量的节目，并和孩子一起观看节目，帮助他们理解看到的内容，帮助他们把从电子产品里学到的内容运用到现实生活中；2～5 岁的孩子每天观看电子产品节目的时间不要超过 1 小时。

家长如何让孩子放下手中的电子产品呢？

（1）家长不要把使用电子产品作为一种奖励，也不要把拿走电子产品当成一种惩罚。不管哪种方式，都会使电子产品看起来很特别。

（2）想分散孩子的注意力和让他们自娱自乐时，家长不要把让孩子使用电子产品作为手段。

（3）家长一定要把电子产品放在孩子拿不到的地方，何时使用和何时结束都应该由家长决定。

（4）当孩子在场时，家长尽量减少自己使用电子产品的频率。孩子会观察家长，想用家长的方式做所有事情，并且他们观察的细致程度超乎家长的想象。1 岁多的孩子可以学会微信语音、视频通话、手指滑动查看手机图库里的图片和视频、尝试输密码等。3 岁多的孩子可以打开计算机播放音乐、看动画片、玩网络小游戏等。

在教育孩子的过程中，家长要尽量让孩子接触不同的活动——体育活动、涉及各种玩具或物品的游戏。孩子如果能在丰富多样的活动中找到乐趣，就会减少对电子产品的依赖。家长要帮助孩子找到适合其发育且有教育意义的信息资源，降低他们接触不良网络内容的风险。

五、多子女家庭孩子纷争现象的分析及其处理方法

随着社会经济的发展与国家生育政策的开放，多子女家庭数量日益增多，其教育问题日渐成为社会广泛讨论的话题。

（一）多子女家庭孩子纷争现象及其回应方法

多子女家庭的家长会产生类似的困惑：“他们为什么总是打架？难道不知道要关心彼此吗？我应该站在哪一边呢？为什么我每次介入后，事情会变得更加糟糕。”其实，孩子的打闹也是在试探家长：“他们会同样疼爱我们吗？谁会多爱我一点儿？”布雷泽尔顿认为，在多子女家庭，每个孩子都会从打闹和竞争中学到很多，如自我保护、同情、关爱等。

针对兄弟姐妹之间的纷争，家长的回应方法主要有以下 3 种。

（1）家长要平静介入孩子之间的纷争，并且询问详细的状况。

（2）如果没有孩子出现身体受伤的迹象，周围也没有危险物品，家长可以说：“这是你们的‘战争’，不是我的。你们的‘战争’结束时让我知道一下，那时候我会回来的。”家长这样的态度一般不会让孩子之间的纷争升级。

（3）如果家里有还无法保护自己的孩子，家长就要负起责任，确保大孩子无法接近或不会伤害小孩子。同时，家长要让大孩子学会照顾和保护小孩子。当大孩子为了照顾和保护小孩子而控制自己的情绪时，家长要让大孩子为自己感到骄傲。

（二）多子女家庭的教育建议

在多子女家庭，孩子们会不可避免地发生冲突。以下几个教育建议有助于家庭和谐氛围的营造。

1. 让每个孩子都有专属时光

无论家里有几个孩子，家长在照顾到每一个孩子的基础上，还要让每个孩子都有专属时光。例如，在某个时间段，由家里的老人帮忙照顾二宝，爸爸妈妈专心陪大宝，大宝就会觉得“哇，这个时候，爸爸妈妈只属于我”。这样的专属时光对于孩子来讲是非常重要的，孩子会觉得他是被爱的、受欢迎的、被重视的。

2. 不要拿孩子进行比较

很多家长整天拿孩子进行比较，比来比去就把家人之间的情谊比没了。每个孩子都是独一无二的，有优点也有缺点。孩子天赋的高低、成绩的好坏都不重要，重要的是：他们都是家长的孩子，家长要全然地接纳他们。家长切记不要拿孩子进行比较，每一次比较都在伤害家人之间的情谊。

3. 不要认为大孩子就应该让着小孩子

多子女家庭中，家长普遍认为大孩子就应该让着小孩子。这种观念对于大孩子来说是一种道德绑架，会让大孩子莫名地扛起很多本不属于他们的责任，会让大孩子失去个性。这种观念也会让小孩子认为不劳而获是正常的，他可以轻易拿走属于哥哥姐姐的东西，所有人都得让着他，所有人都得围着他转。无论家里有几个孩子，每个孩子都应该享受平等的待遇。

4. 允许孩子们发生冲突

一个孩子从小到大都不与他人发生冲突，就会失去处理冲突、处理关系的能力。孩子处理冲突、处理关系的能力会影响他们未来与同学的关系、同事的关系等。在多子女家庭中，家长要允许孩子们发生冲突，而且不要过早、过度地介入他们的冲突。当孩子们发生冲突时，家长应避免

生气，也不应以谁对谁错为结束，而应引导孩子们思考在和解的过程中学到了什么、悟到了什么。家长的态度和处理方式在孩子们发生冲突的过程中是至关重要的，理智的家长能教会孩子们很多东西，如引导孩子具备处理关系的能力。

5. 单独批评做错事的孩子

家长不当着大孩子的面批评小孩子，也不要当着小孩子的面指责大孩子。对于做错事的孩子，家长应把孩子叫到一边单独批评。

六、隔代教育现象的分析及其处理方法

当前，父母对子女的亲子教育和祖辈对孙辈的隔代教育是家庭教育的两种主要形态。祖辈参与孙辈的教育是我国家庭教育的一个重要特点。孙辈的年龄越小，与祖辈生活在一起的概率越高。在我国，祖辈是学前儿童家庭教育中的一支重要力量。相比父辈，祖辈照料孙辈有充足的时间，也更有耐心；自身有着丰富的社会阅历和人生感悟：这些是促进学前儿童社会性发展的宝贵财富。隔代教育在发挥其积极作用时，也存在一定的消极作用，如教育观念落后等。

（一）隔代教育现象的分析

1. 祖辈和父辈共同教育时

祖辈要明白养育孙辈不是自己的职责，自己的职责是享受天伦之乐。所以，祖辈要明确自己的界限，树立以下意识。

（1）把养育的职责留给父辈。

（2）懂得尊重父辈的教育要求和教育理念。在一些具体的行为细节上，如果孙辈提出异议，祖辈可以这样说："当你和爸爸妈妈在一起的时候，你要遵守他们的规则；当你和爷爷奶奶在一起时，你要遵守我们的规则。"4～5 岁的孩子都能接受和尊重这种差异，尤其是当祖辈和父辈对彼此的规则表示尊重时。

2. 祖辈成为主要照料者时

祖辈承担起孙辈首要照料者的角色时，就不能回避教育问题。

孙辈可能会不服从祖辈的管教："我不需要你告诉怎么做，你根本不是我的爸爸！"年幼的孙辈搬去祖辈家时也会小心翼翼地询问："爸爸妈妈把我送到这里，是因为我不乖吗？"祖辈应该让孙辈知道父辈不方便照顾孙辈的原因，而且要让孙辈坚信：无论是谁在照顾他们，父辈都是很爱他们的。

（二）隔代教育的原则

隔代教育有利有弊。要正确发挥祖辈在家庭教育中的作用，家庭成员应坚持以下 4 个原则，以达到祖辈幸福、父辈无忧、孙辈健康成长的目的。

1. 父辈要明确自己的养育责任

父辈要明确祖辈的教育只能是亲子教育的补充，应主动承担起自己的养育责任，即使再忙再累，也要有意识地抽出时间，陪孙辈游戏、玩耍、学习，关注他们的成长。父辈在尊重祖辈的同时，要协调好与祖辈的关系，形成教育合力。

2. 祖辈要清楚自己的定位

祖辈可以协助照顾孙辈的生活和教育，但不能取代父辈在家庭教育中的主导地位。祖辈应该

充分利用自己的教育经验对父辈提出参考建议，而非指挥父辈如何去做；应该利用自己的经验和阅历适当地化解父辈对孙辈的溺爱或暴戾，而不要成为孙辈的庇护者；应该成为孙辈情感交流的重要对象，以及生活与学习的导师。

3. 父辈与祖辈优势互补

父辈应与祖辈相互配合，取长补短。对于祖辈行之有效的经验和意见，父辈应尊重和接受；对于祖辈不妥的做法，父辈应侧面提醒，切不可横加指责、断然否定。父辈可以购买一些育儿图书或推荐一些育儿视频，更新、充实祖辈的育儿知识。

4. 父辈尊重祖辈的情感需求并减轻其经济负担

抚养、照顾孙辈需要花费祖辈大量的精力，同时会增加他们的经济负担。父辈请祖辈照顾孙辈要坚持自愿、量力的原则。同时，父辈要多关心祖辈的身心健康，减轻其经济负担。父辈与祖辈只有相互理解与支持，才能创造一个欢乐、祥和的家庭环境，克服祖辈养育孙辈的弊端。

七、滥用奖励现象的分析及其处理方法

有些家长想操纵孩子的行为，而给予奖励或惩罚是其实现目的的有效手段之一。例如，家长想知道孩子为什么不想去幼儿园要花费不少时间和心思，但如果用玩具换答案，孩子很可能就会妥协。

（一）滥用奖励的常见后果

有时候，奖励的确可以让孩子去做他们不想做或者不爱做的事情，但他们并不快乐。研究表明，看重奖励的孩子的表现并不好。大多数家长希望自己的孩子能尽力而为，并从中获得成就感，糟糕的是追求奖励的孩子往往只想完成最低要求。

1. 为了获得奖品而做事会使孩子丧失自发性

孩子一旦习惯了接受行为的奖励，就会试图取悦别人或者获得外在的肯定，从而丧失对其他事物的兴趣。无法从别人那里感觉到自身的价值时，他们就会产生失败感。

2. 奖励听话的孩子是一种操纵

研究表明，爱给奖励的家长通常也爱给惩罚。他们的奖励等于在提醒孩子，孩子正在被评价和判断，这会使孩子感到家长爱的是他的表现而不是他这个人。

3. 奖励等同于惩罚

因为孩子只有令家长满意时才能获得奖励，否则就一无所获，所以没能获得奖励的孩子常常会感到失败——他们总是把听话和“家长会用什么来奖励我”联系在一起。亲子关系如果从真诚交流变成相互操纵，就会为孩子以后的生活埋下谎言和操纵的种子。

4. 孩子会感觉到家长在把他们的意愿强加给自己

孩子的表现让家长自我感觉良好时才能得到奖励，孩子是很容易察觉这一点的。只有让家长觉得满足了才能获得夸奖，这会剥夺孩子的满足感，甚至可能会让他们放弃自己擅长的事情。

其实，相对于玩具等外在奖励，孩子更愿意为了获得爱、关注、交流和认可而努力表现。家长应该依靠和孩子之间的感情来激励孩子，爱他们、理解他们、支持他们，而不是靠奖励他们。不使用奖励并不意味着不能在孩子每次成功的时候欣赏和鼓励他们。只要不试图滥用奖励操纵孩子的行为，不去指挥和评判他们，家长可以尽情地陶醉于孩子的快乐和成就。

知识拓展

表扬和鼓励

研究表明，尽管表扬能激励儿童继续某项活动，但仅限于成年人在场时。一旦成年人离开，儿童就很少会继续或再次进行此项活动。可见，表扬并没有提高儿童对积极行为的认同，而是引导儿童想方设法地追求重要他人（一个心理学的概念，指的是在儿童心理人格形成及社会化过程中，最具影响力的一个人）的口头赞许。另一个虽不明显但不容忽视的事实是，表扬会毁灭儿童的自豪感和自我价值感，过度表扬会使儿童丧失对自身进步的评判能力和在活动中感受内在乐趣和愉悦的能力。

表扬就像蛋糕中央的粉红色糖衣玫瑰，十分诱人。第一口让人觉得香甜可口，但吃多了让人觉得甜腻。因为糖衣玫瑰只有一种甜味，虽然能快速提供能量，但缺乏营养，不利于儿童的成长和健康。

相反，鼓励像一锅温热的汤，多种味道混合其中，能够提供营养，使儿童健康成长。它的外表可能不如糖衣玫瑰诱人，但其魅力在于能提供长期的支持，鼓励儿童成长。成年人应当用鼓励的方式赞许孩子的努力，而不是简单地评价最终的结果。鼓励有助于孩子发现自己的兴趣和长处，而不依赖成年人的评价。

（二）减少奖励问题的有效方法

大多数家长并不希望孩子成为大众的取悦者或认可的追求者，而希望孩子成为能够进行自我激励、走自己的路、追求自己理想的人。如果后者是家长的真实愿望，家长就不要一味地奖励孩子，而应该去欣赏他们。孩子的学习愿望，诚实、善良、体贴等品质，要靠家长的引导、示范和鼓励才会浮现出来。不要让过度奖励成为孩子成长道路上的“拦路虎”。

1. 让孩子关注自己的成就感

成就感可以激励孩子学习。看到孩子在进行某项活动的时候，家长可以鼓励和支持孩子：“你看起来好像很开心嘛！”

2. 帮助孩子进行自我评价

家长可以帮助孩子进行自我评价，如“你觉得你画得怎么样”“你喜欢你搭建的城堡吗”。

3. 询问孩子的感受

如果孩子告诉家长他在学校里是老师的小助手，家长可以问孩子类似以下问题：“你喜欢这项工作吗？”“你喜欢帮助别人吗？”让孩子看到家长对他的感受和经历感兴趣，会增进亲子之间的感情。

4. 多使用以“我”为开头的语句

以“我”为开头的语句可以避免让孩子感觉家长在试图操纵他们。当家长表达真实情感时，孩子会感受到家长话语中的真诚。诸如“我喜欢你穿的衣服！”“我爱看你认真看书的样子！”的语句要比“你真会穿衣服！”“你看书很棒！”这样的论断式评价更有鼓励意味。总之，家长可以多强调自己的感受，而不要评价孩子的表现。

5. 对事不对人

家长应对孩子表现出兴趣和认可。如果孩子向家长展示他的绘画作品，家长说：“你画得真好看！”并不合适，而应该告诉孩子：“妈妈非常喜欢你的作品，尤其欣赏画面的颜色搭配、图案设计等。”

（三）合理运用奖励的建议

家长运用奖励的目的是激励孩子发挥积极性，使其明确并发扬自己的优点和长处，认识并克服自己的缺点和不足，从而主动地按正确的行为准则行动。

1. 正确运用表扬和奖励

（1）肯定孩子的点滴进步。生活中，肯定孩子的点滴进步是巩固他们的良好行为，并使他们形成良好习惯的重要手段。例如，孩子习惯乱扔东西，家长可以要求孩子把东西整理好，当孩子整理好一件东西时，家长要及时表扬孩子：“你这样做真好，如果能把其他东西也收拾好就更好了。”

（2）表扬要及时、具体。在孩子心中，事情的因果关系是紧密联系在一起的。因此，家长要及时表扬孩子的良好行为，以使他们清楚他们为什么会受到表扬，哪些是良好的行为。在表扬孩子时，家长应特别强调孩子令人满意的具体行为和品质。例如，孩子和小朋友在一起玩时，扶起了一个摔倒的小朋友，家长可以这样说：“你把小朋友扶起来并安慰他，你做得很好，妈妈很高兴。以后和小朋友一起玩时，你要继续这样关心、帮助他们。”这样的表扬方式既满足了孩子喜欢称赞的心理需要，又强化了孩子关心别人、助人为乐的良好行为与品质。

（3）精神奖励为主，物质奖励为辅。家长对孩子的良好行为和良好习惯给予适当的物质奖励是合乎情理的，也是必要的。需要家长注意的是，不能把物质奖励当成刺激孩子积极性的主要手段，以免孩子为了得到某种好处而形成不正确的动机。想让孩子树立自觉的、持久的良好动机，精神奖励是根本且有效的方法，所以，家长在奖励孩子时应坚持精神奖励为主、物质奖励为辅的原则。物质奖励要结合说服教育，以使孩子明白自己好在哪儿、有何进步、以后怎么做。

情景案例

一天，维尼夫雷特看了一本有趣的书，书中讲到水的重要性，并提到人类对水的浪费会使人类在未来面临缺水的危险。维尼夫雷特洗澡时喜欢将水龙头的出水量调至最大，有时会开着水龙头只为听流水的声音。妈妈曾多次告诉她不要浪费水，但这些话就像随风而去的云雾。看完这本书，维尼夫雷特当天很快就洗完了澡，并主动关上了水龙头。“今天怎么这么听话呢？”妈妈问她。“因为要节约用水，书上是这样写的。”维尼夫雷特对妈妈说。“不得了了，我的女儿知道节约用水了，真棒！要是每个人都能像你一样，人类每天就能省出好多好多水！”后来，维尼夫雷特不光自己节约用水，还时常提醒爸爸要节约用水。

2. 慎用批评、惩罚

（1）冷静理智。家长要明确批评、惩罚孩子的目的。批评、惩罚孩子是为了纠正孩子的错误，让孩子知错改错。在批评、惩罚孩子时，家长一定要保持头脑冷静，理智地对待孩子的缺点和错误。对于好胜的孩子，家长可采取“故意忽视法”，这对于减少其任性行为尤其有效。家长一定不能向孩子的不良行为妥协或给予任何形式的奖励。

（2）注意时间和场合。批评、惩罚孩子要在双方都心平气和的情况下进行。孩子大发脾气时，容易对家长的批评、惩罚产生逆反心理。家长在气头上教育孩子时也难免会过火。所以，家长必须注意时间和场合，避免在饭桌上、睡觉前和众人面前批评、惩罚孩子。

（3）就事论事。批评、惩罚孩子要客观，要针对孩子所做的事，不翻旧账，点到为止，以使孩子清楚地知道自己做错了什么，从而自觉地改正缺点和错误。

知识拓展

家庭教育普通教导法

一、家长最好用积极的暗示教育孩子，不要用消极的命令

家长可以用积极的语言激励孩子。受激励而改过，是很容易的。

二、积极的鼓励比消极的刺激更有用

积极的鼓励比消极的刺激有用，但不可滥用鼓励。家长要晓得孩子是孩子，不要以成年人的标准评价孩子的言行。

三、孩子是好模仿的，家长要以身作则，留心孩子所处的环境

孩子的所做所说与成年人的所做所说不同，却有几分相像。孩子的善恶观念很薄弱，掌握的知识也有限，会不加选择地模仿人事物，所以家长既要以身作则，也要处处留心孩子所处的环境，使孩子听到的、看到的都是好的事物。

四、家长不可常用命令式的语气指挥孩子

孩子一般不愿意听命令式的话。孩子应当做的，家长一定要让孩子去做。非有充分理由，家长不可用命令的语气指挥孩子。

五、家长不应当对孩子多说："不！"

家长不应当常常禁止孩子。"事属可行，就叫他行；事不可行，禁止他行，这是父母对待子女正当的办法。倘使不论事情的可否，竟一味去禁止他，那么小孩子茫然竟不知措手足了。"

六、别人做好的事情或坏的事情的时候，家长应当以辞色来表示赞许和不赞许的意思给孩子听，给孩子看

孩子的善恶、美丑观念更多来自家长的影响。孩子生来是无知无识的。善恶、美丑的种种观念要慢慢在后天形成。孩子不会辨别善恶、美丑，家长平日对于善恶、美丑的态度会影响孩子。

七、应当按照孩子的年龄、知识予以适当的做事动机

家长的教养方式应符合孩子的心理、认知特点。

八、待孩子不要姑息也不要严厉

教育孩子应在姑息和严厉间折其衷。家长一方面要使孩子充分发展自动的能力和健全的意志，另一方面要限以自由范围使孩子不得随意乱动，以免侵犯他人的权利。

九、不要骤然命令孩子停止游戏或工作

家长要懂得孩子的心思。家长要明白，即使是成年人，也不肯立刻舍弃有趣的游戏或将完成的事情。孩子不仅喜欢做事的过程，而且喜欢成果。

十、做父亲的应当同孩子做伴侣

父子忌相夷（相互憎恶、仇视）。父子若相夷，便愈说敬而愈不敬，愈说孝而愈不孝。父子不做伴侣，则易生隔阂。严打只能一时禁止孩子的行为，并不能改变孩子的心意。父子做伴侣，而不是轻狎。轻狎易使孩子产生藐视之心。父子做伴侣的好处包括：产生浓厚的感情；容易训育孩子；容易教育孩子。

十一、游戏式的教育法

家长不要贸然强迫、打骂孩子。孩子是很喜欢游戏的，家长可以用游戏式的方法教训孩子。如果孩子不听家长的教训，家长再用强迫手段也不晚。

思考与实践

1. 学前儿童家庭教育的原则有什么？如何理解各个原则的含义和要求？
2. 家长如何对学前儿童进行习惯养成、性情塑造、品质培养教育？
3. 何谓起跑线？人生有无起跑线？如果有，起跑线是什么？
4. 如何看待多子女家庭中孩子之间的纷争？家长该如何应对？
5. 隔代教育应遵循哪些基本原则？
6. 学前儿童依赖电子产品的基本原因有哪些？家长该如何引导？
7. 滥用奖励有何后果？家长应该如何合理运用奖励？

06

第六章 不同年龄段学前儿童的家庭教育

学习任务

1. 知道胎教的含义及其作用，理解孕期保健，掌握科学的胎教方法。
2. 了解婴儿和逆反期儿童的发展特点，理解并掌握该年龄段儿童的家庭教育要点。
3. 了解 3～4 岁、4～5 岁和 5～6 岁儿童的发展特点，理解并掌握该年龄段儿童的家庭教育要点。
4. 树立科学的儿童观，能够客观、准确地分析学前儿童家庭教育现象，并给予相应的指导建议。

情景导入

宝宝 5 个月时，开始啃他能抓到的东西。爸爸认为宝宝这样啃东西是不卫生的，便把宝宝身边的东西都收走了，以防宝宝啃它们。妈妈认为宝宝是在探索环境，只要东西是干净的、安全的，就可以让宝宝啃着玩。

孩子好比一粒种子，这粒种子已经具有自身的生命力及其生长的所有资源，但还需要生理营养助其生根发芽，需要心理营养助其拥有更好的长势。心理营养不充足，孩子通常会表现出情绪不稳定、人际关系不良、行为偏差等。心理营养充足，孩子就能拥有良好的人际关系，也有力量追寻自己的梦想。教育就像鞋子，是帮助人类更好地走路的工具。从这个意义上讲，一个创造鞋子的人如果想让穿鞋子的人感到鞋子舒适且能更好地走路，就必须忘记自己的需要，去了解穿鞋子的人的感受和需要。宝宝啃东西是在用嘴巴感知这个世界，是一种探索行为。家长的正确做法是给宝宝提供能让宝宝抓得住的各种质地、各种形状的安全物品，并且每天把物品洗干净。学前儿童的发展是一个动态的、复杂的过程，其身心发展具有阶段性特征，其阶段性特征表现为学前儿童在其成长时期的几个特殊阶段具有明显的年龄特征和发展特点。家庭教育是促进学前儿童发展的重要因素，同时又受到学前儿童身心发展水平的制约，所以这一阶段的家庭教育只有在了解、掌握学前儿童几个主要年龄阶段发展特点的基础上，实施有针对性、有目的性的教育，才能养育一个外在独立、内在强大的学前儿童，促进其身心和谐发展。

知识拓展

不同年龄阶段孩子所需的心理营养

孩子在不同年龄阶段所需要的心理营养不同。

0～3 个月的孩子多是用感官感觉来生活的，以“我”的需要为己任，如饿了就要吃到奶，渴了就要喝到水等。该阶段的心理营养是无条件的接纳。

4 个月～3 岁的孩子要和家长剪断心理脐带，需要的心理营养是安全感。如果安全感没有被满足，孩子就会出现分离焦虑，如进入新环境时会哭闹等。

4～5 岁的孩子需要的心理营养是肯定、赞美、认同。此阶段得到充足心理营养的孩子长大后会变得有底气，会有力量面对遇到的挫折。在这个阶段，爸爸的重要性要大过妈妈。不管是对儿子还是女儿，爸爸对孩子的肯定、赞美、认同的分量都特别重。如果爸爸愿意认真地对孩子说：“孩子，我很喜欢你，我非常高兴你是我的孩子”，孩子会非常开心，并会永远记住爸爸的这句话。

6～7 岁的孩子需要的心理营养是学习、认知、模范。家长要尽可能地多和该阶段的孩子生活在一起，让孩子在处理生活难题、人际关系和个体情绪等方面有一个榜样或模范。

第一节　胎教

科学研究表明，大脑细胞分裂增殖主要是在胎儿期完成的，大脑细胞分裂增殖的第一个高峰期在受孕后的 2～3 个月时，第二个高峰期是在受孕后的 7～8 个月时。如能在这两个高峰期适时地供给胎儿丰富的营养和良性的刺激，胎儿脑细胞的分裂就可趋于顶峰。

一、胎教的含义和作用

目前，人们对胎教的认识还存在许多误区。有些人根本不相信胎教，认为胎儿不可能接受教育；有些人认为胎教可以制造神童。

提倡胎教并不是因为胎教可以培养神童，而是因为胎教可以发掘个体的潜能。胎教的内容也不是教胎儿唱歌、识字、算数，而是通过适当的、合理的信息刺激对胎儿的六感功能（皮肤的感觉、鼻子的嗅觉、耳的听觉、眼睛的视觉、舌的味觉和躯体的运动感觉）进行训练，促进胎儿各种感觉功能的发育，为出生后的早期教育即感觉学习打下一个良好的基础。

（一）胎教的含义

胎教是指孕妇从受孕开始，科学地控制和调节自己体内外环境，有意识地给胎儿感觉器官以良性刺激，促进胚胎发育。也就是说，孕妇要保持心情愉快、膳食均衡合理、生活规律，为胎儿创造良好的体内外环境，并采取适当方法对胎儿的感官进行刺激，为其出生后的智力发育及健康成长奠定良好的基础。

世界上最早提出胎教之说的国家是中国。在我国古代的许多典籍中都有对胎教的论述和说明。据刘向《列女传》记载，早在 3000 多年前，周文王之母太任在妊娠期间“目不视恶色，耳不听淫声，口不出敖言，能以胎教”。汉代的许多思想家在西周时期胎教思想的基础上也多言胎教。西汉政治家贾谊在他撰写的《新书》中专有“胎教”一章，他认为胎教是“慎始”的教育，提出胎教的目的在于“正礼”，就是孕妇一切的活动都应该符合“礼”的规范。随着中医学科的发展，唐代学者更多地从医学角度对孕妇的生理特点和胎儿的生理特点进行研究。孙思邈在医学名著《千金方》中提出了“外象内感”的基本理论，就是说外界的客观事物对孕妇体内的胎儿会产生影响。

古代胎教思想指出了孕妇的言行、品德、饮食、生活起居和外界环境对后代的身体、智力发育的重要影响。《辞海》指出：“古人认为胎儿在母体中能受孕妇言行的感化，所以孕妇必须加强自身的调养和修养，给胎儿以良好影响，叫‘胎教’”。现代的胎教理念继承了古代胎教思想的精髓，且更加科学和完善，正逐渐成为一门系统的科学。它提倡在科学“养胎”的基础上进行胎教，强调母体的内外环境，以及孕妇与胎儿的沟通和对胎儿的刺激。许多国内外的胎教试验也证明了胎教的科学性和可行性，并开发了音乐胎教法、抚摸胎教法、语言胎教法等。

（二）胎教的作用

1. 有利于发展孩子的情绪处理能力和社会交往能力

受过胎教的孩子通常会有以下表现：情绪稳定，爱笑不爱哭；白天睡觉短，晚上睡觉长；睡眠规律，入睡快，清醒时眼睛明亮而有神；注意力集中，表情丰富，对外界刺激反应敏捷。

2. 有利于提高孩子的动作协调能力

受过胎教的孩子的伸张抓握能力较强；四肢活动有力；能够较早地学会俯卧抬头、坐、立、行、走。

3. 有利于激发孩子对声音的反应能力

受过胎教的孩子的听觉更灵敏，记忆力也更好。

4. 品行良好，多继承家长的优点

受过胎教的孩子具有很强的独立性，对周围的事物有积极的态度，有良好的适应能力和较强的责任感。

二、孕期保健

随着人们对胎教认识的加深，控制和调节孕妇的内外环境已成为胎教的主要内容。

（一）孕期大忌

孕妇受孕后的前 3 个月称为孕妇敏感期，也是胎儿发育的关键期。此时期的胎儿对外界刺激非常敏感，而且对有害刺激的抵抗力十分弱。所以，孕妇受孕后应该尽量避免接触对胎儿有害的药物、化学物质和射线辐射。

吸烟、喝酒对胎儿也有严重的危害，易引起流产、早产、胎儿死亡和新生儿死亡、妊娠并发症等。因此，想让胎儿健康发育，父母要积极、科学备孕。

（二）大脑发育关键期必须补充的营养

影响胎儿正常发育的因素是多方面和复杂的，孕妇科学合理的膳食对胎儿的身体发育、智力发育具有重要的影响。孕早期是胚胎分化时期，此时胚胎生长速度相对缓慢，但对营养的质量要求较高，若此时营养质量跟不上，就会因蛋白质、核酸合成障碍使细胞分裂、分化受阻，导致构成器官的细胞数目减少而出现畸形，甚至发生流产。妊娠中晚期，胎儿处于快速生长期，营养需求量增大，孕妇营养不足可引起胎儿宫内发育迟缓，出生时体重低、早产或死产等。营养不足对胎儿的影响与营养缺乏的严重程度和持续时间有关，长期营养摄入不足将影响胎儿的组织结构和功能。孕妇在整个孕期应该适当补充蛋白质、糖类、维生素、微量元素等。

（三）孕妇的情绪变化

科学研究证明，孕妇的情绪变化对胎儿的影响非常大。尽管孕妇与胎儿之间没有直接的神经传递，但当孕妇心情发生变化时，身体就会分泌出多种化学物质，使血液中的化学成分发生改变。这些化学物质通过脐带进入胎盘，对正处于形体和神经发育关键时期的胎儿进行刺激，与母体间接地建立起神经信息的传递。孕妇的情绪变化会影响胎儿的生长发育和人格形成。孕妇的心情愉快，情绪稳定、平和时，身体就会分泌出有益物质，让胎儿处于一种满足、愉悦的状态。孕妇产生愤怒或恐惧的情绪时，身体会分泌许多肾上腺素与乙酸胆碱，这两种化合物能刺激胎儿的神经系统，对胎儿产生不良影响。所以，孕妇应尽量消除恐惧、愤怒、焦虑不安的情绪，多接受一些新鲜的、令人愉快的刺激，如多听悦耳动听的音乐，多看美丽的风景和图画。不过，恐惧、愤怒、焦虑等不良情绪只有在持续一段时间并积累到一定程度后才会对胎儿造成损害，所以孕妇不必担心短暂的不快乐会影响到胎儿。

三、胎教的科学方法

胎教的科学方法是指人们用各种方法刺激以帮助胎儿身体和大脑细胞的生长。胎教的科学方法主要有 3 种：音乐胎教法、抚摸胎教法和语言胎教法。

（一）音乐胎教法

现代神经心理学的研究表明，音乐可以对神经系统中的边缘和脑干的网状结构产生直接影响，从而调节情绪、情感和内脏活动。优美的音乐可以使孕妇保持乐观开朗的心态，而且能促进孕妇分泌一些有益于母子健康的激素和酶，调节血液流量和神经兴奋，从而改善胎盘的营养状况。音乐胎教法可以从 3 个方面进行。

1. 孕妇听胎教音乐

从确定成功受孕起，孕妇便可以开始听胎教音乐。孕妇仰卧全身放松，把手放在腹部，注意胎儿的活动，静心聆听乐曲：每天听的乐曲最好固定，便于胎儿记忆；选择自己喜爱的音乐，以动听悦耳的轻音乐为主；音量以 75～80 分贝为宜，每天听 2 次，每次进行 20～30 分钟。

2. 家长唱歌给胎儿听

家长的歌声对胎儿来说是一种良好的刺激，能够促使其大脑健康发育，也是家长与胎儿建立情感的上好通道。一方面，家长在唱歌时陶冶了性情，获得了良好的胎教心境；另一方面，家长在唱歌时产生的物理振动和谐又愉快，能使胎儿从中得到感情和感觉上的双重满足。该方法还可以使胎儿熟悉家长的歌声，由此产生一种安全感，从而加强感情交流，出生后彼此之间的关系会更和谐融洽。

3. 胎儿听胎教音乐

妊娠中后期，即受孕后的第 25～40 周，家长可以在胎儿睡醒时选择一些音乐，在距离孕妇腹部不超过 0.5 米的地方对胎儿进行刺激，每次持续 5～10 分钟即可。音乐的内容、节奏、旋律应当视情况而定，白天可以听轻松欢快的乐曲，使胎儿处于兴奋状态，晚上可以听柔美的小夜曲，使胎儿进入睡眠状态。活泼好动的胎儿适合听一些节奏缓慢、旋律柔和的音乐，文静安定的胎儿适合听一些节奏明快、跳跃性强的音乐。需要注意的是，给胎儿听的音乐要保证不损害其听觉系统，要选择经过医学、音乐学设计和符合声波学规定的胎教音乐，禁用过于强烈、杂乱的音乐等。

（二）抚摸胎教法

抚摸或轻拍孕妇腹壁能够促进胎儿感觉神经和大脑的发育。经过抚摸训练的胎儿，肌肉活动力较强，对外界环境反应较灵敏，出生后翻身、爬行、站立、行走等动作的发展都会早些。抚摸胎教法主要包括抚触胎教法和拍打胎教法。

1. 抚触胎教法

孕妇轻轻抚触肚皮对胎儿有一定安抚作用，也是和胎儿沟通的重要方式之一，但切不可频繁甚至用力抚触。抚触胎教法要在有胎动时进行，可以顺时针大面积地抚触，也可以逆时针大面积地抚触，每次保持一个方向即可；要定时进行，每次 5～10 分钟。如果在抚触时出现胎儿用力踢腿等现象，孕妇应该立即停止抚触。孕早期、孕晚期，以及宫缩出现过早时，都不宜使用抚触胎教法。孕晚期频繁抚触会造成脐带绕颈、胎位不正。出现早产先兆或曾有流产经历的孕妇因子宫容易收缩，也不宜使用抚触胎教法。

使用抚触胎教法时需要一个安静的环境，孕妇可以放一些轻柔的背景音乐，在排空膀胱后仰卧放松，双手放在腹壁上捧住胎儿，保持一个方向大范围地轻轻、反复地做抚摸动作，一边抚摸，一边与胎儿讲话，然后用食指或中指轻轻触压胎儿。受孕 28 周后，孕妇能摸清胎儿的体形，可伴随音乐的节奏与胎儿的身体接触，如触摸胎儿的头部、背部、四肢和臀部等，还可进行推晃锻炼，即轻轻推动胎儿，使其在腹中散步，又好似在“做体操”。

2. 拍打胎教法

拍打胎教法适合在孕中期进行。孕妇感觉到胎动时可去卫生间排空膀胱，再跟随胎动位置在附近轻轻地敲一敲肚皮，胎儿会追随过来，就像和胎儿做游戏一样，每次 5 分钟左右。

（三）语言胎教法

家长用语言与胎儿进行交流，有利于胎儿语言和智力的发展，又因能将家长的爱传给胎儿，对胎儿的感情发育也大有好处。研究证明，家长充满爱的讲话声能刺激胎儿的听觉和语言中枢神经，可使胎儿的大脑发育得早、快、好。语言胎教法可以从以下 3 个方面进行。

1. 日常生活语言交流

从早晨起床到晚上睡觉，家长所经历和发生的事情都可以说给胎儿听。早晨起床时，家长可以轻轻呼唤胎儿的名字，问声“早上好”；外出散步时，家长可以和胎儿描述沿途的景色等。只要留心、留意，生活中的每一件事情都可以成为家长和胎儿谈论的话题。

2. 给胎儿读文学作品

那些想象力丰富、有趣的童话和寓言非常适合孕妇阅读，如安徒生童话、伊索寓言等。如果喜欢诗歌，家长可以朗读意境悠远、朴素淡雅的中国古诗词，或是隽永、飘逸的中国现代新诗，这也会让家长和胎儿都受益匪浅。家长还可以每天拿出一段时间给胎儿讲故事，讲述的声音要欢快、柔和，充满感情。

3. 家长与胎儿对话

父母应该一起参与语言胎教。父亲可以把耳朵贴在母亲的腹部观察胎心率，说话时语调要轻柔、平和，慢慢把音量提高至接近平时说话时的音量，还可以对着胎儿轻轻吟唱，使胎儿更早地熟悉父亲的声音。家长经常与胎儿对话，能促进其语言及智力方面的良好发育。

进行胎教时，孕妇的居住环境和情绪非常重要。首先，孕妇需要一个舒适的居住环境：安静、整洁、空气新鲜，可以放置一些花草。其次，孕妇需要注意饮食，保证充足的营养。最后，孕妇需要保持心情舒畅、精神愉悦，并不断提高自身修养。孕妇要避免观看悬疑、恐怖等情节紧张的电视节目或新闻报道。

第二节 婴儿期的家庭教育

孩子出生后的第一年是身心各方面快速发展的一年。巴甫洛夫曾说：“从婴儿降生的第三天开始教育，就迟了两天。”可见，婴儿自出生之日起就有了惊人的反应和学习能力，应尽早接受教育。

一、新生儿的保教策略

新生儿期是指孩子出生后的第 1～28 天。出生前，孩子在羊水的包围下，通过胎盘吸收养分和排泄废物，很少受到外界的直接刺激和影响。出生后，孩子必须适应维持生命的活动，必须努力适应多变的环境，如光线、温度、声音等变化。这一时期，孩子的身体将发生很大的生理变化，需要 3～4 周的时间才能使身体内外组织都适应骤然改变的外界环境。他们适应环境的能力很差，生长发育又十分迅速，极易出现各种疾病，所以处处需要家长的精心关照、合理养育。这一时期的保教策略应注意以下几个方面。

（一）及时满足新生儿的各种需求

常见的新生儿的情绪包括：获得满足与舒适感后的愉快情绪；因饥饿、寒冷、尿布潮湿等引起的不愉快情绪。首先，家长要多观察新生儿不同情况下的哭声，掌握其规律，以便及时、合理地满足他们的要求。其次，家长要多与新生儿进行情感交流，用温柔的声调与新生儿说话，用慈爱的目光注视新生儿，并引起他们的注视。在新生儿安静地睡觉时或有了发音等活动时，家长要抱一抱他们以示关怀和鼓励，让新生儿拥有安全感和对家长的信任感，这有助于他们以后健康个性品质的形成。家长应尽快掌握正确的照顾方法，如喂奶、换尿布、洗头、洗澡、包裹、穿衣服、脐部护理等。另外，家长还要留心新生儿的各种反应是否正常，注意记录新生儿的体重变化、睡眠情况、皮肤颜色、反应特点等。

（二）坚持母乳喂养

新生儿出生后就拥有各种各样的无条件反射，如觅食反射、拥抱反射、吸吮反射、抓握反射等。其中吸吮反射是新生儿对食物的一种无条件反射，即吃奶的本领。这一时期，新生儿消耗的能量是非常大的，需要充足的营养，而母乳是最能满足他们生长发育需要的天然营养品。母乳含有较多的优质蛋白、氨基酸及乳糖，有利于新生儿的身体发育。初乳富含营养物质，对新生儿的免疫力有增强作用，可预防新生儿出现感染。初乳中的优质蛋白，可以保护新生儿呼吸道和胃肠道的黏膜；乳铁蛋白是一种与铁离子结合的糖蛋白，能阻碍细菌的代谢和分裂繁殖。初乳中还含有丰富的淋巴细胞、中性粒细胞和吞噬细胞，能吞噬和消灭各种微生物。母乳喂养时的拥抱、对视可以增进母婴情感，并能使孩子获得安全、舒适和愉快感，有利于建立母子间的信任感，促进新生儿身心发育。

（三）认知能力训练

新生儿一出生就有了触觉、听觉、嗅觉。新生儿出生一周后就能辨别出母亲的声音，4 周后就具有辨别声音的能力。新生儿的视觉和听觉感受器在结构上已与成年人基本相同，视觉和听觉是新生儿与成年人交流的最初渠道。

1. 听觉训练

新生儿的主要活动除了吃就是睡。睡觉时，新生儿需要一个安静的环境；睡醒后，家长可以用和蔼亲切的语言对他讲话，多进行语言刺激。首先，家长要营造一个丰富的语言环境，利用各种机会及各种游戏、动作与新生儿说话，如在换尿布、喂奶时都可以与新生儿进行面对面的交流，可以给新生儿唱一些歌，放一些悦耳的音乐或之前的胎教音乐，但音量要合适，以免吓到新生儿。其次，家长可以对新生儿进行发音训练，如“啊”“呜”等，并及时给予能自动发出这些单音的新生儿应答和适当鼓励。

2. 视觉训练

新生儿居住的室内光线要柔和，避免强光刺激。新生儿天生爱看人的面孔，家长要多与其进行面对面交流，最佳对视距离为 20～30 厘米。家长应对出生半个月后的新生儿进行一些专门的视觉训练，如在新生儿仰卧位置上方的 20～30 厘米处悬吊一些红色的环、球或能发出声音的玩具（每次最好放一件，且经常调换位置）。一开始时，家长只需要在新生儿面前触动或摇摆这些玩具以引起他们的兴趣，使其视线集中在这些玩具上。在新生儿能较集中地注视这些玩具后，家长再将这些玩具边摇边移动，使新生儿的视线随玩具移动。家长也可以制作黑白卡，通过左右、上下平移黑白卡的方式训练新生儿的视力。

（四）运动训练

新生儿具有许多先天的运动本领，如爬行反射、行走反射、牵拉反射等。这些先天具有的能力如果不及时加以训练，几个月后就会自然消失。

新生儿出生后几天就可以俯卧，只是此时新生儿的俯卧只有本能，并不能将头抬起。家长可以在新生儿空腹的情况下提供一些俯卧的机会，让他们在平坦、舒适的床面上练习抬头。每次训练自 30 秒开始逐渐延长时间，每天可练习数次。这种俯卧抬头的练习不仅可以锻炼新生儿颈部、背部的肌肉力量，而且有助于提高新生儿的肺活量。

二、婴儿的发展特点

出生 6 个月以后，婴儿开始理解语言中某些交往信息，动作比以前更灵活，手眼协调能力有所增强，从独坐、爬行、站立到走路。随着活动范围的不断扩大，婴儿可以到处看、摸、取，从早到晚不停地活动。

（一）语言开始萌芽

6 个月左右时，婴儿就有了初步理解语言的能力；9 个月左右时，婴儿开始真正理解成年人的语言；10 个月以后，婴儿一般会说出第一个有意义的单词，这时他们虽然不能用说话的方式表达意思，但可以执行成年人简单的指令，还能通过语言、表情、动作来表达自己的要求和感受。

（二）学习独立行走

婴儿的运动功能发展规律是从整体动作到局部动作，也就是按照头部—颈部—躯体—上肢运动功能的先后顺序发展起来的，而下肢的运动功能则是在婴儿能直立后逐渐开始发展的。婴儿在 0～6 个月时学会抬头、翻身，在 6～7 个月时学会独坐并练习爬行，在 9 个月后可以四处爬行，在 10 个月时可以在成年人的帮助下学习扶站和迈步，并开始练习独自迈步、行走。可见，婴儿在学会坐和爬时，已经能够体会到自由活动和接触到更多新事物的兴奋，独立行走更是扩大了他们的生活范围。

知识拓展

宝宝爬行的作用

宝宝一生应该爬行 800 个小时，至少也要爬行 500 个小时。因为足够的爬行时间能给宝宝提供自由探索的机会，对其大脑发育、肌肉张力的发展和骨骼支撑力度的发展等都有十分重要的意义，能够预防感觉统合失调。

1. 促进大脑发育

爬行是对身体的直接刺激，顺畅的爬行需要大脑、小脑的密切配合。从最初的爬行反射，经过抬头、翻身、打滚、匍匐前行等中间环节，最终发展成真正的爬行，需要经历长时间的练习和实践。新生儿在俯卧时，会出现以腹部为支撑点的匍匐动作，这就是爬行反射。这种反射一般会在宝宝出生后 2 个月左右时消失，等到宝宝准备开始学习爬行时重新出现。每一次练习和实践都是对大脑积极性的调动与激发。因此，学习爬行其实就是对脑神经系统功能的强化训练。宝宝小时候如果爬行时间不足，没有让大脑得到足够的锻炼，就容易模糊而混乱地指挥身体，导致身体用力分配不协调、注意力不集中等。

2. 刺激脑干部位的前庭觉

爬行的时候，上半身身体位置比较低，想要获得更宽的视野，宝宝就必须把头仰起，而仰头这个动作刚好能刺激到脑干部位——前庭。前庭感官也会因此得到锻炼。例如，宝宝的眼球随目标上下左右转动时能锻炼眼肌，这样便能在3～4岁的时候发展出成熟的聚焦能力和追视能力，将来不容易出现写反字和跳行漏字等视觉空间感不足的现象。

3. 唤醒触觉

宝宝爬行时，手掌、膝盖等身体部位都是直接与地面接触的，可以唤醒宝宝的触觉。有的宝宝不怕打针，除了勇敢，还有可能是触觉迟钝。有的宝宝怕生，也可能是触觉过于敏感。

4. 增强体质和平衡协调力

爬行能够增强宝宝的肌肉张力，锻炼骨骼支撑力和平衡协调能力。手脚协调一致才能比较好地爬行，这对宝宝上下肢的灵活性和协调性都有较好的促进作用，且对其长大以后的手脚协调性也有较大的促进作用。宝宝在爬行时的运动量比较大，消耗的能量也比较多，能够促进食欲，对其肠胃蠕动也有促进作用，可以间接提高身体对食物营养的吸收能力，从而让宝宝的肌肉和骨骼充满力量。

5. 有助于语言的学习

爬行可以加强宝宝大脑中各个神经元的联系，有效刺激宝宝的语言中枢，对其以后的语言学习十分有利。据不完全统计，宝宝在童年期出现阅读困难的主要原因是婴儿期进行爬行的训练比较少。

此外，爬行还有利于睡眠。运动量比较大，睡眠质量就会比较好，而生长激素大多在夜间分泌，对其生长发育有促进作用。

（三）手眼协调能力有所发展

婴儿会做头、颈、身体、四肢的大肌肉动作之后，才会使用手指的小肌肉动作。所以，婴儿在3～4个月时拿东西总是一把抓，6个月时开始用两只手配合拿取东西，7个月时能自如地抓握各种形状的物体，快满1岁时可以自己玩积木，把积木一块一块地搭高。

（四）出现多种情感

随着活动范围的扩大，婴儿在快满1岁时可以听懂成年人的语言，并能用语言来表达自己的要求和与人交流。这时婴儿已有多种情感出现，如高兴、生气、喜欢、伤心、害怕、得意、害羞等，不过这些情感来得快去得也快。婴儿在快满1岁时已有对、错的简单分辨能力，愿意到小朋友多的地方去，喜欢看比自己年龄大的孩子玩，开始从母子的二人世界进入更大的世界。

三、婴儿的家庭教育建议

基于婴儿的发展特点，该阶段的家庭教育要点主要是开发语言能力、培养运动能力、发展认知能力和关注安全问题。

（一）开发语言能力

研究表明，0～6 岁是语言发展的重要阶段，1～3 岁是语言迅速发展的时期，也是学习口语的关键时期。首先，家长要为婴儿创设利于发展语言能力的环境。家长要多和他们说话，即使他们听不懂。婴儿较多地听到家长的声音、接受语音听力的训练、看到家长发音的口型，可以尽早建立起语言听觉和视觉之间的密切联系。当婴儿能自己发音并学习说话时，家长要教给他们更多的字和词，使其主动开口说话。其次，家长要尽快开发婴儿的语言能力，因为语言能力越早开发越好。家长要重视语言胎教；从婴儿出生的第一天起，就把语言融入日常的生活照料中；与 3～5 个月的婴儿“交谈”时，要让他们做出口部及出声反应；对开始咿呀学语的婴儿发出的声音要做出积极的反应；要不断地鼓励快满 1 岁的孩子说出单词、电报句，并逐渐要求他们说出单词句、双词句，直到他们能说出完整的语句。

（二）培养运动能力

婴儿学习站立和走路时，建立正确的姿势和动作模式至关重要，家长必须留心婴儿此时的表现。发现婴儿有脚尖着地或步态别扭等现象时，家长一定要带婴儿去看医生。在婴儿学习站立和走路时，家长可以先让婴儿练习独自站立。等婴儿站稳后，家长再用玩具或语言、动作吸引婴儿练习向前迈步，训练短距离行走，结合训练情况适当地加长或缩短距离。学习站立和走路的过程对每个孩子来说都是一种充满诱惑的挑战，家长要及时给予他们适宜的帮助和鼓励。

（三）发展认知能力

家长可以有意识地教婴儿认识更多的具体事物，如辨别基本颜色，体会事物之间的简单因果关系，将不同的物品和活动进行比较等。家长还可以不断激发婴儿的兴趣，让他们在同家长相互配合的游戏中获得快乐，促使其智慧、潜能在快乐的游戏中得到开发。家长可以给婴儿提供能够推、拉、坐的小汽车等玩具；多给婴儿准备一些有弹性又耐摔的玩具，如木块、皮球等；准备一些大小适中的积木，让他们反复玩；选择一些含有动物、植物、食物、生活用品、交通工具等图案且颜色鲜艳的画册，让他们在反复翻看画册时体会无限的乐趣。

（四）关注安全问题

婴儿还不懂得危险的含义，所以家长要多留心，可以通过讲故事或形象示范等方式让婴儿知道有些事情是不能做的，有些东西是不能碰的，同时要引导他们尝试独立行走，并创造机会引导他们走直线、曲线、坡路，绕过障碍，学会转弯和停止。学习走路时，摔跤是难免的事情，家长不能一味地扶着婴儿，而应该着力消除环境中的不安全因素。在安全的环境下，即使看到婴儿摔倒，家长也不要焦虑和惊恐，要鼓励婴儿自己站起来，让他们明白这点儿事没什么大不了的。这对于婴儿来说也是难得的挫折教育，不仅能够锻炼他们的自我保护意识和技能，而且对其意志和自立精神的培养也颇有益处。

第三节 2～3 岁儿童的家庭教育

一、2～3 岁儿童的发展特点

2～3 岁儿童的动作发展迅速，已经学会奔跑、攀登、钻爬，双手更加灵活，手眼协调能力增强，生活自理行为开始出现；口语发展迅速，感知思维更为活跃，并出现了概括能力和分析能力；社会性得到发展。由于各种能力的不断提高及自我意识的萌芽，这一阶段的孩子处处和家长“作对”，逆反心理强烈，出现了第一反抗期。幼儿的发展特点主要表现在以下几个方面。

（一）语言能力的发展

1 岁半之前的孩子能够听懂很多话，但不能用语言表达出来。1 岁半以后，孩子的语言能力会发生一个飞跃，从不会说话到突然开口说话，甚至能够说得很好。其具体表现有孩子能说出 25～30 个字；出现双词和三词组合的电报句，如妈妈鞋、宝宝玩等；能用名字称呼同伴；能用简单的语言表达自己的需要。2 岁的孩子会使用人称代词“我”“你”；能说出一首儿歌的部分歌词；喜欢听家长讲故事、念儿歌；能听懂并执行生活常规方面的指令。2 岁半左右的孩子有很高的说话和听话的积极性，语言水平进步很快，能掌握基本的语法结构，词汇量和句型也在迅速扩展，爱听故事、儿歌、诗歌等；注意力和记忆力也有所提高，能较长时间地看电视、做游戏或听故事等，并能记住一些简单的情节片段。其具体表现有孩子能说出 8～9 个字的句子；能用适当的语调；能正确运用人称代词“他”；能理解两个介词；能和家长共同阅读图画书；能独立翻看熟悉的图画故事；能静听成年人念儿歌等。3 岁的孩子会用“和”或“但是”连接句子；会说完整的儿歌；能说出自己的姓名；能理解三个介词；有较好的阅读习惯，能完整地按顺序翻完一本图画书；能根据画面或谈话内容简要地回答问题。

（二）思维能力的发展

2 岁左右的孩子开始出现“头脑”中的心理活动，也就是表象、想象和思维。这些都是高级的认识活动，可以使孩子的认识能力发生质的变化。其思维具有“直觉行动性”的特点，即思维活动在行动中进行，而不是想好了再行动。例如，他们拿起积木就玩，边玩边考虑搭什么，最后搭的东西像什么就说是什么。另外，这一阶段孩子的思维缺乏可逆性和相对性，只能理解一些浅显的事情，进行简单的直接推理，不会做复杂的分析，这一点的主要表现是他们不能理解反话。

情景案例

2 岁多的小禾在一次吃黄瓜片时说：“妈妈，你看我咬的黄瓜片是什么形状？”妈妈说：“月牙？”“是。我再咬个星星。”小禾边说边在月牙两个尖尖的角上轻轻地咬了两下。“看，我咬的飞机！”小禾边端详边补充说，“还有人。”“再咬一个吧，”小禾又拿起一片黄瓜，咬了一口说，“看！恐龙的头。”小禾又咬了一口，说：“妈妈，你看这是什么？”妈妈问：“哇，这是什么啊？”小禾说：“这是小兔子乖乖。”

（三）自我意识的发展

自我意识是指自己认识自己，就是使自己既成为主体，又成为客体，要把自己和外界区分开，意识到自己和外界的关系，特别是自己和别人的关系，这是比较高级的心理活动。2 岁的孩子开始出现自我意识的萌芽。其特点主要表现在：产生了强烈的独立性需要，出现了自己行动的意愿，如孩子坚持自己的主意，常常说“我自己做”“我自己拿”等；开始“知道”自己的力量，会用语言命令别人；能说出自己的行为，有时也能用语言控制自己的行为；出现占有意识，能够意识到哪些东西是属于自己的；会出现新的情感萌芽，如自豪感、自尊心、羞愧感、同情心等。该阶段孩子的个性逐渐显露，在自我意识发展的基础上，自我评价及道德品质也有了初步的发展，能够判断“好”与“不好”、“对”与“不对”，并能用语言来控制和调节自己的道德行为。

（四）情绪情感的体验促进社会性发展

语言能力、思维能力和自我意识的发展能够扩大幼儿社会交往的范围，各种情绪情感的体验能够促进他们社会性行为的发展。

1. 行为易受情绪支配

幼儿不能用理智支配活动，他们的行为易受情绪支配，如对于某事物的喜欢会激发出他们积极的情绪，这种积极的情绪又会调动他们参与活动的积极性。

2. 产生强烈的依恋情感

依恋是指幼儿对经常和他们生活在一起、经常照料他们的抚养者的依恋。这种依恋的主要表现有幼儿在与抚养者分离时会大哭大闹。这是情感发展的正常表现。

3. 喜欢与人交往

由于语言和动作发展日趋成熟，认识范围不断扩大，好奇心和求知欲不断增强，幼儿会表现出与他人交往的兴趣。他们喜欢主动与熟悉的人交往，会使用礼貌用语。例如，他们愿意看别人玩，也爱管别人的事，常把小朋友们之间发生的事告诉家长。

2～3 岁是幼儿心理发展上一个比较大的转折阶段，他们既保留着 2 岁以前的某些心理特点，又开始出现新的心理特点，新旧交替必然引发冲突。家长如果不了解幼儿的发展特点，不按其身心发展规律实施正确的教育，就容易和幼儿产生冲突，从而导致幼儿出现真正的执拗、任性等不良行为倾向。

二、2～3 岁儿童的家庭教育建议

基于 2～3 岁儿童的发展特点，该阶段的家庭教育要点主要是培养生活自理能力和良好习惯、发展优良个性和正确对待“逆反期”。

（一）培养生活自理能力和良好习惯

研究表明，2 岁半至 3 岁是引导孩子守纪律的关键期，3 岁是培养孩子独立性的关键期。随着年龄的增长，孩子能够掌握各种大动作和一些精细动作。由于语言和自我意识的发展，他们也会表现出愿意独立服务的倾向。家长要因势利导，让孩子掌握自我服务的本领，从小培养他们的独立性。

2 岁的孩子喜欢尝试自己做事情，家长要充分利用日常生活的各个环节让他们做他们力所能及的事情，培养其自理能力，如教他们自己用勺子吃饭、穿脱衣服、洗脸洗手等。他们开始尝试自己做事情时，难免会因生疏而把事情搞得乱七八糟，此时家长不要嫌弃、打压、责骂他们，因为嫌弃、打压、责骂会挫伤他们做事的积极性。家长正确的做法是先鼓励他们，让他们感到被接纳和被认可，再教他们怎么做，并给予一些必要的帮助。这样的做法会使他们体验到成功的快乐，意识到自己的力量，从而激励他们主动学习、独立探索。培养孩子的生活自理能力不仅仅是为了培养孩子的能力，更是为了使其养成独立的性格。家长如果对孩子溺爱或一切代劳，就会抑制他们独立能力的发展，使其养成依赖别人的习惯。自理能力的培养是锻炼技能、培养劳动观念的过程，这对孩子今后完成学业和适应复杂的社会生活是十分有益的。

知识拓展

孩子不肯自己做事时，家长要多鼓励他们

（一）

妈妈开始让1岁半的一鸣尝试自己吃饭。刚开始的时候，妈妈让一鸣使用的是大盘子和弯柄匙；一鸣2岁半的时候，妈妈开始鼓励他用筷子吃饭。2岁开始，妈妈每天早晨都鼓励一鸣自己学着穿衣服。在听妈妈唱歌、讲故事的过程中，一鸣学会了自己穿衣服。

（二）

乐乐每天早晨起来总是不愿意穿衣服。妈妈为此采取过打屁股、拍大腿等种种高压手段，但是依然无法让乐乐心甘情愿地穿衣服。

（二）发展优良个性

3岁左右的孩子已有一定的发展基础。在他们3岁前，家长如果能有意识地对孩子个性中的优点进行培养，对其个性中的缺点进行矫正，就可以让孩子拥有良好的个性。

受遗传因素的影响，孩子的气质类型是不一样的，如有的孩子活泼些，有的孩子沉静些，这种先天气质在后天的环境和教育条件下可以发生改变。3岁时，孩子的个性特征就能明显地表现出来，如有的孩子好奇心强，有的孩子对外部环境漠不关心；有的孩子什么都要求自己做，有的孩子有明显的依赖性；有的孩子性格开朗，有的孩子多愁善感。

家长应当重视孩子最初的个性，虽然还没有定型，但它是孩子未来个性形成的基础。在一般情况下，个性容易沿着最初的倾向发展下去。因此，家长应抓住孩子的最初个性并对其进行引导和培养，不要纵容孩子，要利用孩子的易受暗示性、好模仿等特点，给他们提供好的模仿榜样。

（三）正确对待“逆反期”

3岁左右孩子的感知觉和肌肉运动的准确性、语言能力有了显著提高，大脑皮质的构造也发生了显著变化，因而，这一时期的孩子爱提各种各样的问题，对一切事物都有浓厚的兴趣。同时，该阶段的孩子在和成年人的交往过程中扩大了视野，认识到了自己的能力。意识到“自我”后，他们表现出非常强烈的独立意识和愿望，一反过去安静、听话、较依赖成年人等常态，变得固执、任性起来，什么事都要自己去干，不听家长的吩咐，力图摆脱约束，拒绝接受家长的帮助。如果自己的要求不被满足，他们就会产生反抗情绪。他们喜欢和别人比较、竞争，爱表达，并喜欢听别人对自己的夸奖和称赞。反抗是孩子顺利成长的标志。如何正确对待处在“逆反期”的孩子呢？

1. 理解并尊重孩子的意愿

孩子出现逆反心理时，家长不要凭主观判断对他们加以训斥，应该分析孩子出现逆反心理的原因，再具体情况具体对待。家长要认识到出现逆反心理是孩子心理发展的一个阶段，要尊重孩子的意愿，不把自己的意愿强加在孩子身上，否则会增强孩子的抵抗情绪，甚至可能会伤及孩子的自尊心，使其变得胆怯，致使以后出现各种过激行为。

2. 赢得孩子的信任

家长是孩子最亲近的人，也是孩子的榜样。当孩子出现逆反行为时，家长不要让消极情绪控制自己，要控制好自己的情绪，试着从孩子的视角看待问题，站在孩子的立场考虑问题，对孩子近期出现的逆反行为进行客观分析，帮助他们找出解决办法，使其在保持“自我”的同时，能够听从家长的建议。家长要用友好、商量的口吻与孩子进行平等的交流，否则会挫伤孩子的自尊心，使其变得顺从、依赖。

3. 适当给孩子独立发展的机会

对待“逆反期”的孩子，家长应当了解他们内心的真实想法，尽量了解其行为背后的真正原因，创造一些条件满足他们参与各种活动的要求，使其有事可做；创造条件满足孩子想独立行动的需求，放手让他们独立做事，并及时对其好的行为给予适当的鼓励，以促进孩子自我意识的形成和动作技能的发展。

情景案例

一天，爸爸叫 2 岁 11 个月大的牛牛送一封信到他阿姨家（两家距离约 200 米），爸爸远远地在后面看着。牛牛敲了几下阿姨家的大门，见里面无人回应，就转身往回走。爸爸看见他回来，便跑过去对他说：“去阿姨家的旁门那里看看。”牛牛在阿姨家的旁门那里看到阿姨家的一个人，就把信交给了他。

陈鹤琴先生认为“叫小孩子做事，不宜太易，也不宜太难，须在他的能力以内而仍非用力不可”。替孩子做事，其弊有三：一是会剥夺孩子肌肉发展的机会；二是会让孩子养成懒惰的性格；三是会让孩子养成不知劳苦的性格。

4. 善于引导和转移孩子的注意力

对于孩子的一些不合理要求或不正确行为，家长不能一味地满足、迁就。孩子做了一些有危险的事情，家长应该善于引导和转移他们的注意力，引导他们去做其他事情，用替代性活动满足其独立需要。例如，妈妈给宝宝洗澡，水都变凉了，可是宝宝只顾玩水就是不肯出来穿衣服，此时，妈妈可以拿一件好玩的玩具转移其注意力。

即使孩子逆反得厉害，家长也不能因为受此烦扰而祈求孩子不出现“逆反期”。顺利发展的孩子也会在 2～3 岁时出现“逆反期”，因此，家长要了解孩子这一时期的发展特点，本着理解、尊重孩子的原则，帮助他们顺利度过这个时期。

三、做好入园准备

入园是学前儿童从家庭走向社会的第一步，幼儿园能够培养孩子良好的社会适应能力、人际交往能力，提高语言表达能力和思维能力，因此，2～3 岁时接受集体教育是非常必要的。孩子由于第一次离开家庭和家人，常会在生理和心理上产生一些不适应，如饮食减少、睡眠不安、情绪不稳定，甚至生病等。为了让孩子尽快适应并喜欢幼儿园的集体生活，家长应提前做好一些准备。

（一）充分的心理准备

入园前的心理准备是十分重要的。首先，让孩子认识到“我已经长大了，我要上幼儿园了”。情感上对家长的依恋是很多孩子不想上幼儿园的原因之一。由于环境的改变，孩子在幼儿园必须独自处理问题，很容易产生失落、焦虑与不知所措的感觉。在孩子入园前，家长要努力和孩子建立良好的亲子关系，让孩子知道家长相信他们能够适应幼儿园生活。其次，让孩子在入园前就熟悉幼儿园的环境。家长可以带孩子参观幼儿园，熟悉幼儿园里的人、事、物。家长可以在幼儿园开放日带孩子观摩小朋友们上课、玩游戏，玩一玩幼儿园里的大型玩具。多带孩子出门接触小朋友，鼓励他们主动与他人进行语言沟通，再帮助他们认识几个同班级的小朋友，可以让孩子在进入幼儿园后，因为班里有熟悉的同伴而减少陌生感和不安全感。另外，家长要和孩子积极关注幼儿园的动向，提前参加幼儿园组织的一些亲子活动，让孩子逐渐对幼儿园产生一种亲切感，并产生入园的向往。再次，避免焦虑、不安的情绪影响孩子。任何焦虑、不安、恐惧等不良情绪因素都会使孩子不愿意去幼儿园。如果父母或祖父母在言行中有意无意地流露出对孩子上幼儿园的不放心，孩子就容易表现出对幼儿园的恐惧，因为他们会从成年人的态度中感觉到幼儿园不是一个有趣、安全的地方。家长应当坚信孩子有很强的适应能力，只要给予他们适当的帮助，孩子就会顺利地适应幼儿园的生活。

（二）加强自理能力培养

孩子入园后能否勇敢地面对幼儿园生活的挑战，如吃饭、盥洗、穿脱衣服、睡觉等，是家长十分担心的事情。因此，家长在孩子入园前要了解幼儿园的作息制度和要求，据此提前调整孩子的作息时间，培养其生活自理能力，以减少孩子入园后的焦虑和自卑，帮助孩子更快地适应幼儿园生活。

睡眠训练：确定孩子即将进入的幼儿园后，家长应该详细了解幼儿园的作息时间，如早上入园时间、午餐时间、午睡时间、下午吃点心时间等，然后在距离入园还有三个月的时候就逐步把孩子在家的作息时间调整得与幼儿园的作息时间一致，使其养成独自入睡、早睡早起和午睡的习惯。

独立吃饭：家长要让孩子习惯在固定的时间和地点独自吃饭，鼓励他们尝试各种不同的食物。家长不能让孩子边看电视边吃饭或边玩边吃饭，也不能让孩子在吃饭的时候随意走动。

独立如厕：家长要让孩子学会自己脱裤子、提裤子，正确地使用纸巾擦拭屁股；注意观察孩子大便的规律，帮助他们养成定时排便的习惯。

穿脱衣服：家长要让孩子学会认得自己的衣服，分清上下、前后、左右，能够自己穿脱衣服。孩子在幼儿园里穿的衣服和鞋子一定要舒适、方便穿脱。

清楚地表达：家长要培养孩子清楚地表达自己要求的能力，如在口渴时会向成年人要水喝或自己主动去喝水，身体不舒服时会说出或用手指出疼痛的部位。这样有利于教师及时采取应对措施以满足孩子的需要。

孩子刚入园时，家长的配合是十分重要的。一方面，家长要多和教师沟通交流，了解孩子在幼儿园的表现；另一方面，教师要主动将幼儿园集体生活的要求和孩子每天的表现告诉家长，以便家长在家里也能同样地要求孩子，使他们学会自己的事情自己做，并有针对性地加强练习。家园相互配合，形成合力共同育儿，才能让孩子获得更好的发展。

第四节　3～4岁儿童的家庭教育

从家庭生活环境步入幼儿园群体学习、交往的生活环境，是3～4岁儿童人生中的第一次迈步，标志着他们的成长。幼儿园与家庭有较大的环境差异，周围的人、生活节奏及规则要求都发生了极大的改变，尽快适应幼儿园的生活环境是3～4岁儿童最重要的事情。

一、3～4 岁儿童的发展特点

（一）情绪情感外显

这一时期的孩子情绪易外露，容易受到他人的情绪影响，对成年人有较强的情感依恋，愿意和喜欢的成年人亲近。受到挫折或愿望无法得到满足时，他们就会用哭闹、抓挠等的方式将情绪发泄出来。有些孩子在发泄的过程中还会出现呕吐、间歇性呼吸不畅等容易让家长不忍、妥协的现象。孩子初入园时多会出现类似的情况，如抱着妈妈的脖子、拽着爸爸的衣领、不肯下车等现象。孩子从出生开始就与家长生活在一起，他们将家长当作自己的一部分，离开熟悉的家庭环境进入陌生的幼儿园环境，出现惊慌失措的反应是正常的。有些家长送孩子入园时看见孩子紧抱自己的可怜模样，便心疼孩子，不能坚持送孩子入园，导致孩子的入园适应期拉长。该阶段的孩子最需要拥抱、抚摸等身体接触，家长可以采用游戏化、幽默化的方式（如魔法亲亲，亲吻孩子的手心，告诉他们想妈妈时把双手放在脸颊上就会感觉到妈妈的爱等）坚持送孩子入园，帮助他们尽快度过适应期。

（二）处于自我中心

该阶段的孩子有了“我”的概念，他们会对周围的人、事、物做出自己的理解和判断，同时也会将这种判断移植在他人的意识中。他们如果认为这个汽车很好玩，就会认为爷爷同样喜欢这个汽车；他们如果有了某个想法，就会认为别人也有同样的想法。在人多的场合，他们会捍卫自己的玩具，不允许他人侵犯，因此，家长带这个年龄段的孩子出门时不要让他们主动让出手中的玩具。他们不仅会说出“我”的需求，还需要别人完全满足自己的要求。如果他们的要求不能被完全满足，他们就会大发脾气，可能会做出哭、闹、挠人、咬人、抢夺等行为。

（三）喜欢重复和模仿

该阶段的孩子对喜欢的游戏、活动百玩不厌，对于一个即使已经听了很多遍的故事，他们也会像第一次听一样表现出浓厚的兴趣。他们喜欢别人的东西，哪怕家里也有类似的东西。他们总是喜欢和别人玩一样的玩具，所以争抢时有发生。他们以独立游戏和平行游戏的方式进行活动，合作行为较少，喜欢管闲事，爱告状。随着入园时间的推移，他们逐渐有了分享食物、玩具的愿望。家长如果准备给这个年龄段的几个孩子送礼物，一定要准备一模一样的；如果为他们准备外出分享的食物，也需要准备几个小分量的相同的食物，因为分享会让他们吃到所有孩子的食物。只接受别人的东西、不分享自己的东西的孩子会被别人归为不受欢迎的人，因为“我不喜欢他，我给他吃的，他不给我吃的”。

（四）自我服务意识逐渐增强

随着身高的增长、力量的增强，该阶段的孩子的大肌肉动作逐步协调，他们上楼梯从单脚并步改成双脚交替，奔跑的距离慢慢加大，奔跑的时间也慢慢加长。相对大肌肉而言，小肌肉的发育相对迟缓，所以他们无法正确握笔、画出精细的线条，更不能写字。在日常生活、游戏和学习活动中，他们开始尝试简单的自我服务内容，如自己吃饭（速度很慢、还会将饭菜撒在桌上）、自己穿衣裤（经常将前后穿反、扣错纽扣）、自己洗手（经常因为玩水而把袖子弄湿）、自己上厕所（尽管不会擦屁股）等。他们将此作为游戏且乐此不疲。如果家长代替他们完成了某些内容，他们会重新做一遍，家长常常为此感到苦恼：“上班时间快到了，他还慢吞吞的，急死人了！”

（五）思维存在于行动之中

该阶段的孩子的思维水平处于具体形象阶段，他们对事物、现象的理解是通过直观的形象完成的。他们玩游戏时缺乏耐心，常常三分钟热度，弄得家里满地都是玩具。他们喜欢先做再想，没有预定目标的习惯。例如，家长事先拟定了搭房子或搭大桥的游戏计划，但是孩子就是不搭房子或搭大桥，他们还会说“我刚才搭过了”“还没有搭好呢”。这会让家长产生焦虑：“这孩子怎么整天瞎玩呢！”

（六）简短表述能力基本形成

该阶段的孩子喜欢说话，家里经常会出现类似的声音：“妈妈，我告诉你……”“甜甜今天哭了，因为我说不想和她一起玩”“我今天得了一个苹果贴画，是因为我认真吃饭，老师奖励给我的，我明天还想得一个”。他们能用简短的语言描述生活事件，开始掌握大量的词汇，会使用连接词，喜欢模仿有趣的发音。他们常会依据自己的理解想象性地进行表述。例如，妈妈和小禾去公园玩，在湖边看到几条小鱼，小禾会开心地和小鱼打招呼：“小鱼，今天我没带吃的，不能喂你了。”要离开公园时，小禾会和小鱼说：“再见，小鱼，你也去找你的妈妈吧！”

二、3～4 岁儿童的家庭教育建议

基于该阶段儿童的发展特点，该阶段的家庭教育要点主要体现在学习社会交往策略、激发主动表达意愿、采取游戏化的方式进行智力启蒙、培养自我服务能力和激发艺术兴趣 5 个方面。

（一）学习社会交往策略

该阶段的孩子受语言表达的制约和外显情绪的影响较大，当与同伴发生冲突时会用动作表达不满情绪，如打人、咬人等。有些孩子试图用拉扯、拥抱等方式表达对同伴的喜欢，这会让对方误以为是打人行为。为减少“打人行为”的发生，家长要有意识地教给孩子一些人际交往的策略：遇到冲突时，应该告诉别人自己不高兴了，还可以向老师求助；不小心碰到别人时要真诚地道歉；想玩别人手中的玩具时，要用类似“请给我玩一会儿，好吗？”的方式和别人商量。孩子用正确的交往策略解决冲突后，家长要及时肯定他们的行为；家长看到孩子有打人的动作时，要用话语或眼神严厉地制止孩子；如果孩子打人的行为已经发生，家长就要给予他们相应的惩罚，如停止游戏、取消当天的电视时间或睡前讲故事活动等。

对于一些因害怕被别人欺负而不敢参加集体游戏的孩子，家长要教给他们相应的策略，如“如果有人打我，我就大声喊叫”“不和我不喜欢的人在一起玩”“如果别人不喜欢我，我就离开”等。对于胆小的孩子来说，家长可以帮助他们选择年龄稍长、性格温和的同伴。

（二）激发主动表达意愿

该阶段孩子的记忆主要为无意识记。家长急于了解孩子在幼儿园里的表现，收到的回复却是“记不得了”时，便以为孩子是在敷衍自己。其实，幼儿园的一日生活是丰富多彩的，能唤起孩子记忆的内容很多，孩子说不出来是因为一天的信息量太大，他们记不住。孩子记不住，自然也不愿意讲。

想让孩子回忆起并主动讲述幼儿园里的事情，家长可以使用引导法先让孩子对话题产生兴趣。例如，家长在孩子旁边假装自言自语：“今天幼儿园的食谱是翡翠虾，好奇怪啊！翡翠虾是什么样子的呢？”孩子被好奇心驱使，自然就会接话。家长还可以接着说：“明天是樱桃丸子，樱桃丸子又是什么样子的呢？”这相当于给孩子布置了一项有意识记的任务。家长不可以指责孩子没有记性，因为这样的指责不仅容易伤害孩子的自尊，还会使其误认为“我很笨，我什么都记不住”。在与该阶段的孩子进行语言交流时，家长应尽量用正常的语速和词语，不需要使用重叠词，如吃饭饭等；要善用重音、顿音以突出关键词；要提醒孩子用认真听、复述、大声念等方法记住语言指令。为了提高孩子有意识记的水平，家长可以和他们玩记电话号码、讲游览趣闻等游戏，激发他们主动讲的意愿。

（三）采取游戏化的方式进行智力启蒙

游戏是儿童早期特有的一种学习方式，也是其主要活动。该阶段孩子的学习方式就是游戏。孩子是在游戏中成长的，他们在游戏中学习如何使用肌肉和控制肌肉；他们在游戏中发现世界是怎么样的，自己又是怎么样的；他们通过在游戏中重现现实生活的方式尝试生活的不同方面，以释放各种矛盾、复杂的情感。3～4 岁孩子喜欢独自游戏，虽会在其他孩子身边游戏，但并不参加他们的游戏，以至于一些家长担心“我的孩子是不是不合群？”家长不能凭借孩子在游戏中偶尔表现出来的一些偏好（如男孩愿意做“妈妈”、女孩愿意当“爸爸”），就断定孩子的性别角色认同有问题。在游戏中，孩子完全可以按照自己的意愿去当“爸爸”“妈妈”“警察”“医生”，并在尽情想象中满足自己参加成年人活动的愿望。

（四）培养自我服务能力

该阶段的孩子要上幼儿园了，如果不会自己洗手、吃饭、穿脱衣裤等，将很难适应集体生活。自我服务能力是幼儿园小班阶段集体适应性培养的内容之一。学习做力所能及的事，会让孩子懂得自己的事情自己做，在提高孩子能力的同时，也有助于培养他们克服困难和独立做事的好品质。这种自信、独立、不依赖他人的良好意志和个性品质，会帮助他们长大后很快地适应社会和周围环境。帮助孩子练习穿脱衣裤时，家长可以把一些技巧编成儿歌，让孩子在游戏中学习。对于没有意愿自己穿脱衣裤的孩子，家长可以采用家庭穿衣比赛的方式；对于因为嫌麻烦而不愿自己穿脱衣裤的孩子，家长可以先让孩子练习穿脱宽大、易穿脱的衣服，也可以采用先教会孩子穿脱裤子再教会孩子穿脱上衣的方式。自我服务能力需要反复练习、不断提高，良好的行为得到不断强化，就会逐渐形成自觉的习惯。

（五）激发艺术兴趣

3～4 岁儿童大多以涂鸦的方式表现画面，不需要成年人示范如何绘画。他们会在干净的纸上认真地涂圈圈，画线段、蝌蚪般的小人、黑色的太阳等，也会把家里的桌面、墙面、家具等当成画板。涂鸦能展示孩子对自己的认识、对经验的看法和对生命价值的态度，是他们宣泄情绪、表达情感的重要方式，也能让他们的情感和心理得到平衡发展。3 岁半以后孩子的艺术兴趣会逐渐从涂鸦上升到绘画，这个阶段的孩子需要了解绘画的表现对象，需要解决画什么和怎么画的问题。家长只管提供绘画材料，激发孩子的作画兴趣，让他们自己选择画什么和怎么画。他们想画什么就可以画什么。至于怎么画的问题，家长可以借助有画面的图书来引导孩子。例如，家长可以和孩子一起看图画书，引导他们观察图画中的角色、动作、表情等，以帮助他们积累观察经验，为表现画面提供素材。

第五节 4～5 岁儿童的家庭教育

一、4～5 岁儿童的发展特点

4～5 岁儿童的角色更加多元，情感更加丰富，行为也更多样。其发展特点主要体现在情绪控制能力增强、规则意识开始萌芽、交往能力在活动中得到提高、想象力更加丰富生动、活泼好动且体力增强、表达和分析能力有所增强等方面。

（一）情绪控制能力增强

与初入幼儿园时哭得撕心裂肺、抱着家长不肯撒手、叫喊着“我要回家”的3～4岁儿童不同，4～5岁儿童会挣脱家长紧握的手奔向教室、与好朋友相拥跳跃，“晚点儿来接我”的请求开始出现。他们已经开始有意识地控制自己的情绪，学会自我安慰，打人、咬人的行为越来越少。如果不小心摔跤，他们会迅速爬起，不会再等待前来安慰他们的成年人。

（二）规则意识开始萌芽

4～5岁儿童更加喜欢成年人口头的鼓励与赞许，并知道自己的行为与成年人评价之间的关系，听到批评后会感到难为情。他们会遵守“玩滑梯时需排队”的要求，知道“说话轻、走路轻、放下东西也要轻”的要求，但进入游戏情境后又会将这些要求抛在脑后，出现形成规则意识与执行规则能力脱节的现象，以致家长会非常不解“为什么孩子已经明白这个道理，却还是犯错”。

（三）交往能力在活动中得到提高

4～5岁儿童喜欢与更多的同伴一起玩游戏，他们喜欢扮演角色，喜欢模仿成年人生活的场景。他们有时喜欢领导别人，有时又甘愿服从，在协商与争论中尝试掌握各种交流的方法、积累交往的技巧。有了好玩的、好吃的，他们喜欢炫耀，并有邀请好朋友一起分享的愿望。如果同伴得到别人的表扬，他们会嫉妒，会争着说“我画得比他好”“他没有我吃得多”。

（四）想象力更加丰富生动

3～4岁儿童对图书、动画片里的形象与动作十分感兴趣，4～5岁儿童则更加关注图书、动画片里的情节与过程，还会自己设想后续情节，用想象代替现实。他们常与假想中的角色说话，让成年人接不上“茬”。一个孩子说“我家有一辆汽车”，其他孩子会七嘴八舌地将其升级，如“我家有一架飞机”“我家有一辆坦克”“我们家有一艘飞船”。凡是在家里出现过的画面、玩具都会被孩子想象成现实。此时，家长不要误认为孩子小小年纪就学会了撒谎。

（五）活泼好动且体力增强

4～5岁儿童的体力明显增强，能够自如地跑跳，手指也更加灵活，活动的范围逐渐扩大，活动的持续时间逐渐增加。他们学习运用感官去看、听、闻、摸，喜欢尝试，喜欢问“是什么”“为什么”，喜欢在路牙、台阶上行走，喜欢在楼梯上跳上跳下，喜欢触摸感兴趣的东西。这些尝试有一定的危险性，家长要对他们进行安全教育，以增强其活动安全意识，提高其自我保护能力。

（六）表达和分析能力有所增强

研究表明，4～5岁是儿童口头语言发展的第二个质变期，也是学习书面语言的关键期。4～5岁儿童已经不满足于复述熟悉的故事内容，开始给故事“添油加醋”。“我会讲，让我说！”他们喜欢听故事、讲故事、编故事，在词汇量猛增的同时，还会自创词汇，以表达自己的理解与认知。他们已经能够进行简单的分析、判断，如生气与开心的区别，纸与塑料的不同等。他们概括、分类的水平明显提高，不仅可以依据玩具的色彩、形状、大小、用途收拾玩具，还能敏锐地发现并纠正家里摆错了位置的东西。

二、4～5 岁儿童的家庭教育建议

基于 4～5 岁儿童的发展特点，该阶段的家庭教育要点主要有五个方面，分别是学习社会交往的策略、培养主动倾听与表达的能力、注重科学启蒙、参加具有一定运动量的活动和承担适当的家务劳动、养成健康规律生活的良好习惯。

（一）学习社会交往的策略

孩子缺少好朋友，可能是因为内向胆怯，不敢主动交朋友，也可能是行为过激，吓跑了朋友。如果是前者，家长可利用晚间散步、周末外出游玩、亲戚朋友串门等机会，让孩子多和同龄伙伴接触，让他们在与同伴的游戏中积累交往的技巧和经验；也要主动教给孩子一些交往的策略，如和同伴交换玩具、表达意愿等。如果是后者，家长一定要用换位体验的方式让孩子感受过激行为的不妥，如紧抱脖子以示友好、强迫别人按自己的要求活动、用行为攻击的方式表达不满、用大声叫喊的方式传递信息等，孩子体验过这些过激行为给自己带来的不悦感受后，通常会产生改变自身过激行为的愿望。

有些孩子常把“我不要和你玩”“我不和你做朋友”挂在嘴边，因而失去了许多朋友；有些孩子习惯以势压人，成为不受欢迎的人；有些孩子虽有交往意愿但缺乏交往能力。家长首先要确定自己孩子的交往模式和存在的交往问题，再给他们具体的指导和建议。

（二）培养主动倾听与表达的能力

聊天是双向的，有问有答，有听有说。如果家长在家里搞“一言堂”，孩子的语言能力就不易得到发展。一天中所有的活动都可以作为亲子聊天的话题，如早晨起床时的天气情况、外出散步时的风景、电视节目里面的内容等。聊天时，家长要让孩子养成认真倾听的习惯。从被动倾听到主动倾听需要一个过程，如果孩子还处于被动倾听的阶段，家长就可以让孩子重复刚才听到的内容，也可以向孩子询问某个聊天的片段，让孩子在回忆中了解倾听的重要性。如果孩子已经能主动倾听，家长就让孩子多发表意见，把聊天的主动权交给孩子，避免出现“家长说一句、孩子说一个字”的情景。

（三）注重科学启蒙

日常生活中的教育是非常适合孩子的教育，大自然、社会就是最好的科学启蒙场所。每个家长都希望自己的孩子成才，有些家长会给这个年龄段的孩子看百科全书、科幻影片，让他们学珠心算、做“脑筋急转弯”。其实，这些不尊重孩子身心发展特点的做法是不妥的，这样的培养方式只会让孩子觉得学习无趣且痛苦，对学习产生恐惧。该阶段孩子的思维仍以具体形象为主，家长与其让他们对着单一的内容学习，不如领着他们到户外、到大自然中学习。家长可以利用节假日与孩子一起逛动物园、游科学馆、玩儿童乐园。每天抽出半个小时与他们一起玩类似做冷饮、敲击不同形状不同材质的饮料瓶等小游戏，这可以大大激发他们的科学兴趣。长此以往，他们就会在游戏、娱乐中产生问题，在欣赏中学会注意、记忆、观察、比较，在与成年人交流的过程中积累丰富的知识。

（四）参加具有一定运动量的活动和承担适当的家务劳动

健康不仅包括身体健康，还包括心理健康。现在，人们的生活条件越来越好，上楼可以乘电梯、出门可以坐汽车，生活越发便利的同时，能够锻炼身体的机会也越来越少。为了增强孩子的体质，家长应结合孩子的身体状况，每天鼓励他们参加具有一定运动量的活动，如与同伴一起骑车、与家长一起游泳等，以提高其身体的反应力与灵敏性；家长也可以让他们承担适当的家务劳动，如收拾玩具、擦拭餐桌、叠衣服等，以增强其劳动意识。孩子在参加具有一定运动量的活动和承担适当的家务劳动的过程中会接触到数学知识和科学常识，为以后的学习奠定良好的基础。

（五）养成健康规律生活的良好习惯

听到熟悉的音乐响起时，吵闹中的孩子会变得很安静，因为他们喜欢音乐。孩子如果喜欢一本图画书，就会一遍又一遍地翻看，因为他们喜欢优美的画面和生动的情节。随着年龄的增长，孩子会对集视、听于一体的动画片产生浓厚的兴趣，“看电视”往往成为家长与孩子谈判的砝码。有些老人没有精力带孩子，会把看电视作为孩子的主要活动内容，这是不利于孩子的身心健康发展的。家长可以与孩子一起制定生活时间表，约定每天各个时段的活动内容，如何时吃饭、何时睡觉、何时看电视、何时玩玩具、何时出门玩等。孩子知道自己的生活安排后，就没有长时间看电视的理由了。需要注意的是，家长要让孩子养成严格执行生活时间表的习惯。生活中处处有艺术欣赏与表现的契机。纸张、纸盒、玩具等都具有造型美与色彩美，如果家长将纸张“变成”小红帽、将纸盒“变成”天线宝宝，孩子就能将电视节目与游戏结合起来，从电视里走出来。家长如果能成功鼓励孩子进行手工创作，他们就会从单纯地欣赏美转变为主动地创造美，从而丰富生活内容。

第六节　5～6 岁儿童的家庭教育

一、5～6 岁儿童的发展特点

5～6 岁儿童要做好进入小学学习的准备。他们身体的各部分比例逐渐向成年人的方向发展，大肌肉已比较发达，小肌肉发展迅速，能灵活、协调地掌握基本动作。5～6 岁儿童已经初步形成比较稳定的心理特征：具有一定的自我保护意识、良好的生活卫生习惯及合作意识。

（一）手眼协调性明显增强

5～6 岁孩子身体的发育使其大肌肉日益发达、协调。看见沟坎，他们喜欢跨跳过去；看见堆砌物，他们喜欢攀爬上去。他们的竞争意识较强，总是试图争第一。虽然有时因为协调性差的缘故，他们还会带着擦伤回家，但出现运动意外伤害的可能性已大大降低。幼儿园大班孩子的小肌肉得到更多的练习机会，手眼协调性明显增强，小肌肉的灵活让他们的操作更加准确，视野的开阔让他们有了较强的表现欲和创造力。“我会写字啦！”剪纸、泥塑、线描画等对这个年龄段的孩子来说不再困难，但他们还是很难保持正确的姿势握笔。他们知道却做不到“头抬起来，一拳一尺一寸”。他们喜欢玩泥巴、扔石子，喜欢动手操作。一切可以带来变化的、会有多种结果的探索行动，都是他们的最爱。“别出心裁”“独具匠心”是对他们的创造性的很好描述，因为他们会给一个故事添加若干情节，能将一个体育游戏变换出多种玩法，能赋予一个物品多种功能等。

（二）语言表达基本清楚连贯

5～6 岁的孩子基本会用清楚连贯的语言表达自己的想法、与他人交谈。这一阶段的孩子基本能够发清全部的语音，能用完整的句子连贯地讲述自己的想法，能准确、简练地回答较复杂的问题，能比较有条理地清楚讲述自己看到或听到的事情、故事，敢于在众人面前大方有表情地朗诵诗歌，能较准确地概括故事的主题思想。他们谈话或对话的能力也有所增强。随着语言能力的提高，他们思维中的形象和词语的相互关系也逐渐发生变化，他们开始逐步摆脱表象、形象的束缚。

（三）抽象逻辑思维出现萌芽

随着大脑的发育，5～6 岁儿童开始拥有控制自己行为的能力，获得了一定的精确地认识事物的能力发展。该阶段孩子的思维仍以具体形象思维为主，但出现了抽象逻辑思维的萌芽。

抽象逻辑思维的出现使孩子的思维能力发生了质的改变，为其以后进行学习提供了条件。研究表明，5～6 岁是数概念发展的关键期。该阶段儿童能根据概念分类，按类别记忆；能掌握部分和整体的包含关系，对因果关系也有所理解；能准确地认识正方体、长方体、圆柱体、圆锥体；能全面地感知事物的本质特征，发现相似事物的细微差别；能根据图形进行创造性想象，根据图形之间的较复杂关系进行推理；能掌握 10 以内的数的组成和加减运算；可以从多角度对物体进行分类，既可以按照自己的生活经验对物体进行分类，也可以按照物体的使用功能对物体进行分类。家长对他们的一些行为感到费解时，可以先了解一下他们的想法和思维，不要不问原因、不做了解便让孩子按照成年人的思维做事情。

5～6 岁儿童的思维更加活跃，具体表现为爱学、好问。他们已不再满足于了解事物的表面现象，转为追根问底，并且会主动地探索周围的世界，进行大胆尝试。该阶段的孩子有着浓厚的阅读兴趣。他们喜欢看书、看广告牌等，看见认识的字就很兴奋，认字积极性高，记忆力也强，有些孩子甚至能独自念报、读书。生活中常看到这样的场景：几个孩子指着幼儿园门口的牌子，即使他们认不全牌子上面的文字，也会连猜带蒙地大声读出来。一些家长看见别家孩子会认字、读书后，往往会给自家孩子加压：“你要好好认字，争取超过他！”其实，这样的效果往往适得其反。相比认识多少字，孩子识字的兴趣更重要。兴趣可以让孩子调动他们的观察、想象、空间知觉等多种智力要素。

（四）个性初步形成

个性是指一个人在活动中表现出来的比较稳定的带有倾向性的各种心理特征的总和，主要表现在自我意识、性格和能力等方面。该阶段孩子对事物已经开始有了比较稳定的态度，个性开始形成，如爱玩玩具、踢足球等。5 岁以后，随着抽象逻辑思维的发展及各种心理活动有意性的发展，孩子能较好地建立起社会规则与自己行为的联系、自身行为与他人反应的关系，自卑感、荣誉感、羞愧感、嫉妒心、好胜心等都比以前更加显露。

1. 开始客观地评价自我

5～6 岁儿童的自我意识不仅表现在了解自己的外貌、家庭等方面，还表现在对自己的认同上。他们知道自己的优缺点，对自己的评价也不再受他人的影响。如果不认可他人对自己的评价，他们会申辩：“不对！不是这样的！”他们需要表扬与鼓励，但也能认识到自己的不足，如“我擅长画画，可是跑不快”。他们能够独立做事情和独立思考问题，做事情有信心，争强好胜。做错事时，他们能承认错误并努力改正，能明白家长、教师“批评我是为了帮助我”，不会因为受到批评而不高兴，更不会为此痛哭。

2. 开始发展因社会需要而产生的情感

该年龄段的孩子能主动关心长辈、教师和同伴，喜欢帮助他们做事情，能主动关心幼儿园班级里的事，有集体荣誉感；能在不同情境下主动使用礼貌用语；能热情地与家里的客人、幼儿园教师、小朋友打招呼；能热心地帮忙解决其他小朋友之间的冲突，调整自己与同伴之间的关系。他们再也不会因为害怕与家长分离而哭闹，但会因好朋友不愿意和自己继续做朋友等而表现出不满情绪。该阶段的孩子有了要好的朋友，开始三五成群，结伴玩耍，逐渐有了团队意识。在团队中，他们能用积极的方式与人交往，并重视同伴对自己的评价，也希望得到同伴的接纳。即使对团队里的某人、某事不满，他们也能有意识地控制自己的情绪。家长要了解孩子对团队的重视，帮助他们分析被同伴拒绝的原因，探寻能被大家接受的策略。

该阶段孩子的性格特征和能力已表现出明显的差异。在性格方面，他们会有或顺从，或冲动，或懦弱，或好表现，或依赖他人等不同的表现。在能力方面，他们有的擅长运动，有的擅长唱歌，有的擅长算术。

二、5～6 岁儿童的家庭教育建议

5～6 岁儿童正处于生理、心理迅速发展的阶段，家长要通过游戏化、情境化的方式发展他们的各种认知能力，使其具有较强的适应能力、运动能力、自我服务能力，以及良好的品德行为和性格，为进入小学做好准备。

（一）培养求知探索的能力

5～6 岁儿童具有强烈的求知欲，有获得更多的生活知识和经验的意愿。他们对复杂的社会和生活处处感到新鲜、好奇、疑惑，他们的头脑中藏有许许多多的“为什么”。这是智慧的火花、创造力的萌芽。家长要保护孩子的好奇心，正确回答他们的问题，把握好教育时机，激发他们探究问题的欲望，以培养其积极主动的学习意愿。

一方面，家长要组织和指导孩子开展各种游戏活动。游戏是这个阶段孩子的主要学习活动，也是促进其心理发展的较好的活动方式。家长可以根据他们的爱好准备一些绘图工具、计数玩具、识字玩具、拼图玩具、运动玩具等，组织他们开展游戏活动，如绘画游戏、数数游戏、识字游戏、科学游戏、体育游戏等，促进其综合发展。另一方面，家长要提供条件让孩子参加各种活动。家长要提供条件满足孩子积极参加各种有益活动的要求，如经常带他们接触大自然，去博物馆、科学馆、动物园等，开阔他们的视野，激发他们的学习兴趣。此外，家长要积极地为他们创造参加活动的条件，培养他们的动手能力，使其在活动中亲身体验参加活动时的愉悦；对他们进行保护自己不受伤害的安全教育。

（二）培养独立生活的能力

对于即将进入小学学习的孩子，家长应该给他们提供参与家庭生活的机会，让他们多参加一些力所能及的劳动。家长宠爱孩子本无可厚非，然而过分宠爱不但对他们无益，而且有可能使他们无法具备学前儿童应有的独立生活的能力，甚至会让他们养成好逸恶劳的习惯。因此，家长要积极支持孩子参与力所能及的劳动，这有助于其心智的健康发展和生活自理能力的培养。

（三）创造和谐、健康的家庭氛围

良好的家庭环境和家庭成员关系可以为孩子创造身心健康成长的良好条件。“孩子是家长的影子。”家长的一举一动、一言一行都是孩子模仿的内容，家长要重视这个问题，并有意识地把自己的好习惯、创造精神、开放态度教给孩子。家长要真诚地关心和了解该阶段孩子的需要，尊重其个性，用鼓励代替责骂，用平等协商代替苛责，坚持正面引导，使双方认同彼此，产生默契。

三、做好入学准备

5～6 岁儿童将要从幼儿园进入小学，开始系统地学习知识。习惯了以游戏为主要活动的孩子在进入小学后需要接受生活习惯、学习方式及人际关系等方面的许多变化，这也将是他们生活中的一个重要转折。首先，学习是一项社会义务。不管愿不愿意、喜不喜欢，孩子都要履行接受学校教育的义务。其次，小学学习的主要形式是上课，有固定的时间和要求，孩子在课前必须预习功课，上课时必须遵守纪律、专心听讲和回答问题，课后必须认真复习功课、完成作业。最后，小学学习一般以班级为单位进行。教师对孩子的评价也以他们遵守纪律、履行学习义务的情况为依据。因此，在孩子入学前，家长必须有计划地使他们在身体、心理、日常作息制度、学习习惯和生活习惯等方面做好准备，使孩子在入学后能更好、更快地适应新的学习环境和学习生活。

（一）培养良好的心理品质

入学前，孩子一般会为自己将成为一名小学生而感到高兴，甚至有些兴奋和激动，但他们的这种高兴、兴奋和激动往往只是因为被学校生活的一些外部特征（如背书包、上下课、集合做操及戴红领巾等）吸引，而对为什么要入学、入学是怎么回事、入学后会学些什么、入学后会遇到哪些困难等没有太多的认识。家长应当用孩子容易接受的方式及早地让他们初步了解学习的重要性、学习的方法等，培养他们的学习兴趣，激发他们对知识的向往，认识到自己的学习和成年人的工作一样都是一种社会责任。

1. 激发孩子入学的意愿

入学意愿强烈的孩子在入学后通常会积极主动地学习。因此，家长要采取多种形式激发孩子的入学意愿，如带他们参观小学生上课，给他们讲少先队的故事，培养他们对小学的热爱和对少先队的向往。

2. 进行初步的学习目的和态度教育

小学生的学习态度端正与否决定着他们学习效果的好坏。学习态度端正的小学生能够按时上学、上课，遵守课堂纪律，专心听讲，积极思考和回答问题，按时完成作业，认真对待考试等。家长要培养孩子正确的学习态度：对学习认真负责、积极努力、不敷衍了事。对即将学习的内容的意义和目的的认识越明确，他们的学习态度就会越端正，学习积极性就会越高，学习效率就会越好。心理学研究显示，孩子任何良好的行为与习惯都需要他人的认可。孩子一旦做出某种良好的行为，家长就要及时鼓励和表扬孩子，使他们获得积极的反馈，达到逐渐巩固良好行为的目的。在日常生活和家庭教育中，家长要多使用精神表扬法与物质鼓励法强化孩子在学习方面的良好行为与习惯，以使其产生自信，如“我很厉害，虽然这次做得不太好，但下次一定会做得很好”。如果家长的教育方法不对，让孩子误以为自己很笨，孩子就会对入学产生害怕、退缩的心理。因此，家长不要吝啬表扬，要寻找机会帮助孩子建立自信，培养其良好的心理品质。

3. 培养孩子对小学和教师的感情

教师是孩子智慧的启蒙者。家长要引导孩子尊敬教师、热爱教师，使其对小学里的教师产生和蔼可亲、知识渊博、热爱学生的印象。家长也要向孩子说明小学和教师的作用，注意维护小学、教师的威信。

（二）培养良好的学习习惯

良好的习惯对个体的生活、学习和工作都大有好处。对即将入学的孩子来说，其养成良好的习惯比获得知识重要得多，而良好的学习习惯是其顺利进行学习活动的保证，因此，家长在孩子入学前要注重培养孩子独立完成学习任务的意识与能力，循序渐进地培养其良好的学习习惯。同时，家长要保护好孩子的好奇心，培养他们求知探索的精神。

1. 端正学习态度

端正学习态度要求孩子在学习时集中注意力、专心致志，不东张西望，不边学边玩；按时完成作业，做到今天的功课今天完成；先做作业后玩耍，认真书写、认真检查，不敷衍、不应付。家长要相信孩子的能力，只提出学习任务和要求，让孩子独立去完成，其间不可不断地去提醒、打断、监督孩子。很多一年级新生的家长常会感叹："孩子上小学后，我们也重新回到了一年级。"其实，这种情况是因为这些家长没有帮助孩子养成独立学习的习惯。绝大部分孩子有完成任务的能力，只是因缺乏这方面的意识而影响了入学后对任务和规则的执行效果。因此，家长要有意识地帮助孩子树立任务意识，知道"这件事必须由我去完成，别人不能帮忙"。家长可以每天都布置一个小任务（如扫地、拿牛奶、分碗筷、搬家具等）让孩子完成，并且要求孩子按时开始、按时完成，以使其由被动地完成任务转向自觉、主动地完成任务。

2. 喜欢读书

关于读书的问题，家长要以身作则，引导孩子爱上读书、学会读书。处于幼小衔接阶段的孩子面临着从阅读形式到阅读内容的整体性变化：从与成年人共读转为独立阅读行为习惯的养成，从阅读、理解图画为主转为关注文字阅读，从简单阅读策略转为多种阅读策略。桥梁书不同于图画书，其文本内容涉及的主题更加丰富、图文相辅相成、图画占比变小，且系列性材料逐步增加，是支持该阶段孩子顺利过渡的阅读材料。

3. 勤动脑、好提问

该阶段孩子几乎每天都有问题、有发现。家长应鼓励他们提出问题，通过独立思考找出答案，或请教别人、查阅资料解决问题，并使之成为习惯。陈鹤琴说："我们做父母的不要拒绝小孩子的问难，也不要以'有问必答'的方法对付他。我们应当利用他的问难来实行我们的理想教育。"

情景案例

（一）

豆豆5岁了，看到没见过的东西总要去问妈妈。妈妈因为没有什么学问，所以常常不能回答。一天，豆豆看见一只乌龟就问妈妈："那个会爬的是什么东西？"妈妈回答："乌龟。"他又问："乌龟有几只脚？"妈妈答："4只。"他又问："乌龟为什么有硬的壳呢？"妈妈厉声说："怎么这么多问题，乌龟自然有硬壳，一边玩去！妈妈忙着呢！"

（二）

彤彤的妈妈对教育子女的方法略知一二。彤彤问她的问题，她没有不尽量回答的。她若不能回答，就去问了别人或是自己找到答案后再来告诉彤彤。有时彤彤的问题不适合在外人面前回答，她就会委婉地告诉彤彤："我等一下告诉你。"外人走后，她会详尽地给彤彤讲个明白。

（三）

5岁的乐乐同爸爸到郊外玩时，远远地看见一个孩子在放风筝，就问爸爸："那个孩子在那边做什么？"爸爸回答："他在放风筝，你要去看看吗？"收到乐乐的回答后，爸爸就一同与他过去看。路上，爸爸说："风筝在空中真好看！你想去看看那个孩子手里拿的是什么东西吗？”乐乐离开爸爸，走到孩子的旁边，看见孩子拿着一个线盘，便回来告诉爸爸：“他拿的是线。”爸爸又问他：“你想放风筝吗？”乐乐说：“想。”爸爸就领他到街上买了纸、竹、线等材料，回家和乐乐一起做风筝。第二天，爸爸还同乐乐一起去放风筝。

知识拓展

适合幼小衔接阶段儿童阅读的桥梁书

桥梁书是一种过渡性图书，主要面向幼儿园大班和小学低年级的儿童，其目的在于像桥梁一样将“幼”“小”衔接起来，在帮助儿童实现从读图画形象到读文字符号转变的同时，更好地完成从亲子共读到独立阅读的过渡。桥梁书区别于其他读物的特征主要体现在文本内容、文本形式和文本组合方式3个方面。

相比其他读物桥梁书在主题上有明显的拓展，涉及天文、地理、社会现象、文化习俗、人际交往、自我成长等多个方面，通过生动、活泼、有趣的方式拓宽儿童的视野，帮助儿童化解成长道路上的“危机”。

桥梁书上的图文相辅相成且图画占比较少。具体来说，桥梁书中的图画精美且严谨，能够帮助过渡期识字量不多的儿童理解上下文；文字是经过精心选择的适合低年龄儿童学习的准确、规范的语言，能够帮助儿童逐步提升对文字的敏感度。

桥梁书是系列性阅读材料的组合，往往由几个独立的短篇故事组成，相同的人物、角色贯穿其中或一个长篇故事划分成许多小章节，故事和情节有逻辑，能够培养儿童多方面的品质。如果是科学知识类的内容，桥梁书会将奇特的想象和抽象的科学知识完美融合，既充满童趣，也能清晰严谨地阐述科学知识。

家长在选择桥梁书时应注意其内容和形式。在内容方面，家长所选图书的主题应当丰富，题材应当多元；应当选择与儿童已有的经验和发展水平匹配的阅读内容，以最大限度地确保文本内容的可接受度及对儿童的促进作用；多挖掘内容丰富、情节有逻辑顺序的系列桥梁书，从而让儿童对某一类主题有持续的认知，在深度探索中促进多种学习品质的发展。在形式方面，家长应当关注桥梁书中书面语言的质量，选择书面语言使用准确、规范，汉字难度适中，语句简洁、精练的桥梁书，从而为儿童提供高质量的书面语言输入；关注图文关系，结合儿童的文字阅读水平选择图文比例适宜、图文呼应巧妙的桥梁书，并根据儿童的发展水平及时更换桥梁书。

（三）创设愉快的学习环境

在家里，家长要尽可能地为孩子创设一个愉快的学习环境。在物质环境上，家长要为孩子留出一个专门做功课、放文具的空间，并配备上写字台、书架、玩具架等。学习与游戏用品要随着孩子的成长而不断更换。独处的空间和井然有序的物品摆放可以使孩子在学习上处于自然、放松的状态，使其从入学第一天起就能专注地完成作业、有条不紊地安排学习，从而养成良好的学习习惯。在心理环境方面，和睦的家庭气氛是孩子愉快学习的首要条件，家庭成员之间互尊互爱会使孩子心情愉快，从而顺利地进入积极专注的良好学习状态。

（四）培养一定的独立生活能力

小学生必须掌握一些生活技能，如根据气温的变化及时增减衣服；系鞋带、自理大小便、自己整理书包及学习用品；在遇到困难时向同伴或成年人寻求帮助；过马路时注意安全，不在马路上玩耍；用钥匙开门；倒开水、扫地、擦桌椅等；课间活动时知道先小便，做好下一节课的课前准备后再出去玩。这些生活技能的掌握程度将直接影响孩子对小学学习、生活的适应能力。因此，家长在孩子入学前要培养其良好的卫生习惯、一定的独立生活能力和时间观念。

良好的卫生习惯主要包括定时睡觉，早起早睡；自觉地早晚刷牙，饭后漱口等。拥有一定的独立生活能力有助于孩子逐渐减少对家长或其他成年人的依赖。拥有时间观念能够让孩子懂得什么时候应该做什么事情，并努力做好；什么时候不应该做什么事情，并控制住自己的欲望和行为。此外，家长要教给孩子有关学校生活的常规知识，要求孩子参加一些力所能及的劳动，掌握简单的劳动技能，提高自我服务的能力。

家长应该让孩子知道自己长大了，即将成为一名小学生，在生活、学习上不能再完全依靠家长和教师，要慢慢地学会生存、生活、学习和劳动，能自己做的事情自己做，遇到问题和困难时积极想办法解决。家长在平时要多让孩子练习，并通过设计情境的方式让他们学会处理不同情境下的小难题，逐步提高其生活自理能力和应变能力。例如，过马路时，家长要让孩子知道如何正确地走人行横道，如何看红绿灯；如果车流量太大，家长要教孩子过马路的技巧，如向民警寻求帮助，跟在遵守交通规则过马路的行人后面等。

知识拓展

科学做好幼小衔接工作

2021 年，教育部出台了《关于大力推进幼儿园与小学科学衔接的指导意见》，从入学准备和入学适应两个方面对幼小衔接工作进行了规范和引导。

南京师范大学虞永平教授认为，入学准备不是让孩子去提前学习小学的内容，而是让孩子充实感性经验，提升学习能力，养成学习习惯，调整情绪情感，为小学学习打好基础。在开展幼小衔接工作的过程中，有三个问题需要充分关注。一是不要增加额外的“衔接课程”，避免增加负担。幼小衔接工作应遵循儿童身心发展规律和教育规律，深化基础教育课程改革，建立幼儿园与小学科学衔接的长效机制，全面提高教育质量。要关注儿童发展的连续性、整体性、可持续性，幼儿园与小学协同合作，共同促进儿童顺利过渡。二是不要停留在形式上，要提高衔接的实效。入学准备的核心在于真正落实《指南》精神，切实促进儿童的全面和谐发展，实现儿童在健康、语言、社会、科学和艺术领域的整体发展。尤其是在良好学习习惯、学习能力、学习品质及上学意愿等方面做好充分准备。真正做到内容上不超前，形式上不灌输、不强化训练。不要把参观小学当作入学准备的全部，不要把模拟小学课堂当作良方。入学适应的核心在于儿童有入学的意愿、积极的情绪，保持好奇心和求知欲，没有重大的困扰和对立的情绪，能进入良好的学习状态。三是不要停留在“禁止”上，要在各层面积极作为。科学的幼小衔接工作要深入研究儿童，深化课程改革，提高入学准备意识、入学适应意识，探索积极有效的方法和策略，提高入学准备教育和入学适应教育的成效。尤其是要注重幼儿园、小学及家庭的积极配合和良好合作，对幼小衔接工作达成真正的共识，在此基础上积极作为。

北京师范大学冯晓霞教授认为，评价一个孩子已经做好幼小衔接有三个关键：第一个是“学习感兴趣”，对学习、对新事物要有好奇心、有兴趣，喜欢探究，喜欢问问题；第二个是“活动能合群”，能学会和其他孩子相处，能很快融入班级群体；第三个是“生活有条理”。

华东师范大学李季湄教授认为，幼小衔接工作的目标是培养儿童入学的适应性，是与小学衔接而非小学化。幼小衔接工作应坚持全面性和渐进性原则，将儿童入学前应具备的各方面素质分解成不同层次、不同水平的教育目标，并划分到不同阶段的教育中去完成，在学前的最后一年，侧重做好儿童入学的特殊准备。

思考与实践

1. 胎教有哪些作用？科学胎教的方法有哪些？
2. 新生儿的保教策略有哪些？婴儿的发展特点及其家庭教育要点是什么？
3. 如何正确对待孩子的“逆反期”？
4. 3～4 岁儿童的发展特点是什么？如何缓解该阶段儿童的入园焦虑？
5. 4～5 岁儿童的发展特点是什么？如何帮助该阶段儿童建立自信？
6. 5～6 岁儿童的发展特点是什么？如何做好入学准备？
7. 结合课程学习，谈谈你对提前学习和启蒙教育的理解。

07

第七章

社区与学前儿童家庭教育

学习任务

1. 了解社区教育的含义、特征及社区教育资源的形式。
2. 理解家长开发和利用社区教育资源进行学前儿童家庭教育的意义、原则。
3. 掌握家长利用社区教育资源进行学前儿童家庭教育的方法。
4. 掌握家长开发和有效利用社区教育资源实施学前儿童家庭教育的建议。

情景导入

怡海花园社区活动

近年来，怡海花园社区妇联通过线上线下等方式，针对不同群体开展了各类家风家训活动。线上借助红色故事小视频、书画作品征集等“家风家训”系列主题活动，引导孩子学会感恩，培养其家国情怀；线下组织亲子趣味运动会、“六一狂欢曲怡海总动员”“魅力妈妈巧手插花”等多项家庭文化活动，在活动中宣传好家风、好家教，寓教于乐、以点带面，营造弘扬好家风、好家教、好家训的良好社会氛围。社区的很多家庭成员表示这些活动增进了他们与家人的感情，也有利于培养孩子的道德情感等。

社区教育从其本质上说是一种教育与社区生活相结合的教育形态。20 世纪后，社区教育就逐渐受到了世界范围内的重视与支持。我国的社区教育发轫于 20 世纪 80 年代。2001 年教育部确定首批全国社区教育实验区，之后社区教育实验工作蓬勃发展，各实验区紧紧围绕社区建设总目标，开展了内容丰富、形式多样的教育培训活动，努力满足社区居民多样化的学习需求，取得了显著的工作成绩，积累了丰富的经验，对推动学习型社会建设起到了支撑和引领作用。在学前教育领域，不少学者对幼儿园、家庭和社区的合作共育进行了积极探索。

第一节 社区教育概述

著名心理学家布朗芬布伦纳在其生态系统理论中指出，个体发展的环境是一个由小到大、层层扩散的复杂的生态系统。我们每一个人、每一个家庭都存在于社区这一生态环境之中，儿童的成长也不可能脱离社区。在“活教育”理论中，陈鹤琴强调：“大自然、大社会，是我们的活教材。”一方面，他认为教育不能只停留在书本上，“活的”与“直接的”知识远远优于书面知识。儿童应融入社会，参加更多的课外活动，提高参与能力，丰富生活体验感。以往的教育通常会忽略活生生的自然与社会，陈鹤琴追求的是让自然、社会与儿童生活、学校教育内容形成一个有机联系的整体。另一方面，儿童与自然、社会的直接接触能促使他们了解事物发生和发展的过程，并且在做中产生兴趣，兴趣越浓烈，做事的能力就越强。没有儿童不喜欢自己所做的事情，孩子喜欢到自然、社会中活动，而大自然、大社会就是儿童的世界，是儿童自己生活的环境。

一、社区的概念

我国虽有乡邻文化，但我国古代汉语中并没有“社区”这一词汇。当今社会学中的“社区”

概念由德国社会学家滕尼斯提出，我国社会学者在翻译英文文献时将“community”译成“社区”，指在一定地域内共同生活的社会群体。

我国学者在社区研究中，通常根据居住方式的差异将社区分为两类：农村社区和城市社区。农村社区指的是人口总数较少、人口密度也较小的地域。从行业构成来看，农村社区的主要产业是农业。从行政区划来看，农村社区是指乡镇行政体制下的村庄，即乡政府所在地、乡辖集镇和不同规模的村庄。我国农村社区一般包含四种类型：一是村庄社区；二是村庄联合社区；三是集镇社区；四是以乡村工业、企业为中心集结而成的社区。城市社区指的是人口密度较高、人口异质性较强的地域。从行业构成来看，城市社区的主要产业是第二、第三产业。从行政区划来看，城市社区一般是指经过社区体制改革后做了规模调整的居民委员会辖区。社区教育与社区建设密切相关，我国对农村社区、城市社区的行政区划直接影响社区教育的开展范围。

目前，国内外学术界尚无一致认可的“社区”定义，人们总是以不同的研究角度和管理需要对其进行理解。但总体看来，学者们普遍都在强调“社区的地域性”和“社区中人们的互动关系”，这也是社区最本质的特征。例如，在费孝通教授看来，社区就是一些社会群体或若干社会组织聚集在某一地域，形成的相互关联的大群体。这一概念包含三个内容：一是特定的地理空间，包括村落、乡镇和城市；二是拥有休戚与共的关系，这意味着要有共同的社会性活动，包括建立一定的社会交往关系、参与经济文化活动等；三是具有共同特点的行为规范、生活方式和文化背景，并由此产生的共同归属感。

二、社区教育的概念及基本特征

（一）社区教育的概念

社区教育是经济社会发展到一定阶段并达到一定水平的产物。19 世纪，社区教育作为一种社会教育形态首先在欧美国家兴起。1844 年，丹麦教育家柯隆威及其合作者科尔德成立了第一所“民众中学”，面向社区民众开展教育活动。民众中学开启了现代社区教育实践的先河。1915 年，著名教育家杜威提出“学校是社会的基础”的思想。随后，曼雷和莫托践行了杜威的教育思想，建立了一系列实验性的学校，这些学校成为社区的一种资源，被社区利用，为社区服务。国际社区教育协会（International Community Education Association，ICEA）在第七届国际社区教育大会上把“通过社区教育求得持续发展”确定为大会主题。ICEA 主张：没有社区建设就没有持续发展；一个强大的社区是医治各种社会疾病的基础；良好的社区教育能够加强社区建设；通过社区教育才能取得持续性发展。终身教育将利用社区提供的所有机会充分发挥教育机构、工作场所、大众媒体、文化设施和其他机构的教育功能，使人的个性发展与社会和谐发展一致，使 21 世纪的社会成为学习型社会。

20 世纪 80 年代初，中国社区教育开始兴起，其直接原因是中小学教育需要社会和学生所在社区的支持。国家通过一系列的政策文件，不断加强社区教育的发展。早在 1988 年 12 月发布的《中共中央关于改革和加强中小学德育工作的通知》规定：“要采取多种方式加强学校和社会的联系，城市的区或街道可通过试点，逐步建立社区（社会）教育委员会一类的社会组织，以组织、协调社会各界支持、关心学校工作，优化社会教育环境。”20 世纪 90 年代以后，我国社区教育进入以实体化、组织化为标志的发展时期。这一时期，上海、天津、沈阳、南京、武汉、成都、北京、杭州等大城市涌现了各种形态的社区学校，形成了社区学院、社区学校及其教学点的三级网络。21 世纪以来，在各级党委、政府及教育主管部门的重视和推动下，我国社区教育呈现出蓬勃发展的良好局面。各级党委和政府以不同的方式颁布有关发展社区教育、推进学习型社会建设的文件，各地教育行政部门普遍加强了对社区教育的领导。社区教育已经成为构建终身教育体系、建设学习型社会、促进和谐社会建设的重要力量。

社区教育是指将教育置于一定区域的社会政治、经济、文化背景中所形成的学校、家庭、社会一体化的教育体系和活动，是区别于正规学校教育、旨在实现学校和社会的交流与沟通、带有社区性质的教育。对社区教育属性的理解主要存在三种观点，即社区教育属于教育范畴、社区教育属于社区发展范畴和社区教育属于组织管理范畴。对于社区教育，不同学者给出了不同的定义，他们或将社区教育看作一种教育体系，或将社区教育看作一种教育体制，或将社区教育看作一种教育模式，或将社区教育看作一种教育活动，还有学者将社区教育看作一种教育管理形式。随着我国社会的不断发展和社区教育实践的不断深入，人们对社区教育有了更进一步的认识，学者们开始达成共识，将社区教育看作一种教育活动，并将其本质确定为社区发展本位与社区成员终身发展本位的辩证统一和有机结合。《社区服务指南 第 3 部分：文化、教育、体育服务》中对社区教育进行了定义："在社区中，开发、利用各种教育资源，以社区全体成员为对象，开展旨在提高成员的素质和生活质量，促进成员的全面发展和社区可持续发展的教育活动。"这一表述揭示了社区教育的本质。

社区成员的学习需求与社区的发展需求是开展社区教育的出发点与落脚点。社区教育的目的是提高社区成员素质及生活质量，促进区域经济发展。社区教育在消除社会问题、创建良好密切的社区关系方面发挥着重要作用。社区教育为社区居民提供了交流与沟通的平台，强化了社区居民之间的感情，通过鼓励"居民的教育居民办"使社区居民逐渐愿意承担社区的责任，促使其成为关心社区教育的"社区人"、负责任的"社会人"。

社区教育是一项面向全体公民的公共事业，具有公益性和非强迫性，强调公民自主参与。社区教育是一种非正规、非正式的教育类型，它的含义和方式应该比正规教育更加宽泛。它不是简单地在社区内为社区居民提供几门课程，而是十分注重通过任意形式的交流给社区居民的身心带来的教育影响。它是形式多样的、全方位的、多向的、互为影响的，不仅包括面对面的授业解惑，还包括社会环境对人的影响等。也就是说，不能简单地把社区教育等同于提供专门的知识技能培训，即使是社区内的宣传画板也同样属于社区教育的范畴。社区教育需要社区及社区成员单位的支持。社区成员的学习需求具有多元化、多层次的特征，要满足他们的学习需求，必须利用、开发社区内的一切教育设施及资源，因此社区教育需要全社会的参与。

（二）社区教育的基本特征

社区教育的概念随着社会的发展而不断丰富。要想更清楚地认识社区教育，就有必要进一步了解社区教育的基本特征。社区教育的基本特征主要表现在以下几个方面。

1. 区域性

所谓区域性，是指社区教育是以社区为基本单位，面向社区成员，为提高社区成员整体素质，满足社区发展需要而进行的教育。一方面，社区教育基于本社区内的社会问题而开展活动。也就是说，社区教育的活动内容、形式的选择是与社区成员和社区的需要密切相关的，各社区教育的活动内容、形式也因此而有所不同。例如，有的社区有文人墨客的故居，该社区开展的教育活动会带有浓重的书香气息。另一方面，社区教育的开展会受到社区的区域条件的限制。由于社区地理位置、人文环境、经济社会发展水平各异，社区教育的发展水平也不尽相同，社区教育发展的近期目标、教学内容和模式都具有明显的地方特色。

2. “三全性”

所谓“三全性”，是指社区教育的全员性、全程性、全面性，这是区别于其他各类教育的最基本的特点。“全员性”，即社区教育的服务对象是不分年龄、不分性别、不分职业的所有社区成员。它强调尊重每一个社区成员的受教育权利，关注每一个社区成员的学习需求，通过教育教学活动提高社区全体成员的整体素质，增进社区全体成员的身心健康，进而提高全民的生活质量。“全程性”，即社区教育可以为每个个体一生中任何阶段的学习需求提供教育服务。也就是说，社区教育是伴随个体一生成长的教育，它可以为个体在童年时提供学前教育，在青少年时提供校外教育，在中年时提供继续教育，在老年时提供闲暇教育。“全面性”，即社区教育根据社区发展需要、社区成员生活和工作需要，提供德育、就业、文化等多方面、多维度的教育。社区教育的全员性、全程性决定了社区教育的全面性，而社区教育内容的广泛性是全面性的具体表现。社区教育内容宽泛、种类繁多，包括科学文化类、文明素质类、教育培训类、科普类、文体活动类等，既需要促进社区成员的德、智、体、美、劳全面发展，也要有利于社区发展。

3. 多样性

多样性的具体表现有以下四个方面：一是载体选择十分丰富。开展社区教育可以以学校为载体，但绝不仅仅局限于学校。它以社区文化中心为依托、可以利用网络来实施社区教育，也可以通过开展主题活动、创办大讲坛、设计展板和画报等方式来实施社区教育，还可以通过课程开发来引导社区居民自主学习。二是学习和教育在时间和空间上具有弹性。社区教育属于非正规的教育，培养规格和教育内容随社会需求的变化而变化。课堂教学时间也不固定，一般会根据具体情况而调整。三是教学手段灵活多样。社区教育可以利用幻灯机、投影仪、录像机、电视机等来开展，也可以以利用互联网技术向社区居民推送数字化慕课、微课的方式来开展。社区教育教学手段的多样性是由社区教育目标的多元化与内容的广泛性决定的。四是教师来源的多样化。社区教育是面向社区成员的教育，社区内人人是学员，人人也可以是教员，因此，社区教育志愿者队伍来自各行各业。

4. 整合性

整合性具体表现在两个方面。一是在管理方面，社区教育是一项需要社会多个职能部门（如教育部、民政部、财政部、公安部、妇联等）支持的社会性系统工程。社区教育的有序开展需要各职能部门的共同关心、积极配合。二是在资源开发利用方面，社区教育的开展有赖于社区资源的开发与利用。一方面，社区教育应协调各类教育机构、教育资源、教育力量，形成合力；另一方面，社区资源的建设与管理也需要社区内机关团体、企事业单位的支持。

知识拓展

国外家庭、社区合作的学前教育方案

在德国，热心人士、机关团体积极关注、大力支持学前教育事业的发展，形成了两种典型的教育方案：（1）家庭助手方案：社区青年服务部、慈善机构把经过培训的社会工作者分派到一些特殊家庭里工作，每周义务为家庭服务5～10小时，帮助家长掌握教养孩子的基本知识和技能。（2）家庭互助方案：社区倡导社区中的家庭联合起来，相互帮助，共同提高教育孩子的能力。

在印度，以社区为中介，教育学前儿童的方案主要有两种：（1）母亲教育孩子的方案：

社区工作者对母亲进行专门的培训，教给母亲保育教育儿童的基础知识和基本技能，使母亲在家庭中能更好地发挥自身独特的教育作用，促进孩子身心的健康发展。（2）大孩子帮助小孩子的方案：社区工作者对家中的大孩子进行简单的培训，使他们拥有一些健康、卫生、营养、游戏、歌舞等方面的常识及技能，从而能更好地关爱、帮助弟弟妹妹。

在英国，为了改善处境不利于儿童的生活和学习条件，政府采取了“国家体制、地方管理”的策略：（1）英国政府成立监管小组，负责方案的组织与实施。（2）地方合作者组建协会、基金会，倡导志愿者、社区组织、保健工作者、教育者、家长共同合作进行管理与实施，以加强玩具图书馆建设，提升家长的游戏、教养技能，提高孩子的健康水平。

三、社区教育资源的形式

社区教育资源是指在社区教育过程中所占用和消耗的人力、物力和财力的总和，一般包括信息资源、物质资源、文化资源、人力资源等形式。

（一）信息资源

社区教育信息资源主要是指在信息化环境中运行的数字化教育教学资源，包括与信息相关的技能性人才、信息技术中的硬件和软件等。社区教育信息资源具有广泛性、及时性和复杂性，可以有效地避免传统面对面社区教育活动存在的规模偏小、课程资源常难以重复使用、社区成员现场出席活动不方便等客观问题。大力促进社区的教育信息化有利于实现社区教育全员化的目标。因此，在社区教育中，要充分发挥教育信息资源的共享性，为社区教育提供更广阔的资源平台。

幼儿园和早教中心等学前教育机构可以利用网络资源进行教育的输入和输出，社区居民可以通过社区幼儿园的网站、幼儿园的微信公众平台、社区微信群等分享教育资源。信息资源的交流和共享是学前教育发展的重要前提。幼儿园是专业的学前教育机构，幼儿园的网站是具有导向功能的网络平台，家长可以通过网站上的各种板块了解幼儿园的工作情况及幼儿教育的动态信息。幼儿园网站也可以设置专门的家园共育板块，向家长宣传育儿理念、传递育儿经验等。例如，一个幼儿园发挥其科学教育的优势，积极利用微信公众号这一平台推送如“自制飞行器”“不会洒出来的水”等丰富多样的亲子活动，详细介绍所需材料和制作步骤，有助于家长和孩子共同完成对亲子活动的探索。

（二）物质资源

社区教育物质资源包括社区内的自然景物和社区的地理环境。社区周边的花草树木、桥梁湖泊、田野高山等自然资源都是社区生活环境的一部分，也是社区教育可供选择和利用的资源。大自然千姿百态、气象万千、瞬息万变，蕴藏着巨大的教育财富，是一部具体、形象、生动、可感的百科全书。大自然中的草木、石头、花朵、落叶、昆虫、飞鸟、彩虹、闪电、山川、河流等都可以成为家长的教育资源，成为孩子观察、学习的对象。家长应该清楚地认识到自然资源的教育价值，并主动挖掘、利用这些资源开展活动，以开阔孩子的眼界，让他们在认识自然资源的基础上萌发热爱大自然的情感，探索自然的奥妙，感受自然的美。家长可以引导孩子探索“河流”，培养他们的环保意识；可以引导孩子探索“花卉”，培养他们的审美能力；可以引导孩子探索“叶子”，培养他们的探究能力。

社区的空间结构和设施设备，如社区中供社区成员娱乐、学习、休闲等的便民场所和物质设施，都具有一定的社会性，可以满足社区成员在社区里进行简单活动的需求。农贸市场、超市、医院、银行、图书馆、少年宫、公园、广场、快餐店、美发店、护牙中心等是与学前教育经常发生联系的社会机构或社会设施，它们构成了社区儿童成长发展的社会物质背景，同时也是在社区开展学前教育活动所需要的物质资源和环境资源。家长可以带孩子去广场上开展体育活动，锻炼身体。社区里的超市、医院、快餐店、美发店、护牙中心等可以为家长与孩子开展角色游戏提供很好的资源。例如，家长与孩子进行角色游戏时，可以带孩子去参观超市，让孩子知道超市里面有哪些设备、哪些商品，里面的工作人员是如何分工的，他们的工作程序是怎么样的。超市是孩子非常熟悉的场所之一，家长将其作为开展角色游戏的场景能够激发孩子参与游戏的积极性。

家长可以利用社区的图书馆开展参观活动和早期阅读活动。图书馆藏书多、环境安静，是增加知识量、提高阅读能力、培养好学乐学精神的有效资源。家长可以有计划地安排时间带孩子到社区图书馆参观、学习，合理利用图书馆资源开展早期阅读活动。社区中的教育机构拥有教室、操场、礼堂等建筑和场地资源，还拥有教学实验设备和图书馆资料设备等，这些丰富的物质教育资源都可以让孩子获得很好的发展。社区可以联系这些教育机构，组织家长带孩子到里面参观，让孩子观察教育机构的环境，学生是如何上课的，教师是如何授课的，使他们了解学生的学习和生活，产生上学的愿望，为以后入学做好准备。

（三）文化资源

社区文化是一个社区区别于其他社区的独特的行为系统，明显的居住形式、特殊的语言、一定的经济体系、一种特定的社会组织，以及某一种宗教信仰和价值观念等。它是一种无形资源，融合于社区生活与发展的各项活动中，为社区成员所共享，又制约着其行为和思维的方式。社区教育的文化资源包含社区的风尚习俗、价值观念、审美观点、网络文化等，这些都能为社区教育创造浓厚的学习文化氛围，也是社区教育的重要资源。社区归属感也是社区教育文化资源的一个非常重要的指标。社区归属感是指社区成员把自己归入某一地域人群集合体的心理状态。这种心理状态既有对自己社区身份的确认，也有个体的感情色彩，包括对社区的投入、喜爱和依恋。社区归属感能让社区成员更愿意关注和参与社区教育。研究发现，社区成员在社区内的社会关系越好，对社区环境的满意程度越高，在社区内居住的时间越长，参与社区的活动越多，社区的归属感也就越强。社区成员的社区归属感越强，就越愿意巩固与其他社区成员的良好关系，越愿意更多地参与社区活动，对社区的满意度也就越高。社区教育文化资源具有丰富性、广泛性和综合性，充分利用它们对学前教育事业的发展和儿童个体发展都具有重要的作用。

我国的优秀传统文化需要传承并发扬光大。当前，传统文化教育已成为我国学前教育的重要一环。很多幼儿园利用传统节日开展主题活动：重阳节，家长和孩子一起走进社区为老人送祝福；春节前夕，社区邀请社区成员一起写春联；元宵节，家长和孩子一起在社区品尝汤圆、猜灯谜；端午节，社区邀请社区成员一起包粽子；中秋节，家长和孩子一起走进社区制作月饼等。还有一些地方的社区会开展特色文化活动。例如，某社区为社区老人制定了活动课表，不仅开设了声乐、舞蹈、京剧、书画等课程，还为社区老人量身打造了如何操作计算机、如何玩转微信等课程，让社区老人的晚年生活丰富而充实。社区里的孩子在参与这些活动的过程中可以直观地感受到社区的特色文化。

（四）人力资源

社区教育人力资源是指能教给孩子一些专业知识或技能的人或组织机构，包括社区居委会成员，社区和学校的教育工作者、管理者、专家学者、幼儿家长，以及有专业特长的社区成员、社会各界的成功人士等。他们是“活的社区教育资源”，也是社区教育资源开发利用的基础。其中，社区和学校的教育工作者、管理者是建设社区教育资源的主要力量。

社区教育人力资源中的“家长资源”是非常重要的组成部分，家长资源指的是以儿童家长为主体的群体所具有的社会阅历和经验，所拥有的专业知识、技术、社会资源，以及通过家长的关系能为社区教育所用的一些社会公共资源、设施，如博物馆、纪念馆、体育场等。一位社区负责人描述了其所在社区曾利用社区内一位家长的职业优势和特长开展参观活动的经历。该家长在某农业大学上班，社区工作人员向这位家长表示想请他当向导带社区里的孩子参观一下该农业大学，他很痛快地答应了。该农业大学里面的植物非常多，有些植物连很多家长和老师都叫不出名字。孩子问“这是什么”“那是什么”的时候，这位家长非常耐心地给孩子们解答。一个社区的家长曾邀请社区所在的派出所所长为社区里的孩子宣传安全知识。在活动中，家长和这位所长一起帮助孩子学习安全知识，如不要玩火、不玩插座、小心触电、当心夹手、不攀爬栏杆、上下楼梯不打闹、遇到危险要拨打急救电话等。为了巩固这些安全知识，他们还组织家长和孩子一起制作“安全文明小告示”。

第二节 家庭对社区教育资源的开发与利用

与他人进行情感、信息的交流，是人的基本需要。因此，人离不开家庭，更离不开他生活的周边环境——社区。对于学前儿童来说，家长和社区里的其他学前儿童十分重要。随着终身教育和学习型社会的推进，社区应对家庭教育进行支持，以满足学前儿童社会化发展的需要。

把社区学前教育列入建设社区生活的规划中，使社区学前教育逐渐形成潮流，是我国学前教育发展的一个新领域、新趋势。20 世纪 90 年代以来，我国关于社区学前教育的研究逐步深入。各学者努力分析社区学前教育的价值及社区学前教育的资源特点，强调社区学前教育资源的整合和优化，开发利用社区学前教育资源。

一、利用社区教育资源进行学前儿童家庭教育的意义

著名教育家伊里奇认为，一个人要想成长，就需要利用事物、场所和过程去实践和参与环境。一个人的成长不可能离开社会环境而单独存在。社区是一个小型的社会环境，也是学前儿童接触的最早的社会环境。社区教育资源的开发有利于人的全面发展。利用社区教育资源实施学前儿童家庭教育有利于促进学前儿童全面发展。

（一）增强学前儿童的体质，提升身体素质

为了增强体质，促进大小肌肉发育、身体协调性发展，学前儿童应每周定期在较冷和较热的户外环境中活动半个小时左右，多进行跑跳、攀登、拍球等运动。家长可以带孩子到小区的运动场地练习拍球、跳绳、骑车等。良好的社区应该拥有能够让孩子自由活动的安全、宽敞、开放、无障碍的公共场地。公共场地中应设置能满足孩子运动兴趣的诸多分隔区域，如戏水区、玩沙区、

运动区等。分隔区域中应添置儿童专用运动器材，以便孩子尽情嬉戏，实现身体的充分运动。家长可以带孩子去公园荡秋千、滑滑梯、坐跷跷板、走平衡木等，以提高孩子的跳跃能力、攀爬能力、平衡能力等。对于已经会走路的孩子，家长可以坐在旁边的椅子上静静地观看他们，让他们自己去探索。攀登、钻爬和吊拉等运动有助于发展他们的手眼协调性，也有助于增强他们战胜挑战的信心。

（二）丰富学前儿童的感性经验，促进思维发展

学前儿童可能生活在城市、郊区或农村，尽管不同类型社区的教育资源有所差异，但都能为学前儿童的发展提供丰富的感性刺激。学前儿童可以在自己所处的社区观察自然的不同方面：农村的孩子可以认识家禽家畜等小动物和多种农作物，也可以更容易地认识蝴蝶、蜜蜂、蜻蜓等可爱的小昆虫；城市的孩子可以看到诸多开放性公园中的植物、动物园中的动物等。北方的孩子能更好地认识杨树、柳树、槐树等；南方的孩子能更好地认识梧桐树、香樟树、棕榈树等。在我国，孩子能够直接地感受到四季更替的变化：春季万物复苏时的勃勃生机、夏季百花齐放时的姹紫嫣红、秋季的桂花飘香与银杏落叶，以及冬季的寒风瑟瑟与大雪纷飞。家长应充分利用这些资源开展有效的家庭教育活动，引导孩子自主观察不同季节动植物的成长变化。例如，秋天，家长可以带孩子到田野里挖红薯、收玉米等，让孩子感受丰收的喜悦，丰富他们的生活经验，这也能增强孩子不断关注与思考自然事物并探寻因果联系的兴趣，进而实现从具体形象化思维向抽象逻辑思维的转变。

（三）增加学前儿童的社会认知，形成社会性行为

社区是学前儿童生活的重要场所。社区的公共服务机构类型非常丰富，包括专门的教育机构，如幼儿园、学校等；专门的医疗机构，如医院、诊所等；专门的商业机构，如超市、商场、花店、美容店等；专门的交通场所，如公交站、地铁站等；专门的娱乐场所，如歌剧院、电影院等。这些公共服务机构为每个家庭提供服务，通过正式或非正式的形式为学前儿童提供认识社会的机会。家长可以引导孩子实地观察不同工作岗位的工作内容，了解不同工作人员的工作特点与要求。在日常生活中，家长可以引导孩子自主购物，从中获得丰富的知识和经验，包括物品的种类、数量、大小、生产日期等。

学前儿童具有天然的合群性。学前儿童的成长离不开与同伴的交往，同伴群体会为学前儿童提供社会互动和合作的早期经验，促进其社会性的发展。家长要经常带孩子到社区与其他孩子玩耍，在资源有限的情况下，他们会发生冲突，如争抢场地、器材等，但更多的时候，他们是一种合作关系，会一起游戏与运动，在轮流与交换等规则下学会适应彼此，获得社会交往经验。例如，同时让几个孩子一起玩同一个户外运动器械，既可以为他们提供相互交流的机会，也可能使他们因为有着相同的游戏兴趣而成为好朋友。有的运动器械只能轮流玩，孩子会在协商和游戏中学会等待和遵守规则。例如，当孩子都想滑滑梯时，家长可以鼓励孩子协商一下谁先滑谁后滑，帮助孩子学会与同伴友好相处。

（四）丰富学前儿童的艺术教育内容，提升艺术情感

社区中蕴含着丰富的艺术教育资源，充分有效地利用这些资源能够扩展艺术教育的空间，丰富艺术教育的内容，营造良好的艺术教育氛围，从而促进学前儿童艺术教育活动的开展。在此过程中，学前儿童的审美能力、想象能力和创造能力都能得到良好的发展，自主性和自信心也会增强。例如，秋天到了，家长带孩子在自然中感受秋天的颜色，寻找秋天的变化，再画一画秋天的

景色，让孩子在这个过程中积累审美经验，提升审美素养。对于喜欢玩沙子的孩子，家长可以引导他们以沙地为材料进行创作，使他们能够充分感受沙子的可塑性，体验艺术创作的乐趣，激发他们对大自然的爱及对艺术创作活动的热情。一些公园、广场上的设备器械上还刻有音符和键盘，能够吸引学前儿童的注意力，引起他们对音乐的关注。家长应充分利用这些设备器械培养孩子感受美的能力。

公园里、广场上有各种各样的雕塑，这是帮助学前儿童理解艺术美的重要材料，也是提高他们感受艺术美的关键渠道。家长可因地制宜、遇物则诲，引导孩子去观察、欣赏不同的雕塑，鼓励他们用肢体动作表现自己对雕塑作品的理解，以唤起他们的审美情趣，提高他们对美的感受能力和创造能力。家长也可以带孩子参加博物馆、超市等组织的手工、绘画等艺术类活动，让孩子在参加集体活动的过程中提高交流能力，这也有助于其设计能力、创造能力、想象能力与审美表现能力的发展。

（五）增进家长之间的交流，提升学前儿童家庭教育质量

家庭作为学前儿童最早接触的社会文化环境，对学前儿童发展所起的作用是其他社会文化环境所不可比拟的。家庭的教育质量关乎学前儿童的整个成长过程，高质量的家庭教育需要家长不断提升自身的教育素养。家长自身教育素养的不断提升离不开外界的支持，而以社区为依托开展的公共服务，具有广泛性、公益性、合作性和长期性等特点，并能为家长提供时间上与空间上的便利。

鼓励家长之间相互交流，分享育儿经验，建立交流小组，已成为国际项目支持家庭育儿的重要方式。社区可以利用丰富的、专业的人力资源，组建专业化服务团队；优选教育、卫生、社会等领域的专家和具有成功教育经验的家长，组建一支具有专业知识和实践经验的专业团队；努力调动退休教师、医生、社会工作者的积极性，建设一支热心家庭教育事业的志愿者队伍；鼓励邻里互帮互助，解决育儿难题。作为人际沟通的关系网络之一，社区建立家长育儿交流平台，营造社区家庭教育文化，可以有效缓解家庭育儿压力。

依托社区教育资源开展的高质量的教育活动可以有效拓展学前儿童生活的空间与内容。社区可以利用图书馆、博物馆等资源，依据不同类型、不同年龄阶段的家长的教育需求，开展有针对性的、系统的家庭教育讲座或亲子活动。积极参加社区组织的这些活动有助于家长树立正确的教育理念和创设良好的家庭氛围，了解较新的学前教育资源和教育方法，提升整个家庭的教育质量。此外，家长参加社区举办的相关活动可以进一步参与到孩子的整个教育过程中，获得更多专业的教育知识，加强亲子关系，更好地陪伴孩子。

二、家长开发和利用社区教育资源的原则

探讨家长开发和利用社区教育资源的原则，是为了制定社区教育资源开发和利用的诸种规约，以便实现社区教育资源的优化组合，使学前儿童在大自然、大社会中获得全面的发展。基于生态系统理论、“活教育”理论等，家长开发和利用社区教育资源应遵循三个原则。

（一）主体性原则

所谓主体性原则是指家长在开发和利用社区教育资源的过程中要以学前儿童为主体，打破过去以成年人为主的状态，充分考虑学前儿童的兴趣和需求。杜威曾指出孩子的积极成长有赖于孩子具有的本能。孩子有了兴趣，才会充分发挥主观能动性。家长也要摒弃参加社区活动的功利性

目的，如带孩子去博物馆、科技馆等不是为了提高孩子的学习成绩，应是为了培养孩子的学习兴趣、增加孩子的知识面。家长需要了解社区的自然资源和文化资源，找到孩子的兴趣点，并引导孩子进行有针对性的学习和研究，做好孩子的引路人。

（二）适宜性原则

适宜性原则要求家长所利用的社区教育资源须适合学前儿童的身心发展特点和生活需求，并能促使学前儿童获得进一步发展。家长应充分观察和了解孩子现有的发展水平，并根据其特点选择合适的资源作为教育内容，以促使他们获得进一步发展。年龄的适宜性强调家长为孩子提供的社区教育资源要符合其年龄段特点，如为正在学步的孩子选择适宜其行走的场地和路面，为2～6岁的孩子选择安全的大运动场地和设施等。另外，根据孩子现实生活的需要，家长可以选择社会教育资源中一些贴近其生活的文化类教育资源，如充分利用地方物质性文化资源（历史文化遗产、民间工艺和特色等）和非物质性文化资源（语言、文字、歌舞、节庆和习俗等）。在孩子已有生活经验和知识的基础上，家长要唤醒他们的生活经验及知识储备，如利用元宵节、端午节等传统节日开展手工活动和谈话活动，引导他们了解当地的风土人情，培养其文化情怀。

（三）综合性原则

综合性原则是指家长开发和利用社区教育资源时要考虑各种社区教育资源之间的相互作用，使之形成合力，共同促进学前儿童的身心均衡发展。在实践中，综合性原则主要体现在三个方面。第一，教育内容的综合性。家长一方面应综合利用各种社区教育资源对孩子进行教育，如可以综合利用重阳节、福利院、当地历史文化遗迹等资源对孩子进行德育；另一方面应重视同一社区教育资源的综合价值，如在和孩子参加社区组织的制作中秋节月饼的活动时，既可以让孩子了解我国的传统文化，也可以增加孩子的科学知识，还可以发展孩子的手工技能等。第二，教育手段的综合性。家长在开发和利用社区教育资源的过程中可以综合采用游戏、观察、表演等多种形式，也可以借助各种信息技术手段。第三，教育目的的综合性。教育目的的综合性指的是促进孩子身心均衡发展，促进孩子整体性发展而非片面性发展。根据加德纳多元智能理论的观点，每个孩子都具有多元智能，但是每个孩子又具有不同的优势智能。过去很长一段时间里，家长非常关注孩子的认知发展，不怎么关注孩子的情感发展和技能发展。整体性发展强调孩子认知、情感和技能的和谐发展。

三、利用社区教育资源进行学前儿童家庭教育的方法

家长可以通过多种途径利用社区教育资源对学前儿童进行家庭教育。例如，在社区里见到熟悉的人时，要让孩子主动打招呼；在路上见到墙面上的宣传图画时，要告诉孩子宣传图画的主题是什么，激发他们对文字、图画等的兴趣。家长也可以有目的、有计划地组织专门的家庭教育活动，如带孩子去郊游、去参观博物馆、去参观小学等。家长利用社区教育资源对孩子进行家庭教育的方法有以下几种。

（一）探索发现法

探索发现法强调学前儿童学习的主动性、积极性和创造性，鼓励他们大胆探索、勇于发现问题、主动解决问题，从而体验探索的乐趣，丰富知识，提高探索能力和实践能力。社区公园等地方有丰富的动物资源与植物资源，农村和郊区的动物资源与植物资源既丰富又鲜活，还富有野趣：它们都是学前儿童熟悉且最感兴趣，又极富教育意义的教育资源。家长如能利用这些教育资源开

展有效的家庭教育活动，就可以激发孩子的好奇心和求知欲，培养他们对周围事物、现象的兴趣，提高他们在动手动脑、探究问题、观察事物等方面的能力，萌发他们爱护动植物、亲近大自然的情感。家长可以组织家庭开展秋游活动，引导孩子探索秋天的变化，也可以利用社区里的博物馆、科技馆等资源引导孩子学习历史知识、科学知识。这些资源直观、形象，符合孩子现有的认知发展水平。亲自去场馆接触和了解展览内容，不仅能够让孩子学到一些历史知识、科学知识，也有助于提升孩子的动手能力、探索能力及实践能力，还能培养孩子的民族精神和科学精神。

情境案例

昊昊和妈妈去的第一个博物馆是上海消防博物馆。那时昊昊的梦想就是当一名消防员，所以一听到这个博物馆的名字就特别感兴趣。在去上海消防博物馆之前，妈妈通过查阅资源了解了一些关于消防安全标志、正确报火警方法、消防车种类的知识。上海消防博物馆通过大量文物、影音资料的展示，让参观者对上海消防百年的发展与变迁有一个全面的了解，其中部分展品极具史料价值。昊昊认真观察，看到了不同时期的消防水枪、消防头盔，以及不同时期栩栩如生的消防兵雕塑。昊昊非常好奇，不停地询问每种消防车的作用和消防标识的含义。本次参观使昊昊初步了解了消防安全的相关知识及上海消防的历史，知道了安全的重要性，掌握了简单的自我保护方法，树立了安全防范意识，也感受到了消防员叔叔的艰辛与重大责任。

（二）尝试操作法

尝试操作法是指学前儿童在家长的指导下，运用实物、教具等各种材料，按照一定的要求和程序，通过自己动脑、动手的方式，学习和掌握有关知识、技能的一种重要方法。著名教育家陶行知提出“教学做合一”的教学原则，教与学都要以“做”为中心。学前儿童只有在做的过程中，在与材料相互作用的过程中，才有可能对某些知识有所体验，才有可能获得直接的经验。重视直接经验，并且这种“做”应在家长的指导下完成，才能真正实现学前儿童现实经验和可能经验的统一，从而从教育中真正受益。对“做”的强调也是为了确定学前儿童在活动中的主体地位。家长在指导孩子收葵花子时，可以引导他们动手练习剥葵花子的方法；在元宵节让孩子参与包汤圆、尝汤圆、做花灯等活动。这些活动既能锻炼孩子手部小肌肉群的灵活性、协调性，又能让他们学会动作要领。家长带孩子参加科技馆组织的科学小实验活动，既可以让孩子学到简单易懂的科学知识，又能激发孩子对科学探索的兴趣。

情境案例

妈妈在家里教会 5 岁半的果果用钱购买商品后，便做了绘图版的购物清单，又给了果果 10 元钱，带他去超市购物。果果看到货架上琳琅满目的商品时很兴奋，这边看看那边瞧瞧。妈妈引导果果观察货架上的商品是如何摆放的，让他学会分类，并提醒他买商品前要先看清商品的价格。果果发现购物清单里有牛奶，担心钱不够就放弃了，最后拿了一瓶价值 3 元钱的橙汁、一包价值 4 元钱的饼干和一盒价值 4 元钱的蜡笔。在付款时，收银员阿姨对果果说钱不够，商品总价格超出了 10 元。果果思考了一会儿，就把饼干放了回去。再次付款前，妈妈问：“这次购物需要几元钱？还剩几元钱？”果果想了想说：“需要 7 元钱，还剩 3 元钱。”。付款结束后，果果非常开心地拿着自己选的商品和剩余的 3 元钱。

（三）情感体验法

情感体验法指的是家长在尊重学前儿童主体地位的前提下，以自我感知为基础，以自我感悟为主线，以自我导向为目标，创设各种教育情境，有效地激发学前儿童的思想情感，触动学前儿童的思想“热点”，从而使其产生良性的内化过程，养成良好的道德情感。家长可以利用社区集体活动对孩子进行礼仪教育，如在公园与其他孩子一起滑滑梯，在超市购物付款等场合下告诉孩子要排好队，懂得遵守规则的重要性；在母亲节、教师节、元宵节、端午节等节日里开展家庭手工活动，引导孩子给妈妈做一个花篮、给教师做一张贺卡等以表达对妈妈、教师的敬爱之情。此外，家长要带着孩子积极参加社区内各部门、各行业组织的适合孩子参与的文化交流活动，以增加孩子参加社会活动的经验，培养他们大方、开朗、热情的积极情感，如重阳节到社区敬老院参加帮扶活动等，使他们懂得关爱老人、关心家人。

情境案例

一年一度的重阳节就要到了。为更好地利用社区教育资源，传承中华民族的优秀传统文化，弘扬尊老爱幼的传统美德，增进亲子关系，某小区今年的重阳节活动主题是“让大手牵小手，关爱老人”。这次活动的主要参加人员是社区的家长和孩子。家长和孩子一起讨论为敬老院里的爷爷奶奶准备什么礼物，到了敬老院能做什么事情。重阳节一大早，每个孩子手上都拿着和爸爸妈妈一起做好的礼物。到敬老院时，发现爷爷奶奶已经在门口等着他们，孩子们立即跑过去，热情地拥抱爷爷奶奶，并送上了和爸爸妈妈一起做好的礼物。家长和孩子还一起打扫了敬老院，最后大家开心地合影留念。

（四）组织亲子活动

亲子活动是以家庭为单位进行的，父母或（外）祖父母与学前儿童共同参与、相互合作进行的活动。亲子活动是促进学前儿童身体、认知、社会性、情感等全面发展的活动。亲子活动具体分为亲子游戏、亲子阅读、亲子体育活动等。3～6岁的孩子正处于思维运算水平较低的具体形象思维阶段，不能很好地理解较为复杂和抽象的概念，因此家长利用大自然、大社会组织亲子活动时，应选择适合该年龄阶段孩子的活动内容，让他们能够在亲身体验、直观感受、实际操作中获得相应的经验，实现自我的发展。亲子活动对于改善亲子关系、提高家庭育儿质量具有特殊的意义。家长带孩子到郊区农田观察、记录果树和蔬菜的生长变化时，可以和孩子一起探索与讨论植物的种类、特征等。在与家长的互动过程中，孩子既能体验到幸福与快乐，也能了解自然知识。家长带孩子去不同的文化场馆和人文景区感受人文气息，可以丰富孩子的视野，提高他们的审美能力。

情境案例

了解到小班绝大多数孩子没有去过动物园这一信息后，为了让孩子们认识更多的动物，了解更多的动物知识，激发他们对动物的喜爱，上海某所幼儿园组织家长与孩子一起参观动物园。在游览过程中，家长一边引导孩子观看动物，一边给孩子讲解动物的主要特征，若遇到孩子特别感兴趣的动物，就延长一下观看时间。参观活动结束后，幼儿园安排了以下环节：说一说动物园，即家长和孩子一起说说游览动物园时的趣闻轶事；搭建动物园，即幼儿园为家长和孩子提供积木、饮料罐、牛奶盒等废旧物品，让家长引导孩子创建“可爱的动物园”“美丽的动物园”等，启发孩子再现游览动物园的情形；画一画动物园，即家长和孩子一起画动物园的场景，孩子负责画出自己喜欢的动物，之后幼儿园将孩子的作品全部陈列出来，相互欣赏；猜动物谜语，即家长说谜面，让孩子猜一猜动物，如家长说出谜面：“身子像房子，耳朵像扇子，四根大柱子，还有长钩子”，孩子如能猜出“大象”，则表明他已拥有了关于大象的基本认识。

幼儿园为家长和孩子组织游览动物园的活动，满足了孩子的需要，拓展了家庭教育的空间，丰富了家庭教育的内容，提高了家长的教育能力。孩子在游戏、绘画、语言等多种活动中，巩固了一些关于动物的知识。在亲子活动中，家长与孩子的积极互动对活动的顺利进行有着重要的作用。在活动中，孩子充分和家长或教师或同伴进行互动，拥有了愉快的体验，提高了合作和探索的能力；家长的直接参与既能拉近自己和孩子的距离，也能了解孩子在集体生活中的表现，熟悉幼儿园的教育教学方法，从而转变自己的教育观念。此外，家长的直接参与可以让孩子获得安全感，形成健康的人格。

四、开发和利用社区教育资源实施学前儿童家庭教育的建议

家长是开发和利用社区教育资源对学前儿童实施家庭教育的关键角色，他们可以为孩子参与社区教育活动提供物质资源和精神支持。家长的积极参与有助于激发孩子参与活动的热情，家长以伙伴的角色与孩子在活动中相互配合、相互合作，有利于增进亲子关系，这会对孩子产生重要的教育影响。结合已有研究，对家长有效开发和利用社区教育资源实施家庭教育提出以下建议。

（一）转变教育观念，重视社区教育资源对学前儿童发展的价值

皮亚杰认为，知识不是来自主体，也不是来自客体，而是建立在主体和客体之间相互作用的过程中。学前儿童在与周边事物接触的过程中渐渐受到该事物的作用而建构起对于新鲜事物的认知，以此来发展他们的认知结构。维果茨基主张社会建构，强调活动和社会互动在人的高级心理机能发展过程中的突出作用，即学前儿童不能脱离社会而独立发展，他们需要实践、摸索。皮亚杰和维果茨基主张学前儿童的发展需要通过对客体的操纵和与人的合作互动来实现。因此，学前儿童的发展是发生在多种场合之中的，如幼儿园、公园、超市、博物馆、科技馆、图书馆等。

兴趣是最好的老师。兴趣具有一种动机力量，能使人进入一种“情感唤醒状态”，产生一种吸收信息、扩展自己的倾向，为观察、探索、追求和进行创造性努力提供可能性。如果孩子对家长所选择的资源感兴趣，他们会表现出积极的情绪，愿意操作、探索，活动效果良好。如果孩子对家长所选择的资源不感兴趣，他们就会表现出消极情绪，不愿意操作或探索，活动效果较差。此外，家长还需培养自身对社区教育资源的兴趣。很多孩子不了解博物馆，原因在于其家长本身就没有认识到博物馆的价值，也从未带孩子去过博物馆。基于此，家长可以主动寻找兴趣点，发挥自己的兴趣爱好和特长，做孩子的第一引导人。家长有义务以身作则给孩子树立榜样，让孩子关注社区的自然环境和人文环境，以及参与社区活动。社区具有丰富的教育资源，有助于学前儿童的身体、认知、情感、社会性、审美能力等方面的发展。例如，在逛超市的时候，为了促进孩子大小知觉的发展，家长可以利用大小不一的水果帮助他们产生对大小的概念；为了促进孩子形状知觉的发展，家长可以利用形状各异的包装盒帮助他们感知形状的变化；为了促进孩子颜色视觉的发展，家长可以利用颜色各异的物品帮助他们辨别不同的颜色。

（二）不断丰富知识储备，提高教育能力和自身素质

社区教育资源能够为学前儿童提供良好的学习环境。家长要积极主动地通过多种途径学习相关理论知识，可以关注社区博物馆、图书馆等渠道的微信公众号，了解社区各种场馆发布的手工类活动、讲座、论坛、沙龙等相关信息，提前做好知识准备；也可以阅读相关图书实现知识积累等；还可以在带孩子去博物馆前，事先了解馆内展品的特点和历史背景。这样，家长就能多带孩子参加符合孩子兴趣爱好且质量较高的活动，还能解答孩子的疑问。研究表明，与陌生讲解员的讲解相比，孩子更喜欢爸爸妈妈或其他亲人的讲解。家长也要学习如何与孩子相处，以及如何充分利用社区中的教育资源等。学习这些理论知识并将其与实践结合起来，家长可以使社区教育资源得到充分利用，并能让孩子在一个熟悉的环境中多样化地进行学习，在社区活动中真正地将生活与学习有效结合起来。家长还可以组建交流群，在群中分享育儿心得、充分利用社区教育资源进行学前儿童家庭教育的方法，并联合其他家长举办相关活动等。

教育能力应在保障学前儿童安全的基础上展现。学前儿童的安全问题是家长在利用社区教育资源时必须考虑的问题。要解决这个问题，家长首先要考虑自己所选择的社区教育资源对于孩子来说是否安全、健康。带孩子到人来人往、车辆繁多的公路上观察交通情况、学习交通规则，存在一定的安全隐患，家长应慎重。家长可以通过其他方式培养孩子的安全意识、增加孩子的交通知识，如将交通情况、交通标志等拍成视频，让孩子观看、学习。在保证孩子安全的前提下，家长所选择和利用的社区教育资源应当与孩子的实际生活密切联系。因为这类教育资源往往与孩子自身或他们身边的人有着千丝万缕的联系。对于孩子来说，其比较深入地认识这类资源是十分必要的。家长可以利用社区中的快餐店开展角色游戏，社区中的快餐店是孩子熟悉的，也与其实际生活相关。孩子在平时的生活中已经对该快餐店有所了解，家长再加以指导，就可以使他们获得更全面的知识。同时，孩子通过此类角色游戏可以理解一些生活常识，如挑选、买卖商品的程序等。

陈鹤琴指出：“我们晓得小孩子生来是很好的，也是无知无识的。父母怎么做，他就怎么学。做父母的一举一动都直接或间接影响小孩子。所以做父母的是怎样的一种人，他们的孩子大概也做怎样的一种人。”社会学习理论认为学前儿童的学习主要通过模仿，家长的言行举止是他们观察学习的主要来源。家长具有较好的文化、道德素养，如与邻居友好相处、遵守社会规范、爱护环境等，就会形成对孩子成长的有利因素。例如，家长利用假期带孩子攀爬长城时，不乱扔废弃物，把垃圾装进随身携带的清洁袋里，有助于增强孩子“爱我长城，保护环境”的意识，提高其社会公德水平。

（三）积极互动交流，造就高质量的陪伴

良好的家庭教育是在家庭互动中进行的。家长和孩子一起游戏、奔跑、感受自然，不武断地终止孩子的游戏，用商量和规则代替呵斥和鲁莽，既能体会到无忧无虑的快乐，又能更加理解孩子，和他们成为朋友，以平等的姿态与孩子对话、交流。这样的互动在很多时候不光是一种游戏、娱乐，更是一种积极的、健康的引导。研究显示，孩子从事的活动如果能得到家长的支持、引导、示范和积极回应，就会增强孩子克服困难的勇气，使其敢于迎接挑战，培养学习品质。可见，家长的陪伴对孩子参与活动至关重要，不仅能满足他们的安全需要，还能给予他们精神上的支持和帮助，让他们明白自己正在进行的活动是好的，是被家长理解的，使他们更愿意参与此类活动，且在参与此类活动时更投入。家长陪伴孩子参与活动还能及时发现孩子在活动参与中遇到的各种问题，通过积极引导可以帮助他们有效地应对这些问题，从而提高他们解决问题的能力。例如，

在与孩子交往的过程中，家长应多鼓励孩子积极主动地与其他对象交往，如果他们只愿意和家长待在一起而不愿意和其他对象接触，就更需要家长以身作则，先主动地与他人交往，再鼓励孩子参与进来。虽然该阶段学前儿童的自我意识开始发展，但更需要成年人事先的引领和帮助。

心理学研究发现，高质量的陪伴才是给孩子最好的爱，高质量的共处时光对双方来讲都是一种美好的回忆。例如，家长与孩子一起参观博物馆时，可以在参观的过程中将看到的展品、知识及背后的故事等融入生活，提高孩子对展品的认知，从而造就一段高质量的亲子时光而非只是一次陪伴的机会。边玉芳认为高质量的陪伴应满足以下 5 个条件：要有时间的保证、要有爱和情感的投入、要一起做有意义的事、不能过度控制和一定要重视父亲的陪伴。实现高质量的陪伴，首先，家长应做到关注但不打扰，不强行改变孩子的行为；其次，家长在陪伴中应真诚且耐心地分享和示范。哈佛大学主持过一项旨在帮助家长在有限的时间里提高陪伴孩子活动质量的项目，研究人员提出了 PEERE 法则：Pause（暂停）——看见孩子的需求；Engage（参与）——加入孩子的行动；Encourage（鼓励）——支持孩子的想法；Reflect（反馈）——与孩子进行真诚地交流；Extend（衍生）——拓宽孩子的视野。参加过这个项目的许多家长发现，在使用 PEERE 法则与孩子进行互动时，哪怕每次互动的时间都非常短，也会取得很好的陪伴效果。因此，家长在和孩子一起参加活动时，应当关注他们的需求、看见他们的情绪，与他们一同在互动中探索和前进。

（四）做好利用社区教育资源实施教育的准备和延伸工作，融入学前儿童的生活

社区内的超市、学校、银行、图书馆、派出所和公共活动区域是社区重要的教育资源，家长应该对这些教育资源进行记录和分类，为孩子进行有计划、有针对性的活动设计。

首先，家长在出行前要做好必要的信息、物质与知识准备。例如，带孩子去博物馆前，家长可以通过搜索引擎或博物馆的官方微博、公众号等了解开馆、闭馆时间和相关注意事项；做好知识准备，结合孩子感兴趣的绘本读物、生活现象，将在博物馆里的所见所闻与孩子的认知、生活联系到一起，可以利用恐龙知识激发孩子的探索欲望和好奇心，让孩子在博物馆里的互动体验区亲自参与互动以增强他们的兴趣。不过，家长需要结合孩子的作息时间控制好参观时间，不要在每个项目前都长时间逗留以至于让孩子深感疲惫，也不要走马观花地逛馆。因为这两种方式既不能让孩子获得良好的参观体验，也无法充分发挥博物馆资源的教育作用。

其次，家长要教给孩子必须要遵守的礼仪。孩子有时之所以会在文化遗址等地方跑来跑去，在音乐厅里大声叫嚷是因为他们没有受到相关的礼仪教育。只要家长事先对孩子进行正确引导并以身作则，他们就会遵守秩序。

最后，家长要做好教育活动的延伸。孩子在大自然、大社会中的经历才是让他们印象最为深刻的，他们的所看、所想、所思都能成为其学习的材料与内容。皮亚杰认为儿童的认知发展是在同化、顺应、平衡中不断转化的，对于儿童学习到的任何经验都要通过在生活中不断的巩固与提高才能达到内化的过程。社区教育资源的价值往往不是通过一两次探索学习活动就可以迅速体现出来的。想真正做到利用社区教育资源对孩子进行全面教育，家长就必须温故而知新，同时要有意识地引导孩子做好教育活动的延伸，无论是总结此次出行的收获，还是为他们讲解相关内容等，都可以让孩子在此过程中形成对博物馆的初步认识，甚至还能为他们搭建适宜的学习框架，加深他们对大社会的认知。目前，不少家长会选择拍照发朋友圈、写日志等作为他们利用社区教育资源对孩子进行教育的活动延伸方式，也有家长会用讲故事、画画、浅谈观后感等方式作为他们参观完场馆或自然环境后的延伸方式，还有家长采取让孩子查阅其感兴趣的知识点作为教育活动延伸的方式之一。教育活动的延伸工作对于学前儿童认知的完整性很重要，他们的认知体系正是通

过不断的循环、认知、探索，再循环、再认知、再探索来丰富完善的。

知识拓展

博物馆行程计划

价值认识：文化熏陶、培养兴趣、认识世界、激发思考。

活动准备：信息、物质、知识、礼仪等，带着问题参观博物馆。

家长要查好开馆、闭馆、活动路线及展览活动等信息；结合家里现有恐龙绘本等自然读物和孩子谈谈相关信息；设置问题，如“你猜猜博物馆内除了恐龙还有哪些动物标本呢？”；进行礼仪教导。

时间：“少食多餐”原则。

家长不要强迫孩子把每个馆都看完，每次参观应有参观重点，让孩子把自己感兴趣的看完即可。

内容种类：多让孩子参与不同的活动内容，在保证孩子安全的情况下尽可能让他们多动手、多体验。家长要和孩子一起参与活动，或在活动中时刻给予孩子关注与互动交流，保证给孩子高质量的陪伴。

延伸：回家后复盘与输出，加深对活动的体验与认知。家长可以和孩子谈谈今天都做了什么，看到了什么，把参观前的问题回顾一下。对于会写字的孩子，家长可以让他写一下感想；对于想画画的孩子，家长可陪同其一起画画，并将画作贴在墙上展示。

思考与实践

1. 什么是社区教育？社区教育有哪些基本特征？
2. 家长开发和利用社区教育资源进行学前儿童教育的原则是什么？
3. 家长可以利用哪些社区教育资源进行学前儿童家庭教育？
4. 家长利用社区教育资源对学前儿童进行家庭教育的方法有哪些？
5. 请你选择一个主题，设计一个利用社区教育资源进行学前儿童家庭教育的活动方案。
6. 结合课程所学，请谈谈你对我国社区学前教育发展的认识。

附录 1

《全国家庭教育指导大纲（修订）》

妇字〔2019〕27 号

为深入贯彻习近平总书记关于家庭教育的重要指示精神，落实全国教育大会精神，按照新时代党和政府对家庭教育以及未成年人思想道德建设工作的部署和要求，进一步深化家庭教育指导服务，提高全国家庭教育总体水平，促进儿童全面健康成长，依据《中华人民共和国宪法》及《中华人民共和国未成年人保护法》等相关法律法规，修订《全国家庭教育指导大纲》（以下简称《大纲》）。

一、适用范围

《大纲》适用于各级各类家庭教育指导机构、相关职能部门、社会团体、宣传媒体和家庭教育指导者，对新婚夫妇、孕妇、18 岁以下儿童家长（父母或其他监护人）开展的家庭教育指导服务行为。

二、指导原则

家庭教育指导是指相关机构和人员为提高家长教育子女能力而提供的专业性支持服务和引导。家庭教育指导工作应坚持以下基本原则。

1. 思想性原则。遵循党的教育方针，以促进儿童全面健康成长为目标，以立德树人为根本任务，通过实施科学的家庭教育指导，推进家庭教育在培养德智体美劳全面发展的社会主义建设者和接班人中发挥重要基础作用。

2. 科学性原则。遵循家庭教育规律，为家长提供科学化、专业化、规范化的指导服务，家庭教育指导机构和指导者应具备相应的专业资质和能力。

3. 儿童为本原则。尊重儿童身心发展规律和个体差异，创设适合儿童成长的必要条件，保护儿童各项权利，促进儿童自然、全面、充分、个性发展。

4. 家长主体原则。确立为家长服务、提供支持的观念，尊重家长意愿，坚持需求导向，调动家长参与的积极性；引导家长注重提升自身素质，注重家庭建设和良好家风传承，促进亲子互动共同提高。

三、核心理念

1. 家庭教育是学校教育和社会教育的基础。家庭是人生的第一所学校，家长是孩子的第一任老师，家庭生活中父母对儿童的教育和影响，对其良好行为习惯、思想品德、价值观的形成，健全人格培养等都具有基础性作用。

2. 家庭教育重在教孩子如何做人。家庭教育要从养成良好习惯开始，逐步培育儿童正确的价值观，培养儿童热爱党、热爱祖国、热爱人民、热爱中华民族，明礼诚信、勤奋自立、友善助人、孝亲敬老等良好思想品德，增强儿童法律意识和社会责任感，使儿童养成好思想、好品德、好习惯、好人格，培养儿童与他人、与社会、与自然和谐相处的能力。

3. 家长是家庭教育的责任主体。家长在家庭教育中负有主体责任，要依法依规履行对子女的监护职责和抚养教育义务，了解监护人法定权利和义务，学习家庭教育知识，掌握家庭教育理念和方法，提升科学实施家庭教育的能力。

4. 家庭教育是家长和儿童共同成长的过程。家长素质是影响家庭教育的重要因素，家长应当努力做到举止文明、情趣健康、敬业进取、言行一致、好学善思，自觉践行社会主义核心价值观，以健康的思想、良好的品行教育影响儿童。

5. 家庭建设是家庭教育的重要保障。家庭要倡导尊老爱幼、夫妻和睦、勤俭持家、亲子平等、邻里团结的家庭美德，创建民主、文明、和睦、稳定的家庭关系。家庭成员要共同构建优秀家庭文化、传承良好家风，为儿童健康成长营造和谐的家庭环境。家长要学会优化家庭生活，为儿童提供健康向上、丰富多彩的活动。

6. 尊重儿童成长规律是家庭教育的前提。儿童期是人生的重要阶段，有其发展规律，家长在实施家庭教育时不能违背儿童成长规律。儿童成长既有共性也有个性，家庭教育要依据儿童成长特点，采取科学的教养方式。

7. 尊重和保护儿童权利是家庭教育的基础。儿童是独立的权利主体，有生命权、健康权和获得基本生活保障的权利，有充分发展其全部体能与智能的权利；有享有国家、社会、学校、家庭保护，不受歧视、虐待和忽视的权利；有参与家庭和社会生活并就影响他们生活的事项发表意见的权利，实施家庭教育要尊重和保护儿童的各项权利。

8. 家庭、学校、社会是促进儿童健康成长的共同体。家长要认识到家校社协同育人的重要意义，主动参与家校社协同教育，尊重教师，理性表达诉求，积极沟通合作，保持开放心态，引导儿童正确认识各种现象，科学合理利用各种教育资源，促进儿童健康成长。

四、分阶段指导内容及要求

儿童发展既有连续性又有阶段性，家庭教育指导服务应依据儿童在不同发展阶段的特点开展。

（一）新婚期及孕期的家庭教育指导要点

1. 做好怀孕准备。鼓励备孕夫妇学习优生优育优教的基本知识，并为新生命的诞生做好思想上、物质上的准备。引导备孕夫妇参加健康教育、健康检查、风险评估、咨询指导等专项服务。对于不孕不育者，引导其科学诊断、对症治疗，并给予心理辅导。

2. 注重孕期保健。指导孕妇掌握优生优育知识，配合医院进行孕期筛查和产前诊断，做到早发现、早干预；避免烟酒、农药、化肥、辐射等化学物理致畸因素，预防病毒、寄生虫等生物致畸因素的影响；科学增加营养，合理作息，适度运动，进行心理调适，促进胎儿健康发育。对于大龄孕妇、有致畸因素接触史的孕妇、怀孕后有疾病的孕妇以及具有其他不利优生因素的孕妇，督促其做好产前医学健康咨询及诊断。

3. 提倡自然分娩。指导孕妇认识自然分娩的益处，科学选择分娩方式；认真做好产前医学检查，并协助舒缓临盆孕妇的焦虑心理。帮助产妇做好情绪调节，预防和妥善应对产后抑郁。

4. 做好育儿准备。指导准家长学习育儿基本知识和方法，购置新生儿生活必备用品和保障母婴健康的基本用品；做好已有子女对新生子女的接纳工作；妥善处理好生育、抚养与家庭生活、职业发展的关系；统一家庭教育观念，营造安全、温馨的家庭环境。

（二）0～3 岁儿童的家庭教育指导

1. 0～3 岁儿童的身心发展特点

这是儿童身心发展最快的时期。儿童的身高和体重迅速增长，神经系统结构发展迅速； 感知觉飞速发展；遵循由头至脚、由大动作至小动作的发展原则，逐步掌握人类行为的基本动作；语言能力迅速发展；表现出一定的交往倾向，乐于探索周围世界；对家长有强烈依赖感；道德发展处于前道德期。

2. 家庭教育指导内容要点

（1）提倡母乳喂养。指导乳母加强乳房保健，在产后尽早用正确的方法哺乳；在睡眠、情绪和健康等方面保持良好状态，科学饮食，增加营养；在母乳不充分的阶段采取科学的混合喂养，适时添加辅食。

（2）鼓励主动学习儿童日常养育和照料的科学知识与方法。引导家长让儿童多看、多听、多运动、多抚触，带领儿童开展适当的运动、游戏，增强儿童体质。指导家长按时为儿童预防接种，培养儿童健康的卫生习惯，注意科学的饮食调配；配合医疗部门完成相关疾病筛查，做好儿童生长发育监测，学会观察儿童，及时发现儿童发展中的异常表现，及早进行干预；学会了解儿童常见病的发病征兆及应对方法，掌握病后护理常识；了解儿童成长的特点和表现，学会倾听、分辨和理解儿童的多种表达方式。

（3）制订生活规则。指导家长了解儿童成长规律及特点，并据此制订日常生活规则，按照规则指导儿童的行为；采用鼓励、表扬等正面教育为主的方法，培养儿童健康生活方式。

（4）丰富儿童感知经验。指导家长创设儿童充分活动的空间与条件，充分利用日常生活环境中的真实物品和现象，让儿童在爬行、观察、听闻、触摸等活动过程中获得各种感知经验，促进感官发展。

（5）关注儿童需求。指导家长为儿童提供抓握、把玩、涂鸦、拆卸等活动的机会、工具和材料，用多种形式发展儿童的小肌肉精细动作和大肌肉活动能力；分享儿童的快乐，满足儿童好奇、好玩的认知需要，激发儿童想象力和好奇心。

（6）提供言语示范。指导家长为儿童创设宽松愉快的语言交往环境，通过表情、肢体、语言等多种方式与儿童交流；提高自身语言表达素养，为儿童提供良好的言语示范；为儿童的语言学习提供丰富的机会，运用多种方法鼓励儿童表达；积极回应儿童，鼓励儿童之间的模仿和交流。

（7）提高安全意识。提高家长有效看护意识和技能，指导家长消除居室和周边环境中的危险性因素，防止儿童意外伤害发生。

（8）加强亲子陪伴。指导家长认识到陪伴对于儿童成长的重要性，学会建立良好的亲子依恋关系，不用电子产品代替家长陪伴儿童，多与儿童一起进行亲子阅读；学习亲子沟通的技巧，与儿童建立开放的沟通模式；关注、尊重、理解儿童的情绪，合理对待儿童过度情绪化行为，有针对性地实施适合儿童个性的教养策略，培育儿童良好情绪；处理好多子女家庭的亲子关系、子女间的关系，让每个儿童都得到健康发展。

（9）重视发挥家庭各成员角色的作用。指导家长积极发挥父亲在家庭教育中的作用；了解父辈祖辈联合教养的正面价值，适度发挥祖辈参与的作用；引导祖辈树立正确的教养理念。

（10）做好入园准备。指导家长认识儿童社会性发展的重要性，珍视幼儿园教育的价值。入园前，指导家长有意识地培养儿童一定的生活自理能力及对简单规则的理解能力；入园后，指导家长与幼儿园教师积极沟通，共同帮助儿童适应入托环境，平稳度过入园分离焦虑期。

（三）3～6岁儿童的家庭教育指导

1. 3～6岁儿童的身心发展特点

这是儿童身心快速发展的时期。儿童的身高和体重稳步增长，大脑、神经、动作技能等获得长足的进步；自我独立意识增强，开始表现出一定兴趣、爱好、脾气等个性倾向；初步具备自我情绪调节能力；愿意与同伴交往，乐于分享；学习能力开始发展，语言表达能力强；依恋家长，会产生分离焦虑；处于道德他律期，独立性、延迟满足能力、自信心都有所发展。

2. 家庭教育指导内容要点

（1）积极带领儿童感知家乡与祖国的美好。指导家长通过和儿童一起外出游玩、观看影视文化作品等多种形式，了解有关家乡、祖国各地的风景名胜、著名建筑、独特物产等；适时向儿童介绍国旗、国歌、国徽的含义，带领儿童观看升国旗、奏国歌等仪式，培育儿童对家乡和祖国的朴素情感。

（2）引导儿童关心、尊重他人，学会交往。指导家长培养儿童尊重长辈、关心同伴的美德；关注儿童日常交往行为，对儿童的交往态度、行为及时提供帮助和辅导；结合实际情境，帮助儿童理解他人的情绪，了解他人的需要，做出适当的回应；引导儿童学会接纳差异，关注他人的感受；培养儿童多方面的兴趣、爱好和特长，增强儿童与人交往的自信心；经常带儿童接触不同的人际环境，为儿童创造交往机会，帮助儿童学会与同伴相处。

（3）培养儿童规则意识，增强社会适应性。指导家长结合儿童生活实际，为儿童制订日常生活规范、游戏规范、交往规范，遵守家庭基本礼仪；要求儿童完成力所能及的任务，培养责任感和认真负责的态度；有意识地带儿童走出家庭，接触丰富的社会环境，提高社会适应性；在儿童遇到困难时以鼓励、疏导的方式给予必要的帮助与支持。

（4）加强儿童营养保健和体育锻炼。指导家长积极带领儿童开展体育活动；根据儿童的个人特点，寻找科学合理又能被儿童接受的膳食方式；科学搭配儿童饮食，做到营养均衡、比例适当、饮食定量、调配得当；科学管理儿童的体重，学习关于儿童营养的科学知识；与儿童一起制订合理的家庭生活作息制度，培养儿童良好的生活和卫生习惯；定期带儿童做健康检查。

（5）丰富儿童感性经验。指导家长重视生活的教育价值，为儿童创设丰富的教育环境，带领儿童关心周围事物及现象，多开展接触大自然的户外活动，参观科技馆、博物馆、美术馆等，开阔儿童的眼界，丰富儿童的感性经验；尊重和保护儿童的好奇心和学习兴趣，支持和满足儿童通过直接感知、实际操作和亲身体验获取经验的需要，避免开展超出儿童认知能力的超前教育和强化训练。

（6）提高安全意识。指导家长尽可能消除居室和周边环境中的危险性因素；结合儿童的生活和学习，在共同参与的过程中对儿童实施安全教育；重视儿童的体能素质，提高其自我保护能力，减少儿童伤害。

（7）培养儿童生活自理能力和劳动意识。指导家长鼓励儿童做力所能及的事，学习和掌握基本的生活自理方法，参与简单的家务劳动，在生活点滴中启发儿童的劳动意识，保护儿童的劳动兴趣。

（8）科学做好入学准备。指导家长重视儿童幼儿园与小学过渡期的衔接适应，充分尊重和保护儿童的好奇心和学习兴趣，帮助儿童形成良好的任务意识、规则意识、时间观念，学会控制情绪，能正确表达自己的主张，逐步培育儿童通过沟通解决同伴问题的意识和能力；坚决抵制和摒弃让儿童提前学习小学课程和教育内容的错误倾向。

（四）6～12岁儿童的家庭教育指导

1. 6～12岁儿童的身心发展特点

这一阶段儿童的生理发展处在相对平稳、均衡的时期，入学学习是儿童生活中的一个重大转折。儿童的身高和体重加速发展；大脑仍在持续快速发展，以具体思维为主，逐步向抽象思维过渡；情绪总体稳定，偶有较大波动；个人气质更加明显；能逐步客观进行自我评价，注重权威评价；社会交往能力增强，开始有较为稳定的同伴关系；学习能力逐步提高，学习策略逐步完善；自理能力增强。

2. 家庭教育指导内容要点

（1）培养儿童朴素的爱国情感。指导家长重视优秀传统文化的价值，了解家乡特色习俗和中华民族的共同习俗，过好中国传统节日和现代公共节日；开展家国情怀教育，多给儿童讲述仁人志士的故事、中华民族传统美德、国家发展的成就等；指导儿童写好中国字，说好中国话；初步了解优秀传统文化的内涵，培养儿童作为中华民族一员的归属感和自豪感。

（2）提升儿童道德修养。指导家长提升自身道德修养，处处为儿童做表率，结合身边的道德榜样和通俗易懂的道德故事，培养儿童良好的道德行为习惯；创设健康向上的家庭氛围；与学校、社会形成合力，净化家庭和社会文化环境；从大处着眼，从小事入手，及时抓住日常生活事件教育儿童孝敬长辈、尊敬老师，学会感恩、帮助他人，诚实为人、诚信做事。

（3）培养儿童珍惜生命、尊重自然的意识。指导家长将生命教育纳入生活实践中，带领儿童认识自然界的生命现象，帮助儿童建立热爱生命、珍惜生命、呵护生命的意识；抓住日常生活事件，增长儿童居家出行的自我保护意识及基本的自救知识与技能；引导儿童树立尊重自然、顺应自然、保护自然的发展理念，养成勤俭节约、低碳环保的生活习惯。

（4）培养儿童良好的学习习惯。指导家长注重儿童学习兴趣的培养，保护和开发儿童的好奇心，鼓励儿童的探索行为；引导儿童形成按时独立完成任务、及时总结、不懂善问的习惯，成为学习的主人；正确对待儿童的学习成绩，设置合理期望，不盲目攀比；用全面和发展的眼光看待、评价儿童，增强儿童学习信心。

（5）培养儿童健康的生活习惯。指导家长科学安排儿童的饮食，引导儿童养成健康的饮食习惯；培养儿童关注个人卫生和环境卫生，养成良好的卫生习惯；培养儿童良好作息习惯，保证儿童睡眠充足，每日睡足10小时；为儿童提供良好的学习环境，注意用眼卫生并定期检查视力；养成科学用耳习惯，控制耳机等娱乐性噪声接触，定期检查听力；引导并督促儿童坚持开展体育锻炼，培养一两项能够终身受益的体育爱好；配合卫生部门定期做好儿童健康监测。

（6）培养儿童的劳动习惯。指导家长正确认识劳动对儿童成长的价值；坚持从细微处入手，提高儿童的生活自理能力，养成生活自理的习惯；给儿童创造劳动的机会，教授儿童一定的劳动技能，培养劳动热情，树立劳动创造价值的观念；根据儿童的年龄特征、性别差异、身体状况等特点，安排适度的劳动内容、时间和强度，做好劳动保护；让儿童了解家庭收支状况，适度参与家庭财务预算，视家庭经济状况和儿童的年龄给适量的零用钱，引导儿童合理支配零用钱，形成正确的消费意识。

（7）积极参与家校社协同教育。指导家长主动与学校沟通联系，了解儿童在学校的学习、生活情况，与学校共同完成相应的教育活动，提高儿童的学习效果；参与学校的家长委员会、家长学校、家长会活动以及亲子活动等，自觉接受家庭教育指导；积极参与学校管理，主动根据需要联系社会资源，与学校共创良好育人环境。

（五）12～15岁儿童的家庭教育指导

1. 12～15岁儿童的身心发展特点

这是儿童从童年向成年的过渡期。儿童的生殖器官逐步发育，出现性冲动和性好奇；整体身体素质好；大脑发展迅速，抽象思维能力增强，记忆和观察水平不断提高；自尊心强，重视外表，建立自我同一性成为本阶段儿童最重要的任务；情绪波动大，敏感易怒，容易有挫折感，情感内隐；易和家长产生冲突；重视同伴交往及其评价，对父母依恋减少；责任心增强，自我控制能力有明显发展。

2. 家庭教育指导内容要点

（1）重视价值观教育。指导家长理解、践行社会主义核心价值观，以身作则，为儿童树立榜样；结合发生在家庭、学校和社会的事件开展价值观教育，培育儿童正确的思想观念和价值取向；通过儿童喜闻乐见的方式，讲好中国故事，用爱国主义激发儿童的梦想，让儿童能够结合自己的现实和未来，自觉践行爱国、敬业、诚信、友善等价值准则；让儿童学习正确认识与分析问题，分辨是非。

（2）重视儿童青春期人格发展。指导家长认识青春期儿童发展特征，不断调整教养方式；帮助儿童悦纳自我；尊重儿童自主意愿，鼓励儿童独立思考与理性表；培养儿童应对挫折适应环境的能力和坚毅品格；引导儿童以合理的方式宣泄情绪，积极调控心理，自主自助，预防和克服各种可能产生的青春期心理障碍；正确对待儿童 “叛逆” 行为。

（3）增强儿童学习动力。指导家长帮助儿童树立正确的学习目标，将学习的外在动力转化为内在动力；培养儿童勤奋学习、持续学习的意志力；重视儿童学习方法和学习习惯的养成，帮助儿童形成制订合理的学习计划的能力；指导儿童正确应对学习压力，克服考试焦虑，在儿童考试受挫时鼓励儿童。

（4）提高儿童信息素养。指导家长正确认识媒介对儿童的影响，掌握必要的信息知识与方法；了解儿童使用各种媒介的情况，培养儿童对信息的是非辨别能力和加工能力；鼓励儿童在使用网络等媒介的过程中学会自我保护、自我尊重、自我发展；丰富儿童生活，规范上网行为，预防网络依赖；了解网络沉溺标准，能够在专业机构和人员的帮助下，指导儿童戒除网络沉溺行为。

（5）对儿童进行性教育。指导家长充分了解青春期生理卫生知识，对儿童开展适时、适度的性教育，让儿童了解必要的青春期知识，认识并适应身体的生理变化；开展科学的性心理辅导，对儿童进行与异性交往的指导；加强对儿童的性道德教育，帮助儿童认识到对性健康和生殖健康应当采取负责任的态度和行为。

（6）构建良好的亲子关系。指导家长与儿童平等相处，理解儿童自主愿望，保护儿童隐私权；学会倾听儿童的意见和感受，学会尊重、欣赏、认同和分享儿童的想法；学会运用民主、宽容的语言和态度对待儿童，促进良性亲子沟通。

（7）重视生涯规划指导。指导家长正确认识自己的孩子，帮助儿童客观认识自我，勇于面对现实，保持信心；支持儿童参与志愿服务、研学等社会实践活动，协同学校合理安排儿童进行一定的农业生产、工业体验、服务业实习等劳动实践，引导儿童加深对各种职业的了解；协助儿童综合分析学业水平、兴趣爱好，并根据个性特征合理规划未来；宽容对待儿童在做自我选择时与家长的分歧。

（六）15～18 岁儿童的家庭教育指导要点

1. 15～18 岁儿童的身心发展特点

这一阶段的儿童已经进入青春中后期。儿童在外貌上与成年人接近，身体各器官逐步发育成熟，发育进入相对稳定期；认知结构的完整体系基本形成，抽象逻辑思维占据优势地位；情绪不稳定，情感内隐，易感到孤独；重视同性和异性的友谊，并可能萌发爱慕感情；自制力和意志力增强但仍不成熟；独立性强，有决断力；观察力、联想能力迅速发展。

2. 家庭教育指导内容要点

（1）引导儿童树立国家意识。指导家长引导儿童树立国家意识，增强儿童的公民意识和社会责任感，关注社会发展，将个人理想与国家需要相结合，认识国家前途、命运与个人价值实现的统一关系，学会将个人理想与国家的发展、现实的奋斗相结合。

（2）培养儿童法治观念。指导家长加强法律知识学习，正确理解自由、平等、公正、法治的内在含义及其要求，成为儿童尊法、学法、守法、用法的榜样；掌握家庭法治教育的内容和方法，引导儿童树立权利与义务相统一的观念，养成尊法守法的行为习惯，学会在法律和规则框架内实现个人的自由意；与儿童建立民主、平等的关系，切实维护儿童权益。

（3）提高儿童交往合作能力。指导家长根据该年龄段儿童个性特点，引导儿童积极开展社交活动和正常的异性交往；以性道德、性责任、性健康、预防和拒绝不安全性行为为重点，开展性教育；对有恋爱行为的儿童，给予正确引导；鼓励儿童在集体生活中锻炼自己，学会与人相处，体验与人合作的快乐；帮助儿童学会宽容待人，正确对待友谊；了解校园欺凌行为的性质、特点及家校合作的基本处理方法。

（4）培养儿童的责任意识。指导家长通过召开家庭会议等形式，与儿童平等、开放地讨论家庭事务，共同分担家庭的责任和义务，培养儿童的家庭责任感；引导儿童树立社会责任感，正确处理个人与自我、与他人、与社会的关系，勇于承担责任。

（5）加强儿童美育。指导家长培养儿童正确的审美观，具有发现美、欣赏美、表现美的能力；让儿童接触、欣赏自然美，培养热爱自然环境、热爱祖国美好河山的情感；欣赏文学和艺术，发展想象和表现美的能力；明确内在美与外在美的关系，理解劳动能创造美；加强自身修养，践行文明礼仪；增强对个性美的感受，提高自我评价能力，形成文明健康的生活方式。

（6）指导儿童以平常心对待升学。指导家长在迎考期间保持正常、有序的家庭生活，科学、合理安排生活作息，保证儿童劳逸结合，身心愉快；保持适度期待，鼓励儿童树立自信心，以平常心面对考试；为儿童选择志愿提供参考意见，并尊重儿童对自身的未来规划与发展意愿。

（七）特殊家庭、特殊儿童的家庭教育指导

帮助家长了解国家对特殊儿童及相应家庭的支持政策，引导家长接受儿童的身心状况及家庭现状，调整心态，合理期望；学会获取社会公共服务。

1. 特殊家庭的家庭教育指导

（1）离异和重组家庭的家庭教育指导。引导家长正确认识和处理婚姻存续与教养职责之间的关系，对儿童的教养责任不因夫妻离异而撤销，父母不能以离异为理由拒绝履行家庭教育的职责。指导家长学会调节和控制情绪，不在儿童面前流露对离异配偶的不满，避免将自身婚姻失败与情感压力迁怒于儿童；不简单粗暴或者无原则地迁就、溺爱儿童；强化非监护方的父母角色与责任，增强履职意识与能力，定期让非监护方与儿童见面，强化儿童心目中父（母）亲的形象和情感；调动亲戚、朋友中的性别资源给儿童适当的影响，帮助其性别角色充分发展。指导重组家庭的夫

妇多关心、帮助和亲近儿童，减轻儿童的心理压力，帮助儿童正视现实；对双方子女一视同仁；加强家庭成员间的沟通，创设平和、融洽的家庭氛围。

（2）农村留守儿童的家庭教育指导。指导农村留守儿童家长增强父母是家庭教育和儿童监护责任主体的意识，依法依规履行家长义务，承担起对农村留守儿童监护和抚养教育的责任，确保农村留守儿童得到妥善监护照料、亲情关爱和家庭温暖。让家长了解陪伴对于儿童成长的价值，劝导家长尽量有一方在家照顾儿童，有条件的家长尤其是0～3岁儿童母亲要把儿童带在身边，尽可能保证儿童早期身心呵护、母乳喂养的正常进行。指导农村留守儿童家长或被委托监护人重视儿童教育，多与儿童交流沟通，对儿童的道德发展和精神需求给予充分关注。

（3）流动人口家庭的家庭教育指导。鼓励家长勇敢面对陌生环境和生活困难，为儿童创造良好的生活环境；处理好家庭成员之间的关系，为儿童创设宽松的心理环境；多与儿童交流，帮助儿童适应新的环境，了解儿童对于新环境的适应情况；与学校加强联系，共同为儿童创造良好的学习环境。

（4）服刑人员家庭的家庭教育指导。指导监护人多关爱儿童；善于发现儿童的优点，用教育力量和爱心培养儿童的自尊心；信任儿童，并引导儿童调整心态，保证心理健康；定期带儿童探望父 （母），满足儿童思念之情；与学校积极联系，共同为儿童成长创造良好环境。

2. 特殊儿童的家庭教育指导

（1）智力障碍儿童的家庭教育指导。指导家长树立医教结合的观念，引导儿童听从医生指导，拟定个别化医疗和教育训练计划；通过积极的早期干预措施改善障碍状况，并培养儿童社会适应能力；引导家长坚定信心、以身作则，重视儿童的日常生活规范训练，并循序渐进、持之以恒。

（2）听力障碍儿童的家庭教育指导。指导家长积极寻求早期干预，主动参与儿童语训，在专业人士协助下制定培养方案，充分利用游戏的价值，重视同伴交往的作用，发展儿童听力技能和语言交往技能，不断改善儿童社会交往环境，逐步提高儿童的社会适应能力；加强对儿童的认知训练、理解力训练、运动训练和情绪训练。

（3）视觉障碍儿童的家庭教育指导。指导家长及早干预，根据不同残障程度发展儿童的听觉和触觉，以耳代目、以手代目，提升缺陷补偿。对于低视力儿童，指导家长鼓励儿童运用余视力学习和活动，提高有效视觉功能。对于全盲儿童，指导家长训练其定向行走能力，增加其与外界接触机会，增强其交往能力。

（4）肢体残障儿童的家庭教育指导。指导家长早期积极借助医学技术加强干预和矫正，使其降低残障程度，提高活动机能；营造良好家庭氛围，用乐观向上的心态感染儿童；鼓励儿童正视现实、积极面对困难；教育儿童通过自己的努力，积极寻求解决问题的方法，以获取信心。

（5）精神心理障碍儿童的家庭教育指导。引导家长营造良好家庭氛围，给予儿童足够的关爱；加强与儿童的沟通与交流，避免儿童遭受不良生活的刺激；支持、尊重和鼓励儿童，多向儿童表达积极情感；多给儿童创造与伙伴交往的机会，培养儿童集体意识，减少其心理不良因素；积极寻求专业帮助，通过早期干预改善疾病状况，提升儿童社会适应能力和生活自理能力，促进疾病康复。

（6）智优儿童的家庭教育指导。引导家长深入了解儿童的潜力与才能，正确、全面地评估儿童；从儿童的性格、气质、兴趣、能力、外部条件等实际出发，因材施教，循序渐进地开发儿童智力，发展儿童特长；坚持德智体美劳全面发展，提高儿童的综合素质；正确对待儿童的荣誉，引导儿童正确认识自己和他人，鼓励儿童在人群中平等交流与生活。

五、保障措施

1. 加强组织领导。各地各相关部门要高度重视，加强对《大纲》实施工作的领导，在组织开展社会宣传、理论研究、教材开发、骨干培训、工作督导评估时，都要以《大纲》为依据和框架。同时要引导和帮助家庭教育指导机构和指导者根据《大纲》要求开展家庭教育指导工作。

2. 明确职责分工。各地各相关部门要结合地方实际和部门职能，统筹制定实施计划，指导所属家庭教育指导机构按照《大纲》内容开展家庭教育支持服务工作。

3. 注重资源整合。各地各相关部门要加大家庭教育指导工作经费的投入，争取将家庭教育指导纳入地方财政预算或相关民生工程。要统筹各方面力量，完善共建机制，形成政府、学校、家庭、社会密切配合的家庭教育社会支持网络。

4. 加强理论研究。各地各相关部门要指导推动各级各类家庭教育研究会（学会）以及高校、科研机构加强家庭教育理论研究，在《大纲》框架下，组织研发指导教材等服务产品、制定监测评估标准等，推动加快家庭教育学科建设，努力构建家庭教育理论和学科体系。

5. 抓好队伍建设。各地各相关部门要按照《大纲》要求，对家庭教育指导者、家庭教育工作骨干、中小学幼儿园教师、托育服务机构工作人员等加强系统化的专业知识培训，提升家庭教育指导服务队伍的专业化水平，形成专兼结合、具备指导能力的家庭教育指导工作队伍。

6. 培育社会组织。各地各相关部门要加强家庭教育指导的专业社会组织的培育与孵化。以项目制的方式开展培训与资源整合，鼓励社会组织进驻社区开展家庭教育指导，让家长享受到家门口的专业家庭教育指导与咨询。

7. 扩大社会宣传。各地各相关部门要通过多种渠道，大力宣传《大纲》主要内容和实践要求，使正确的家庭教育理念和科学的家庭教育知识深入人心，为家庭教育工作开展营造良好的社会氛围。

附录2

《中华人民共和国家庭教育促进法》

（2021年10月23日第十三届全国人民代表大会常务委员会第三十一次会议通过）

第一章　总则

第一条　为了发扬中华民族重视家庭教育的优良传统，引导全社会注重家庭、家教、家风，增进家庭幸福与社会和谐，培养德智体美劳全面发展的社会主义建设者和接班人，制定本法。

第二条　本法所称家庭教育，是指父母或者其他监护人为促进未成年人全面健康成长，对其实施的道德品质、身体素质、生活技能、文化修养、行为习惯等方面的培育、引导和影响。

第三条　家庭教育以立德树人为根本任务，培育和践行社会主义核心价值观，弘扬中华民族优秀传统文化、革命文化、社会主义先进文化，促进未成年人健康成长。

第四条　未成年人的父母或者其他监护人负责实施家庭教育。

国家和社会为家庭教育提供指导、支持和服务。

国家工作人员应当带头树立良好家风，履行家庭教育责任。

第五条　家庭教育应当符合以下要求：

（一）尊重未成年人身心发展规律和个体差异；

（二）尊重未成年人人格尊严，保护未成年人隐私权和个人信息，保障未成年人合法权益；

（三）遵循家庭教育特点，贯彻科学的家庭教育理念和方法；

（四）家庭教育、学校教育、社会教育紧密结合、协调一致；

（五）结合实际情况采取灵活多样的措施。

第六条　各级人民政府指导家庭教育工作，建立健全家庭学校社会协同育人机制。县级以上人民政府负责妇女儿童工作的机构，组织、协调、指导、督促有关部门做好家庭教育工作。

教育行政部门、妇女联合会统筹协调社会资源，协同推进覆盖城乡的家庭教育指导服务体系建设，并按照职责分工承担家庭教育工作的日常事务。

县级以上精神文明建设部门和县级以上人民政府公安、民政、司法行政、人力资源和社会保障、文化和旅游、卫生健康、市场监督管理、广播电视、体育、新闻出版、网信等有关部门在各自的职责范围内做好家庭教育工作。

第七条　县级以上人民政府应当制定家庭教育工作专项规划，将家庭教育指导服务纳入城乡公共服务体系和政府购买服务目录，将相关经费列入财政预算，鼓励和支持以政府购买服务的方式提供家庭教育指导。

第八条 人民法院、人民检察院发挥职能作用，配合同级人民政府及其有关部门建立家庭教育工作联动机制，共同做好家庭教育工作。

第九条 工会、共产主义青年团、残疾人联合会、科学技术协会、关心下一代工作委员会以及居民委员会、村民委员会等应当结合自身工作，积极开展家庭教育工作，为家庭教育提供社会支持。

第十条 国家鼓励和支持企业事业单位、社会组织及个人依法开展公益性家庭教育服务活动。

第十一条 国家鼓励开展家庭教育研究，鼓励高等学校开设家庭教育专业课程，支持师范院校和有条件的高等学校加强家庭教育学科建设，培养家庭教育服务专业人才，开展家庭教育服务人员培训。

第十二条 国家鼓励和支持自然人、法人和非法人组织为家庭教育事业进行捐赠或者提供志愿服务，对符合条件的，依法给予税收优惠。

国家对在家庭教育工作中做出突出贡献的组织和个人，按照有关规定给予表彰、奖励。

第十三条 每年5月15日国际家庭日所在周为全国家庭教育宣传周。

第二章 家庭责任

第十四条 父母或者其他监护人应当树立家庭是第一个课堂、家长是第一任老师的责任意识，承担对未成年人实施家庭教育的主体责任，用正确思想、方法和行为教育未成年人养成良好思想、品行和习惯。

共同生活的具有完全民事行为能力的其他家庭成员应当协助和配合未成年人的父母或者其他监护人实施家庭教育。

第十五条 未成年人的父母或者其他监护人及其他家庭成员应当注重家庭建设，培育积极健康的家庭文化，树立和传承优良家风，弘扬中华民族家庭美德，共同构建文明、和睦的家庭关系，为未成年人健康成长营造良好的家庭环境。

第十六条 未成年人的父母或者其他监护人应当针对不同年龄段未成年人的身心发展特点，以下列内容为指引，开展家庭教育：

（一）教育未成年人爱党、爱国、爱人民、爱集体、爱社会主义，树立维护国家统一的观念，铸牢中华民族共同体意识，培养家国情怀；

（二）教育未成年人崇德向善、尊老爱幼、热爱家庭、勤俭节约、团结互助、诚信友爱、遵纪守法，培养其良好社会公德、家庭美德、个人品德意识和法治意识；

（三）帮助未成年人树立正确的成才观，引导其培养广泛兴趣爱好、健康审美追求和良好学习习惯，增强科学探索精神、创新意识和能力；

（四）保证未成年人营养均衡、科学运动、睡眠充足、身心愉悦，引导其养成良好生活习惯和行为习惯，促进其身心健康发展；

（五）关注未成年人心理健康，教导其珍爱生命，对其进行交通出行、健康上网和防欺凌、防溺水、防诈骗、防拐卖、防性侵等方面的安全知识教育，帮助其掌握安全知识和技能，增强其自我保护的意识和能力；

（六）帮助未成年人树立正确的劳动观念，参加力所能及的劳动，提高生活自理能力和独立生活能力，养成吃苦耐劳的优秀品格和热爱劳动的良好习惯。

第十七条 未成年人的父母或者其他监护人实施家庭教育，应当关注未成年人的生理、心理、智力发展状况，尊重其参与相关家庭事务和发表意见的权利，合理运用以下方式方法：

（一）亲自养育，加强亲子陪伴；
（二）共同参与，发挥父母双方的作用；
（三）相机而教，寓教于日常生活之中；
（四）潜移默化，言传与身教相结合；
（五）严慈相济，关心爱护与严格要求并重；
（六）尊重差异，根据年龄和个性特点进行科学引导；
（七）平等交流，予以尊重、理解和鼓励；
（八）相互促进，父母与子女共同成长；
（九）其他有益于未成年人全面发展、健康成长的方式方法。

第十八条 未成年人的父母或者其他监护人应当树立正确的家庭教育理念，自觉学习家庭教育知识，在孕期和未成年人进入婴幼儿照护服务机构、幼儿园、中小学校等重要时段进行有针对性的学习，掌握科学的家庭教育方法，提高家庭教育的能力。

第十九条 未成年人的父母或者其他监护人应当与中小学校、幼儿园、婴幼儿照护服务机构、社区密切配合，积极参加其提供的公益性家庭教育指导和实践活动，共同促进未成年人健康成长。

第二十条 未成年人的父母分居或者离异的，应当相互配合履行家庭教育责任，任何一方不得拒绝或者怠于履行；除法律另有规定外，不得阻碍另一方实施家庭教育。

第二十一条 未成年人的父母或者其他监护人依法委托他人代为照护未成年人的，应当与被委托人、未成年人保持联系，定期了解未成年人学习、生活情况和心理状况，与被委托人共同履行家庭教育责任。

第二十二条 未成年人的父母或者其他监护人应当合理安排未成年人学习、休息、娱乐和体育锻炼的时间，避免加重未成年人学习负担，预防未成年人沉迷网络。

第二十三条 未成年人的父母或者其他监护人不得因性别、身体状况、智力等歧视未成年人，不得实施家庭暴力，不得胁迫、引诱、教唆、纵容、利用未成年人从事违反法律法规和社会公德的活动。

第三章 国家支持

第二十四条 国务院应当组织有关部门制定、修订并及时颁布全国家庭教育指导大纲。

省级人民政府或者有条件的设区的市级人民政府应当组织有关部门编写或者采用适合当地实际的家庭教育指导读本，制定相应的家庭教育指导服务工作规范和评估规范。

第二十五条 省级以上人民政府应当组织有关部门统筹建设家庭教育信息化共享服务平台，开设公益性网上家长学校和网络课程，开通服务热线，提供线上家庭教育指导服务。

第二十六条 县级以上地方人民政府应当加强监督管理，减轻义务教育阶段学生作业负担和校外培训负担，畅通学校家庭沟通渠道，推进学校教育和家庭教育相互配合。

第二十七条 县级以上地方人民政府及有关部门组织建立家庭教育指导服务专业队伍，加强对专业人员的培养，鼓励社会工作者、志愿者参与家庭教育指导服务工作。

第二十八条 县级以上地方人民政府可以结合当地实际情况和需要，通过多种途径和方式确定家庭教育指导机构。

家庭教育指导机构对辖区内社区家长学校、学校家长学校及其他家庭教育指导服务站点进行指导，同时开展家庭教育研究、服务人员队伍建设和培训、公共服务产品研发。

第二十九条 家庭教育指导机构应当及时向有需求的家庭提供服务。

对于父母或者其他监护人履行家庭教育责任存在一定困难的家庭，家庭教育指导机构应当根据具体情况，与相关部门协作配合，提供有针对性的服务。

第三十条 设区的市、县、乡级人民政府应当结合当地实际采取措施，对留守未成年人和困境未成年人家庭建档立卡，提供生活帮扶、创业就业支持等关爱服务，为留守未成年人和困境未成年人的父母或者其他监护人实施家庭教育创造条件。

教育行政部门、妇女联合会应当采取有针对性的措施，为留守未成年人和困境未成年人的父母或者其他监护人实施家庭教育提供服务，引导其积极关注未成年人身心健康状况、加强亲情关爱。

第三十一条 家庭教育指导机构开展家庭教育指导服务活动，不得组织或者变相组织营利性教育培训。

第三十二条 婚姻登记机构和收养登记机构应当通过现场咨询辅导、播放宣传教育片等形式，向办理婚姻登记、收养登记的当事人宣传家庭教育知识，提供家庭教育指导。

第三十三条 儿童福利机构、未成年人救助保护机构应当对本机构安排的寄养家庭、接受救助保护的未成年人的父母或者其他监护人提供家庭教育指导。

第三十四条 人民法院在审理离婚案件时，应当对有未成年子女的夫妻双方提供家庭教育指导。

第三十五条 妇女联合会发挥妇女在弘扬中华民族家庭美德、树立良好家风等方面的独特作用，宣传普及家庭教育知识，通过家庭教育指导机构、社区家长学校、文明家庭建设等多种渠道组织开展家庭教育实践活动，提供家庭教育指导服务。

第三十六条 自然人、法人和非法人组织可以依法设立非营利性家庭教育服务机构。

县级以上地方人民政府及有关部门可以采取政府补贴、奖励激励、购买服务等扶持措施，培育家庭教育服务机构。

教育、民政、卫生健康、市场监督管理等有关部门应当在各自职责范围内，依法对家庭教育服务机构及从业人员进行指导和监督。

第三十七条 国家机关、企业事业单位、群团组织、社会组织应当将家风建设纳入单位文化建设，支持职工参加相关的家庭教育服务活动。

文明城市、文明村镇、文明单位、文明社区、文明校园和文明家庭等创建活动，应当将家庭教育情况作为重要内容。

第四章 社会协同

第三十八条 居民委员会、村民委员会可以依托城乡社区公共服务设施，设立社区家长学校等家庭教育指导服务站点，配合家庭教育指导机构组织面向居民、村民的家庭教育知识宣传，为未成年人的父母或者其他监护人提供家庭教育指导服务。

第三十九条 中小学校、幼儿园应当将家庭教育指导服务纳入工作计划，作为教师业务培训的内容。

第四十条 中小学校、幼儿园可以采取建立家长学校等方式，针对不同年龄段未成年人的特点，定期组织公益性家庭教育指导服务和实践活动，并及时联系、督促未成年人的父母或者其他监护人参加。

第四十一条 中小学校、幼儿园应当根据家长的需求，邀请有关人员传授家庭教育理念、知识和方法，组织开展家庭教育指导服务和实践活动，促进家庭与学校共同教育。

第四十二条 具备条件的中小学校、幼儿园应当在教育行政部门的指导下，为家庭教育指导服务站点开展公益性家庭教育指导服务活动提供支持。

第四十三条 中小学校发现未成年学生严重违反校规校纪的，应当及时制止、管教，告知其父母或者其他监护人，并为其父母或者其他监护人提供有针对性的家庭教育指导服务；发现未成年学生有不良行为或者严重不良行为的，按照有关法律规定处理。

第四十四条 婴幼儿照护服务机构、早期教育服务机构应当为未成年人的父母或者其他监护人提供科学养育指导等家庭教育指导服务。

第四十五条 医疗保健机构在开展婚前保健、孕产期保健、儿童保健、预防接种等服务时，应当对有关成年人、未成年人的父母或者其他监护人开展科学养育知识和婴幼儿早期发展的宣传和指导。

第四十六条 图书馆、博物馆、文化馆、纪念馆、美术馆、科技馆、体育场馆、青少年宫、儿童活动中心等公共文化服务机构和爱国主义教育基地每年应当定期开展公益性家庭教育宣传、家庭教育指导服务和实践活动，开发家庭教育类公共文化服务产品。

广播、电视、报刊、互联网等新闻媒体应当宣传正确的家庭教育知识，传播科学的家庭教育理念和方法，营造重视家庭教育的良好社会氛围。

第四十七条 家庭教育服务机构应当加强自律管理，制定家庭教育服务规范，组织从业人员培训，提高从业人员的业务素质和能力。

第五章 法律责任

第四十八条 未成年人住所地的居民委员会、村民委员会、妇女联合会，未成年人的父母或者其他监护人所在单位，以及中小学校、幼儿园等有关密切接触未成年人的单位，发现父母或者其他监护人拒绝、怠于履行家庭教育责任，或者非法阻碍其他监护人实施家庭教育的，应当予以批评教育、劝诫制止，必要时督促其接受家庭教育指导。

未成年人的父母或者其他监护人依法委托他人代为照护未成年人，有关单位发现被委托人不依法履行家庭教育责任的，适用前款规定。

第四十九条 公安机关、人民检察院、人民法院在办理案件过程中，发现未成年人存在严重不良行为或者实施犯罪行为，或者未成年人的父母或者其他监护人不正确实施家庭教育侵害未成年人合法权益的，根据情况对父母或者其他监护人予以训诫，并可以责令其接受家庭教育指导。

第五十条 负有家庭教育工作职责的政府部门、机构有下列情形之一的，由其上级机关或者主管单位责令限期改正；情节严重的，对直接负责的主管人员和其他直接责任人员依法予以处分：

（一）不履行家庭教育工作职责；

（二）截留、挤占、挪用或者虚报、冒领家庭教育工作经费；

（三）其他滥用职权、玩忽职守或者徇私舞弊的情形。

第五十一条 家庭教育指导机构、中小学校、幼儿园、婴幼儿照护服务机构、早期教育服务机构违反本法规定，不履行或者不正确履行家庭教育指导服务职责的，由主管部门责令限期改正；情节严重的，对直接负责的主管人员和其他直接责任人员依法予以处分。

第五十二条 家庭教育服务机构有下列情形之一的，由主管部门责令限期改正；拒不改正或者情节严重的，由主管部门责令停业整顿、吊销营业执照或者撤销登记：

（一）未依法办理设立手续；

（二）从事超出许可业务范围的行为或作虚假、引人误解宣传，产生不良后果；

（三）侵犯未成年人及其父母或者其他监护人合法权益。

第五十三条 未成年人的父母或者其他监护人在家庭教育过程中对未成年人实施家庭暴力的，依照《中华人民共和国未成年人保护法》《中华人民共和国反家庭暴力法》等法律的规定追究法律责任。

第五十四条 违反本法规定，构成违反治安管理行为的，由公安机关依法予以治安管理处罚；构成犯罪的，依法追究刑事责任。

第六章 附则

第五十五条 本法自2022年1月1日起施行。

参考文献

[1] 李季湄，冯晓霞.《3～6 岁儿童学习发展指南》解读[M]. 人民教育出版社, 2013.

[2] 陈鹤琴. 家庭教育[M]. 华东师范大学出版社, 2006.

[3] 陈鹤琴. 怎样做幼稚园教师[M]. 华东师范大学出版社, 2013.

[4] 陶行知. 教育的本质[M]. 湖南人民出版社, 2021.

[5] 赵忠心. 中国家庭教育观察[M]. 学苑出版社, 2013.

[6] 丁连信. 学前儿童家庭教育[M]. 4 版. 科学出版社, 2019.

[7] 孙瑞雪. 捕捉儿童敏感期[M]. 中国妇女出版社, 2013.

[8] 朱宗顺，陈文华. 学前教育学（第 2 版）[M]. 北京师范大学出版社, 2019.

[9] 威特. 卡尔·威特的教育[M]. 鲁曼俐，编译. 黑龙江科学技术出版社, 2010.

[10] 马卡连柯. 家庭和儿童教育[M]. 丽娃，译. 上海人民出版社, 2011.

[11] 伯格尔. 毕生发展心理学：原著第 9 版[M]. 中国轻工业出版社, 2019.

[12] 斯特娜. 斯特娜自然教育全书[M]. 北方妇女儿童出版社, 2013.

[13] 法伯，玛兹丽施. 如何说孩子才肯听，如何听孩子才肯说[M]. 中央编译出版社, 2012.

[14] 吉诺特. 孩子，把你的手给我[M]. 北京联合出版公司, 2018.

[15] 尼尔森. 正面管教[M]. 北京联合出版公司, 2016.

[16] 布雷恩. 你就是孩子最好的玩具[M]. 南方出版社, 2020.

[17] 雷纳. 不吼不叫：如何平静地让孩子与家长合作[M]. 上海社会科学院出版社, 2016.

[18] 帕利. 反思的爱：看见孩子，看见自己[M]. 中国轻工业出版社, 2019.

[19] 布雷泽尔顿. 给孩子立规矩[M]. 化学工业出版社, 2019.

[20] 高夫，托马斯，切瓦特森. 遇见孩子遇见更好的自己[M]. 新世界出版社, 2014.

[21] 哈夫纳. 从尿布到约会：家长指南之养育性健康的儿童（从婴儿期到初中）[M]. 王振宇，张婕，译. 上海社会科学院出版社, 2018.

[22] 卢森堡. 非暴力沟通[M]. 华夏出版社, 2018.

[23] 斯宾塞. 斯宾塞快乐教育全书[M]. 杜铁清，译. 北方妇女儿童出版社, 2013.

[24] 温尼科特. 妈妈的心灵课[M]. 中国轻工业出版社, 2016.

[25] 蒙台梭利. 童年的秘密[M]. 中国妇女出版社, 2012.

[26] 蒙台梭利. 家庭中的儿童与人格塑造[M]. 上海人民出版社, 2018.

[27] 葛安妮，葛碧建. 0～12 岁，给孩子一个好性格[M]. 贵州教育出版社, 2016.

[28] 菲尼，莫拉维茨克，诺尔蒂. 儿童生活中我是谁：学前教育导论（第 9 版）[M]. 洪秀敏，李晓巍，王兴华，译. 商务印书馆, 2019.

[29] 李跃儿. 孩子是脚，教育是鞋[M]. 华东师范大学出版社, 2018.

[30] 刘晶波. 关于“家庭教育不只是什么”的命题与反思[J]. 幼儿教育（教育科学）, 2022（6）.

[31] 周兢, 刘海丹. 幼小衔接阶段的早期儿童阅读教育[J]. 幼儿教育（教育科学）, 2021（10）.

[32] 历以贤. 社区教育原理[M]. 四川教育出版社, 2003.

[33] 刘尧. 我国社区教育发展现状、问题及对策[J]. 华中师范大学学报（人文社会科学版）, 2010（7）.

[34] 李生兰. 幼儿园与家庭、社区合作共育的研究[M]. 华东师范大学出版社, 2013.

[35] 彭聃龄. 普通心理学[M]. 北京师范大学出版社, 2002.

[36] 希森. 热情投入的主动学习者：学前儿童的学习品质及其培养[M]. 教育科学出版社, 2016.

[37] 虞永平. 中国幼教之父：陈鹤琴[M]. 南京大学出版社, 2019.

[38] 索长清. 儿童早期学习框架中"学习品质"的比较研究[J]. 基础教育, 2018（1）.

[39] 陈秀云, 陈一飞. 陈鹤琴全集（第二卷）[M]. 江苏教育出版社, 2008.

[40] 李涛, 姜辉, 余雅洋. 陈鹤琴"活教育"理论对幼儿学习品质发展的启示[J]. 教育观察, 2020（7）.